家庭教育

让孩子爱上学习

Ranghaizi aishangxuexi

从呼吸开始再造孩子的学习习性

与学习习惯这个带有一定强制性练就的行为规范相比，学习习性是在安静专注气质下对读书产生的内在渴望，它更具一种循环往复的智力激情，能够促使个终生自觉学习。

调理呼吸——升华生命品质

黄晓春 ◎ 著

石油工业出版社

图书在版编目（CIP）数据

让孩子爱上学习：从呼吸开始再造孩子的学习习性 / 黄晓春著.
北京：石油工业出版社，2019.3
ISBN 978-7-5183-1627-4

Ⅰ.①让… Ⅱ.①黄… Ⅲ.①学习兴趣-家庭教育 Ⅳ.①G78②G442

中国版本图书馆CIP数据核字（2018）第281901号

让孩子爱上学习：从呼吸开始再造孩子的学习习性

黄晓春　著

出版发行：石油工业出版社
　　　　　（北京安定门外安华里2区1号　100011）
网　　址：www.petropub.com
编 辑 部：（010）64523607　图书营销中心：（010）64523731　64523633
经　　销：全国新华书店
印　　刷：北京晨旭印刷厂

2019年3月第1版　2019年3月第1次印刷
880×1230毫米　开本：1/32　印张：10.75
字数：180千字

定　价：36.00元
（如发现印装质量问题，我社图书营销中心负责调换）
版权所有，翻印必究

与学习习惯这个带有一定强制性练就的行为规范相比,学习习性是在安静专注的气氛下对读书产生的内在渴望,它更具有一种循环往复的智力激情,能够促使个体终生自觉学习。

——题记

目录

第一章　学习习性 1
　一、学习习性长啥样 1
　二、脑神经元与学习习性 11
　三、激活孩子的天然禀赋 16

第二章　调理呼吸——升华生命品质 25
　一、呼吸，让你由内到外地改变 26
　二、把孩子的潜能挖掘出来 32
　三、用气场唤醒"装睡的顽童" 37

第三章　书场，孕育学习习性之摇篮 45
　一、养静修慧之宝地 46
　二、家有书场慧自来 49

第四章　真爱，学习习性成长之甘露 65

一、爱与祸害只有一步之遥 65
二、给爱升级 68
三、爱，是无条件地付出和理性关注 69
四、爱，贵在满足精神需求 76
五、爱，不为孩子设限 83
六、学习习性需要爱的滋养 94

第五章　培养学习习性需要学会等待 105

一、"低效率勤奋"难逃人性退化的厄运 105
二、舒展，释放人性 110
三、宽恕是世上最大的感化力量 116
四、耐心，家长的第二文凭 126
五、慢出绅士风度 135

目录

第六章 严苛，摧残的不只是学习习性......................**139**

    一、不当批评，学习习性第一杀手 139

    二、批评，下课 147

    三、严苛教育摧残人性 155

    四、虎爸虎妈，乃人格不健全 167

    五、急和愚蠢是孪生兄弟 177

    六、世上没有绝对的对与错 186

    七、针灸与月牙刀 194

第七章 无障碍沟通，让学习习性健康成长 **205**

    一、遇事多沟通，有话好好说 206

    二、拿出平等而真诚的姿态来 220

    三、靠什么打动孩子 224

    四、用合作双赢的态度对待卷入太深的孩子 230

第八章 鼓励，为学习习性成长注入活力 239
- 一、受赞赏鼓励是人类天性中最为迫切的心理需求 239
- 二、谁最需要鼓励 241
- 三、鼓励是爱的流露 249
- 四、鼓励的艺术 254
- 五、鼓励，贵在坚持 257

第九章 教子需要负责的文化行为 263
- 一、儿童教育的两个误区 264
- 二、优化儿童教育"四大要诀" 266

第十章 打破"盛不过三代"的魔咒 279
- 一、愚人之教 281
- 二、俗人之教 281
- 三、能人之教 286
- 四、达人之教 292

推荐序：书缘

中国科学院心理研究所研究员、教授、博士生导师

张梅玲

从事儿童教育工作五十余载，鲜有四十多岁的学生。2009年6月，中国科学院心理研究所"青少年发展与教育研究生班"开班，一名约摸四十岁的中年男子出现在我的课堂上。依据职业习惯思维，我估摸他要么是一线教育工作者，要么是自家孩子在学习成长中出了问题。

一次课间休息，我们进行了简短的交流，发现我的猜测一点儿都不靠谱。原来，黄先生是北京某检察机关的一名中层领导，儿子毕业于北京某重点中学，刚刚考入武汉大学，这让我有些诧异。在我的印象中，但凡领导干部多半行事高调，社会活动多，无暇学习。而眼下这个学生平素谦逊低调，言语不多，每次上课总坐在前排。不过，他的发言多数时候语出惊人，视角独特，看得出他属于一个勤学精思、有心而为的人，在青少年教育理论和实践经验方面有不少心得。

带着种种疑问我对这个"老学生"的学习动机一直保持着某种好奇。

让孩子爱上学习
从呼吸开始再造孩子的学习习性

在以后的学习时间里,彼此慢慢稔知,交流日渐增多。即便他毕业后,我们一直保持着较多的联系,每每就"青少年的学习阅读""儿童心智成长"等热门话题进行探讨交流,从此,便结下了书缘,也对黄先生有了更多的了解。

黄先生中学生时代的内心世界也曾装满了高大上的理想抱负,历经寒窗,苦读不辍,立志用勤奋叩开心仪的大学之门。然而,接连参加三次高考都名落孙山,最后只考了一所部队中专。

最让他不解的是,三十岁之前从来没有完整地看过一部文学著作,尽管他多次萌生过从各种伟大经典中汲取知识精华和人生智慧的念头,然而,每每打开书后尚没读几页就看不下去了。当时不知道其中的原因,隐约觉得自己比别人愚笨。尤其是,看到小学同学相继顺利地叩开了大学之门,他更加认为自己不争气,尽管这些同学平时也不见得比自己多么刻苦努力,他们的父母同样大字不识几个。

多少年过去了,学习究竟是个啥玩意儿?为什么有的学生一听就懂,一学就会,读书像玩儿一样妙不可言?而有的学生一提作业、考试就头疼,学习像炼狱一样苦不堪言……很长一段时间这些问题翻来覆去在他的脑海里浮现。

调北京工作后,他一有空就去西单图书大厦看书买书。偶然的机会接触到了教育心理学以及太极、禅修、瑜伽等书籍,意外

推荐序：书缘

地发现人的思维品质，特别是专注力才是学习之核心和灵魂。终于明白了，阅读障碍原来是专注力出了问题，学习、阅读时思想开小差，用心理学来说属于习得性无助（主观上努力了依然无法取得自己想要的结果）。因为专注力不够，即便再刻苦勤勉，也很难学得进去，当然无法与书结上缘分。在他看来，读书是一种缘分，可遇不可求。

后来，他通过习练太极、瑜伽和禅修，感觉到思维专注力有了很大改善，不管什么书，不管在什么地方，一打开书就能读得津津有味，似乎突然间有了书缘。不管干什么事都非常专注执着，全身心投入，想到的事一般都能做得尽善尽美。

转业到检察机关工作后，他发现越来越多的孩子由于学习困难、家长期望值高无上限、思想压力大而出现思想叛逆和其他心理障碍，逃学、上网、打架成了家常便饭。有的价值观扭曲，不知不觉触犯刑律走上歧途，同为人父的他内心总有一丝丝酸楚。

于是，结合自己对学习和阅读的真情实感，开始关注"问题孩子"这个群体，试图站在一个家长的角度来探索青少年成长教育这个颇有时代意义的热门话题，并透过一桩桩鲜活案例，把脉"问题孩子"学业困难、走偏掉队之症结，摸索出引领孩子心归正途的良策。从那时起，我打内心里对黄先生爱人如己、知而行之的社会责任感深表敬佩。

让孩子爱上学习
从呼吸开始再造孩子的学习习性

《磨刀石——专注与圆融解码》是黄先生历经十年读书练心的生命感悟（2014年，中国青年出版社出版）。从专注是学习的灵魂入手，借助心理学、中医理论、遗传学的原理，剖析了影响思维品质特别是专注力的生理和心理原因。倡导用太极、瑜伽、冥想和禅修等内观呼吸，慢慢把飘忽不定的思想野马往回收，从而保持精神的平衡和稳定，让思维专注机敏起来。如此提高心智水平、建设最强大脑的理念，契合了生命科学、内观科学理论，早已在美国哈佛、耶鲁大学等西方高等学府广泛推崇，有助于实现身心的和谐统一，最大限度地把每个生命中沉睡的巨大潜能挖掘出来。我为他作了《磨出来的智慧》之序。

《让孩子爱上学习》是《磨刀石》的姊妹篇。黄先生用自己亲身体会告知年轻父母，内心安静专注的人才具备学习习性，从而对读书产生内在渴望，对学习保持自觉性。和睦友善的家庭是塑造孩子学习习性的摇篮，言下之意，父母要有负责的文化行为，想要孩子成为什么样的人，自己首先成为那种人。对于学习天赋不是很好的学生来说，首当其冲地是家长要在家打造一个有藏书、爱阅读的书场，与孩子一同学习成长，这无疑是对父母生活观念和方式的挑战。同时，提醒每个为人父母者要以超然的生活态度平静下来，乐观地面对生活。当我们成人内心有了真爱，就能营造出友好愉悦的家庭氛围，孩子的学习习性就会慢慢培养

推荐序：书缘

起来，不用费多大劲就能够与读书学习结上缘。从这个角度说，黄晓春先生是一个负责任的父亲，他更多的是用读书的行动而非说教来引导孩子健康成长。

一个伟人说过一句很经典的话，人与人的差异在八小时以外。我曾经问过黄先生，检察院工作那么忙，哪来的时间阅读和写作？他告诉我，这完全得益于他自己有较好的专注力。专注，是思维更加有教养，心无旁骛，提高了工作效率，能够将一些零星时间（边角料）利用起来，积攒了更多读书时间。一如上下班途中，他都背着一本书，不管是班车或地铁上都拿出来看（即便有车也很少开车上下班）。每天上下班途中看十几二十页，一年就可以阅读十几本书。同时，读书带来的乐趣又滋养了专注，抵御无意义社交和游戏活动的诱惑，可以全身心地专注于自己喜欢的事。他平时不抽烟、不打牌，基本不喝酒，很少参加应酬，在读书中找到了别样乐趣，双休日和节假日时便一头扎在书堆里阅读、写作。他与书的缘分难分难舍，令人感到神奇和折服。在此，真挚地期望更多的学生和家长与书结缘，在阅读和学习中汲取到有益的精神营养，让更多的孩子能够造就出自己的伟大和传奇。

序：让孩子帮我们修行

（一）

在应试教育、一考定终身的大背景下，越来越多的年轻父母把子女的成长教育看得比自己事业还重要，成天为孩子学习的事煞费苦心，试图用自己的人生领悟和对教育的理解把孩子领上金光大道。

遗憾的是，不少血液中焦虑元素严重超标的家长，急得像热锅上的蚂蚁一样四处抓狂，稀里糊涂跟着感觉走，或被功利灌得一头雾水，忽视了儿童教育"顺应天性、自然长成"的古训。不知不觉把生命成长的法则丢在一旁，每每以牺牲孩子的娱乐活动为代价，单凭增加学习时间和作业量来提高学习成绩。时不时还采取激进的甚至有悖于人性但依然认为正确的方式来管教这些年幼的孩子。结果却事与愿违，孩子累得精疲力竭，怨声载道，自己也出力不讨好，费尽千辛万苦把孩子带进沟里。

这样令人匪夷所思的做法源于对学习的内涵缺乏科学的了解。一个学生学习成绩的优劣主要取决于是否具有学习习性。学习习性最大的魅力在于它是在安静专注的气质下激活读书的内在

渴望，进而对学习产生积极的情感准备和专注机敏的思维品质，自觉自愿为此付出更多的精力。从某种意义上说，学习习性部分或全部地反映了一个学生的学习天赋。教育心理学理论告诉我们，安静专注的学习习性，一方面源于先天遗传，同时，也需要有一个温馨的家庭用爱的文化氛围来滋养。

（二）

由此可见，传统"填鸭式"的苦学很难使一个人的心智水平发生颠覆性改变，惩戒式管理或说服教育同样无法使性格抑郁、乖戾的学生出现脱胎换骨的嬗变。作为家长真要使一个智力平常的孩子变得聪明，成为未来社会的精英，实打实管用的方法只有一个：帮助孩子把学习习性建立起来。当然，做到这一点的前提是，父母亲要率先成为自己想要孩子成为的那种人，这无疑是对每个为人父母者提出的严峻挑战。

从某种意义上讲，家庭教育拼的是父母的人生功底。父母亲平和安静，乐于看书，家庭充满知识的气氛，能够潜移默化地帮助孩子埋下知识的种子，唤醒他们读书的愿望，可以慢慢培养符合学习的习性。父母知书达理，对孩子成才保持合理的期望值，使他们在一个平等宽松的环境中自由成长，安静专注的气质自然

序：让孩子帮我们修行

会得到爱的涵养。反之，家长焦躁不安，以各种理由不阅读，只知道空洞说教，必然引起孩子反感，过于理想化的期望则会增加孩子的思想压力，产生无尽的烦恼。

凭心而论，大凡人都有惰性，让这些成年人改掉几十年养成的臭毛病，的确不是一件简单的事，尽管我们常常为任性、执拗埋单。天长日久，很多家长的陋习因为得不到及时纠正便会积淀下来，衍生为不良的家庭习俗，弄不好还会一代一代繁衍下去，导致家庭家族衰败，说严重一点，还会影响整个民族素养乃至人种退化。

（三）

倘若为人父母者对自己家族的智力和家风习俗有所觉悟，且能够以孩子诞生为契机，用壮士断腕的决心弃短扬长，借助呼吸法进行自我基因优化，与孩子一同学习成长，或许会出现青出于蓝胜于蓝、一代更比一代强的可喜变化。从这个层面上讲，养育孩子的一个潜在意义在于孩子可以帮助我们修行，他为每个成年人提供了改过向善、自我救赎的机缘。因为，没有孩子我们也许会像"大号孩子"一样，忘乎所以地放纵自己，并遵循最大享受原则，好过一天是一天，咋舒服咋来，爱咋地咋地，让个性野

蛮疯长，由此，一天天龌龊卑微带着遗憾终老，直至变成一抔尘土。

一旦升格为人父人母，屁股后面有了跟班，且萌生"望子成龙""望女成凤"的野心时，必然迫使自己要活得有点人样，不得不向过去那个世俗又任性的自我告别。在孩子的督促下像修行一样沉下心来修身，回归初心，与晚生一同与书为伴，让静心阅读成为家庭文化的一部分，把曾经缺失的东西补上，自己率先尝试着成为想要孩子成为的那种人。一旦孩子把父母当作榜样，等于在他们追逐青春梦想的道路上立下一个标杆，谨言慎行，亦步亦趋地随着长者的影子前行，使梦想变为现实。即便在一个浮躁的社会，也能够减少成才成本，规避成长风险，提高成功概率，秀出生命的活力、魅力和精彩。

（四）

曾几何时，我也是一个具有炙热而强烈个性的人，凭借着对生命意义、人生成败的片面理解，在对儿子养教过程中同样存在着"恨铁不成钢"的问题。总是异想天开地对孩子提出过高的期望值，或因自私和狭隘有过并不值得炫耀的过激举动，乃至愚痴行径，想来令人汗颜。

序：让孩子帮我们修行

一个机缘巧合，我开始关注青少年成长教育这个话题，走上了灵性和生命探索之路。期间，在中国科学院心理研究所青少年发展与教育研究生班学习两年。在与十多位一线教育工作者进行深度交流后，领悟到儿童学习教育的深刻内涵，也使自己人生得到升华。起先是本着寻觅教导改变孩子的方法而去，学习结束时却意外地发觉其实最需要改变的原来是我们家长自己。

十多年来，作为曾经的学生和学生的家长，我力求以改变自己为肇端向一个称职的父亲看齐。同时，开始把探索青少年教育这个具有庞大目标人群和巨大魅力且充满生命力的事业作为自己后半生的不懈追求，并以全新的思维方式和独到视角，把自己所学所思整理成此书，饱含着一种内省、一种忏悔和一种自我救赎。

假如能够为读到本书的人心灵上打开一扇窗户，提供一个新的思考方式，让更多的人知晓大千世界除了物质财富之外，统摄万物的超自然的精神力量同样能够使我们幸福和快乐，人生还有另外一种庄严的活法，最终形成多元的价值追求和多样的人生选择，无疑是我最大的愿景。

倘若更多的朋友，能够把教育孩子的过程当作一种修行，不断地检视自己、修炼自己，把自己稍纵即逝的高尚冲动转化为一个信念乃至于行动，执着地坚持下去，获得内心的平静与喜悦，

让孩子爱上学习
从呼吸开始再造孩子的学习习性

与你的孩子一同体味学习成长的乐趣，全家过上自己真正想要的幸福生活，也算我对社会尽了一点绵薄之力，将是我人生莫大的幸福。

近期，有热心公益事业和社会责任感的挚友读了我早先出版的《磨刀石》和此书的初稿后，期许能够按照书中所倡导的理念办一些不同目标群体的"大脑思维专注和圆融"培训班，引导生命回归故乡，唤醒机体内在的求知冲动。或许能够让人们切身体验到心静所固有的神奇而美妙的感觉，使更多的孩子成为一个达观聪慧、人格健全、气质高雅的人。

有理由相信，到那一天，只要你和你的孩子勇敢地加入这个通向智慧天堂的神圣之旅，每个正在饱受学业困扰、有性格缺陷甚至伤痕累累的孩子都能通过感官剥离和返璞归真的启蒙，收到点石成金之效。

对于有缘阅读到此书的读者，从打开本书的那一刻起，我们也就开始了心灵的交流，愿意和您一同学习共勉，一起携手追求，成为朋友。诚挚地祝您好运连连，福慧双全。

专注力训练带来的奇妙变化
——班总评从年级第六名到年级第二名

北京劲松四小五年级6班班主任　张　勋

在我担任班主任近十个年头的时间里,一个班的总成绩在年级每年提高1名,已经相当相当不容易了,而且,稍一松懈,还有掉下来的可能。原因人所共知,一个人的智力水平与其脏腑特别是大脑生理结构息息相关,属于遗传带来的先天素质,很难发生颠覆性改变。一个学生的智力水平不易改变,一个班的成绩改变起来就更难。

2015年,我担任五年级班主任时,半年时间,全班成绩总评一下由年级第六名跃升到第二名,后来一段时间,英语成绩还排名年级第一,这不能不说是一个小小的奇迹。而且学生的学习兴趣、学习习性以及精神面貌都发生了令人意想不到的改变,我隐约感到有些不可思议。

一、奇迹的出现缘于一个人,一本书

2015年初,经中国科学院心理研究所研究员、博士生导师

让孩子爱上学习
从呼吸开始再造孩子的学习习性

张梅玲教授推荐，学校邀请了《磨刀石——专注与圆融解码》的作者黄晓春先生来学校座谈，聆听了黄老师的《磨刀石》教育理念。

《磨刀石》一书，形象地把学习比作用刀斧伐木，刀斧锋利，阻力小，穿透力强，用较小的劲就能把树伐倒，刀斧钝要下很大力气才能伐倒一棵大树。

儿童和青少年学生学习的刀，当然就是大脑。大脑思维专注，有钻劲，思维紧跟老师走，上课时一听就懂，一学就会，这样的学生反应快，理解能力和记忆能力强，没有突破不了的知识障碍，学习效率高，当然容易取得令人羡慕的成绩。

反之，大脑思维散乱、飘忽不定的学生，学习看书时脑子不知不觉开小差，阅读、听课质量差，只能部分地理解消化老师的授课内容，做作业困难大，知识链上缺口多，久而久之导致学业困难，形成恶性循环。很多学生带着一把"钝刀"去学习，结果，使出了吃奶的劲，仍然无法得到理想的学习效果，内心苦不堪言，对学习产生厌恶消极情绪。

《磨刀石》的核心理念是向大脑专注力要成绩。书中提出，身体是心理机能及其本性依附的神殿，健康的身体器官形成优良的思维品质和美好健全的人格，反之亦然。书中列举大量实证，昭告人们注意力不集中乃学习之大敌，其症结多半是身体器官功

专注力训练带来的奇妙变化

能或生理指标出了问题。比如，脑干网状结构生理功能较弱或受到意外损伤，注意的集中性、持续性和强度就会减弱；当脑部边缘系统注意神经元组织失调将会引起整个行为选择功能的失调，出现思维紊乱的现象；交感神经系统过于强势，副交感神经系统较弱时，机体就会过度兴奋，大脑无法安静下来，看书学习不会有好的效果，等等，都会造成生理性注意力障碍，形成学习的天然障碍。

工欲善其事，必先利其器。再能干的理发匠也不能用钝刀剃头求得生意的发达；天下也找不到一个能工巧匠用钝锯、钝斧做出精良的家具来。提高青少年的学习能力首要的是教会他们磨刀的方法，习惯于先把学习的"刀"磨快，把机体那股神秘的力量源泉激活，然后，让他们带着快刀利剑去学习。即，帮助每个学生培养一个优质的心理条件和条理清楚有教养的头脑，促使思维品质的提高。让他们在内心平静专注的前提下建立积极的情感准备，提高对读书的渴望和发现学习的水平。以此塑造乐观向上的人生价值观，体味读书之乐，使他们快乐地成长成才，让人生以华丽的英姿亮相，以精彩的表演落幕。

这样全新的理念听起来无疑很有冲击力，对我们现行的思维方式和教育理念确实是一个不小的挑战。

长期以来传统的教育模式一直把培养学生学习刻苦精神和学

让孩子爱上学习
从呼吸开始再造孩子的学习习性

习方法的科学性作为提高学习成绩的不二法门;很多家长更是依靠让孩子多参加补习班、请家教、延长学习时间、增加作业量来提高学习成绩。结果,相当一部分学生整天疲于奔命地上课、应付考试,最终不但难以取得理想的效果,还因为学习负担超重而出现学习兴趣和学习动力下降趋势,导致性格怪僻,精神萎靡不振,家长怨声载道。

作为学校和教学一线的老师,虽然清楚专注力在学生学习成长中的关键性作用,但是,我们始终认为学生注意力不集中的问题是个认知态度问题,试图通过经常不断地提醒和说服教育使他们能够专注起来,把心真正用在学习上。实践证明,这样的努力只是一厢情愿。多数时候老师包括家长对孩子专注力的提醒都没有起到应有的作用。即便有些家长请心理咨询师对孩子进行心理疏导,但是,提出的改良对策依然仅仅局限于如何改变认知,端正态度,强调学习时集中精力等。很少有人从儿童(学生)心神、心绪、心境上分析其客观成因,从脏腑功能障碍等生理因素挖病根,对症下药提出改良措施的少之又少。致使一些学生由于注意力难以集中,不能将看书学习的过程变为获得知识的过程,或内心烦躁导致青春期精神抑郁、性格乖戾,无法像别的同龄人那样全身心地投入学习。尤其是那些成绩差的学生,因为学业困难导致自信心丧失殆尽,有的只能眼巴巴地看着他们沦为"问题

专注力训练带来的奇妙变化

少年"。

不过,怎么帮助学生把学习的"刀"磨快,一直是包括我在内的教育战线上很多同仁关注的焦点。

黄老师提出,通过习练"专圆操"(专注与圆融),进行有意识地肢体运动和呼吸练习,把从大自然吸入的生命营养灌注到每一个细胞、每一个器官,有助于改变学生体内的生化指标。使情绪、精神的物质基础——血液纯度发生改善,以此激活每一个神经系统,把个体体内沉睡的巨大潜能唤醒,凝聚成强大的统治力量,致使身体产生焕然一新的生命能量,乐意把积极向上的美好愿望变为行动。逐步塑造学生专注乐群的气质秉性和阳光淡定性格,从而保持很强的自制力,使混乱的注意力实现生理性集中。思维更加专注,能够较长时间地聚焦在一个点上,以此把人的潜质挖掘出来。同时,提高心理应激阈限和人格的开放性、宜人性、稳定性,有效管控自己的情绪,逐渐培养起优雅气质,而不只是凭借改变认知或依靠意志努力改善不良心境。

这样的观点令人耳目一新,不管从理论或实践的角度可谓另辟蹊径,很有超前性,而且还具有广泛的现实意义,也许是实现教育崇高目标的一种有效手段。于是,按照校领导的安排,我们将这一新理念引入教学实践。

二、新理念带来的新变化

座谈结束后,学校当即与黄老师商定,在我们学校五年级选定一个成绩靠后的班作为试点,便选择了我们五年级6班,由黄老师带着进行"专圆操"(共三套练习,24个动作)训练。练习了三节课以后,参加训练的学生老师普遍感到,做完练习后,精神饱满,内心愉悦,大脑非常清爽。

又练习了两个课时,黄老师带着全班同学一起练,并把"专圆操"作为课间操,做完之后,绝大多数同学都明显地感觉到,上课时大脑非常清醒,注意力比以前更加集中。很多从"专圆操"中尝到甜头的学生,还按照黄老师的要求,每天晚上睡觉前练习半个小时,如此以来睡眠质量发生了神奇的变化,第二天起来神清气爽。许多同学不觉中感到学习的兴趣,自觉性比之前有了明显提高,精神面貌以及自立生活能力、沟通能力都有了新的变化。

(一)学习能力明显提升

五年级6班在进行试点之前,学习成绩一直处于年级下游水平,半年期末考试结束后,我们班成绩总评名列前茅。

专注力训练带来的奇妙变化

2015年五年级6班下学期成绩

考试时间	语文				数学			
	满分	年级平均	班平均	年级排名	满分	年级平均	班平均	年级排名
2015年3月	60	46.1	43.8	6	100	86.5	82.4	6
2015年4月		45.9	44.7	5		88.2	87.3	4
2015年5月		45.3	45.6	3		86.1	86.5	3
2015年6月		44.8	44.4	4		80.3	81.6	3
2015年7月	100	84.9	85.9	2		85.6	88.4	2

从上面的表格中不难看出，自从专注训练以来，本班的成绩总体呈现阶梯性上升趋势，这说明提升专注力的训练对绝大多数学生还是起到了一定的作用。在提高学习成绩的同时，学生的学习习性和能力趋向性正在悄悄地发生着变化。

一是学习更加专注。"专圆操"（专注与圆融）训练开始前，部分家长有些不解，认为学习任务那么重，搞这玩意儿耽误时间。还有个别家长只知道练习瑜伽可以塑造好的身材，太极使人变得柔韧，很少有人清楚这样做的目的是提升学生的专注力。多数家长持观望、默许的态度。然而，当学生带着各种好奇心走

让孩子爱上学习
从呼吸开始再造孩子的学习习性

进黄老师的课堂，几节课后，同学们发现自己变得安静了许多，不再那么烦躁，听课或看书更加全神贯注，不再分心。班上几名长期因为注意力涣散，导致学习成绩较差的同学，专注程度、听课质量也有了很大改观。比如，几名代课老师对逯某、朱某两位同学一段时间的语文、数学、英语上课注意力持续专注时间的数据平均值进行统计，很明显随着专注力的训练，这两名学生的注意力都有大幅度提升。开始时一堂课能专注10分钟都不错了，到后来能坚持30分钟以上。特别是朱某，学习一直是父母最头疼的事，不要说自己学习，平时坐立不安，交头接耳，影响其他同学学习，现在明显安静了很多。能够踏踏实实坐在那里看书做事，学习成绩有了很大进步，父母感到非常欣慰。

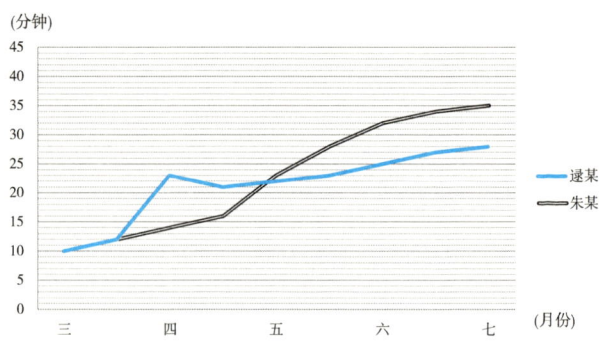

逯某和朱某专注力变化表

专注力训练带来的奇妙变化

二是态度更加自觉。原来一部分学生学习像给地主家干活一样，非常被动，现在他们对学习有了一种内在的渴望，不用老师家长督促，自己知道学习了。根据语文老师齐宇洁反映，虽然学生学习习惯短期内变化不是很大，但学习的积极性和主动性的确有了很大提高。过去部分同学一提到学习国学就头疼，学不进去。现在不一样了，很多同学对国学读出了味道，这就是进步。乔司奇母亲说，孩子过去的学习成绩比较好，但是，家长心里很清楚，这与报了几个课外补习班不无关系，再说了，她和孩子爸每天在检查督促孩子作业方面没少下功夫。本学期参加了"专圆操"训练后，孩子学习比以前更加主动，不用操太多心，回到家自己知道该干什么，学习时间没有以前多，成绩却稳中有升。现在，父母每天和孩子一起进行这样的练习，相信长期坚持下去，今后没准能够将良好的专注力带到工作中去。王少璞的妈妈说，做事的持续性和韧性不足一直是她家孩子的软肋，但由于他最早参加"专圆操"训练，且练得比较投入，精气神的修练效果最为明显。现在，不单做事很有韧劲，每天不需要别人提醒就知道按时练习口算和书法，应该感谢学校和黄老师的指点和鼓励。殷钰同学也深有感触地说："以前，爸妈买了一大摞字帖让我在家练书法，但是，对我来说简直是一种精神折磨，根本进入不了状态，压根没练几次。这个学期跟随黄老师训练一段时间后，在家

中经常能够练习一两个小时,有时候拿起笔来还不想放下,感觉很有成就感。"

三是理解能力得到增强。学生专注力的提高带来了理解分析问题能力的提升,本学期的几次测验考试就能说明一切。像语文阅读中的概括主要内容、对文章传递精神的理解,以及数学综合题等一些技术含量较高的题目,丢分率在逐步下降,这与过去形成了鲜明对比。尤其是绩优生在大题上出错很少。

四是自信心有了提高。据英语老师张行行反映,该班不少同学学的是"哑巴英语",口语表达一直不太好,现在多数学生自信心在提升,发音虽然还是个薄弱环节,但是至少敢张嘴了,比以前大方自信了很多。有的家长反映说,孩子每天上学前都要照照镜子,他们关注自己的形象也是一种自信自豪的表现。

五是马虎毛病正在克服。过去有些学生生活上丢三落四,马马虎虎,考试忘记写名字、写答案的低级错误屡屡发生。现在绝大多数同学变得更加细致,在学习生活习惯细节方面的提升明显,比如审题、选择题运用排除法的技巧等方面有了很大进步。

(二)精神面貌有了改善

"专圆操"的训练不但提高了学生专注力及其学习能力,身体灵活性协调性包括性格也有了明显改观。过去有的学生老气横秋,不爱运动,体能很差,显得没精打采,笨手笨脚,死气沉

专注力训练带来的奇妙变化

沉,没有青少年应该有的活力和朝气。当"专圆"训练进行到一个月的时候,多数学生精神面貌有了很大改观,从眼睛中投射出的光亮可以感觉到,学生变得更为灵动了,走路轻盈了很多。曾子衿(优等生)说:"虽然我的成绩不错,但自己最清楚,全是苦学得来的。过去课堂上经常有头昏脑胀的感觉,有时还会出现呼吸困难要窒息的现象,很多时候都是在很疲劳的情况下硬撑着。经过一段时间的'专圆操'的练习,我的最大体会是呼吸更深邃顺畅,精力充沛,好像有用不完的劲。"有的学生以前睡觉时做恶梦,早晨醒来后很累,懒得动,起不来,现在睡觉非常踏实,一觉醒来神清气爽,身上很有劲。体育老师任怡深有感触地说:"之前不少学生身体的灵活性较差,像后滚翻这样稍微复杂一点的动作无法完成,几个身材肥胖的学生更是困难,现在不一样了,多数学生身体柔韧性协调性以及动作连贯性比别的班好了很多。"

(三)动手能力显著提高

独生子女时代,不少学生变得越发懒惰,干事情磨磨叽叽,凡事拖沓。经过一段时间"专圆操"练习,家长普遍发现学生动手能力、独立生活能力比以前有了很大提高。在家能够做一些家务,干起活来像模像样,外出办事或上学不再让家长操心了。有些学生还劝说家长加入练习的队伍,共同体会乐趣。劳动老师刘

海礁反映,之前这个班的学生做手工失败后,干脆撒手不做了,也不愿意找原因。现在学生不管做什么事都追求成功,一次做不好就两次三次继续做,比以前更有耐心,这些变化是潜移默化的。

(四)性格更加安静柔和

现在的学生进入青春期比较早,容易思想叛逆、任性,产生抵触情绪,顶撞家长、老师的现象时有发生。现在多数学生性格变得越来越柔和,遇到不顺心的事不再急,很少发飙,懂得与他人沟通。一些学生还与家长约法三章,做到遇事冷静,以商量为主,不走极端。

三、如何激发学生的可持续性变化

每个人的遗传基因包括生活、学习环境很难改变,但是,一个人的观念以及选择可以改变,只要思维方式改变了,就能够选择正确的路子,知道应该做什么,坚持什么。黄老师告诉我们,专注力的改变是一个伴随生物实体器官改变而引发的精神和行为的改变,不是"一招鲜"。刚开始练习时效果好,能够产生一种内在愉悦感受,但这种新鲜劲一过,有的人出现懈怠,或前功尽弃。我们既然做出了正确的选择,迈出了很好的一步,务必坚持

专注力训练带来的奇妙变化

不懈地走下去,才能产生持续性的良性变化。

(一)贵在坚持

"专圆操"分三步走,一是外在动作到位。现在就动作而言,对部分同学而言只能算及格,绝大多数同学不够柔和稳定,还有很长一段路要走。二是呼吸平稳悠长。呼吸与肢体运动有机结合是"专圆操"与广播体操的最大区别,目前,绝大多同学动作僵硬,呼吸与肢体的配合尚不够默契。三是内心持续安静专注。有一部分同学做的时候,或刚做完能感觉到安静专注,当不做的时候同样安静专注才是"专圆操"的最高境界,这是一个长期的过程,需要三五年的时间达此目标,只有长期坚持下去,才能取得令人满意的效果。

(二)及时鼓励

"专圆操"是一个有形与无形相结合的修心养静运动,外在的变化是一个方面,重要的是内在气质的变化。需要老师、家长对孩子的进步给予及时鼓励,让他们在进步成长中感受到更多的愉悦,以此把他们内在最有生命力的潜能激发出来。

(三)营造氛围

黄老师介绍,"专圆操"本质上是一种修练安静专注的学习习性的过程,科学研究发现声音能够显著地影响我们的神经系统,一个和睦温馨的成长环境能够滋养学生内心的和谐。希望老

师和同学们包括家庭成员都参与进来，营造一个安静愉悦的环境，使人终身受益，以持续不断的训练来培养学生安静专注的学习习性，使每个学生的身心都能够发生质的改变。

（作者注：时隔两年，当《让孩子爱上学习》出版之际，张勋老师来电，他们原来五班的同学已升入初中，但大家一直在练习我教给他们的"专圆操"，专注力以及学习能力都有了持续提高。2017年，学校还将此"专圆操"作为师生的课间操。）

第一章　学习习性

　　学习习性是指一个人对学习所具有的生理气质性偏好、倾向、执念和热情。具体而言，可以理解为个体在安静专注的气质下对读书学习产生的内在渴望，它是一种具有循环往复的智力激情，而且与性情相融合匹配，是一种源于骨子里的行为倾向。

一、学习习性长啥样

　　法国当代著名社会学家布迪厄认为，习性是行动者的内在精神结构和客观社会结构之间逐渐形成的一致性。习性主要和神经系统的生理结构和功能有关，不需要社会教育和其他外力作用就能够按照原来的惯性思维行事。如《北史·儒林传序》："夫帝王子孙，习性骄逸。"

　　学习习性是指一个人对学习所具有的生理气质性偏好、倾向、执念和热情，它与大脑神经生理结构包括脏腑功能有关。一方面是通过遗传获得的学习和解决问题的能力，另一方面是在一

让孩子爱上学习
从呼吸开始再造孩子的学习习性

定社会环境中潜移默化所形成的智力,可以转换到一切要求智力练习的活动中。如,思维的专注和机敏,超强的记忆能力,知觉的整合能力等。

学习习性体现了学习这种行为与个体的性情高度契合,将求知的欲望内化为具体的性情倾向,以此激活身体某种内在力量,从而为高效率完成学习任务奠定了最基本的心理条件。

了解学习原理的人都知道,学习是一项能动的高级智力活动。安静是一种无极的追求,不需要外物刺激、也用不着有意克制自己就能感受到的一种全新而惬意的存在感,它是个体精神完整和谐的外在表现。安静的大脑能够造就超强的记忆能力,孕育纯洁而美好的心灵,是我们独立而高尚思想的来源。内心平和安静,意识自然清澈透明,能够洞彻事物的本来面目,从而保证对学习内容的清晰认识和深刻领悟。

专注表现在大脑有很强的"定力",反应机敏,思维有很好的教养,能够自觉地有针对性地对学习阅读的内容保持长时间的注意,而且对其控制自如。大脑某一时间段只想一个问题,该想什么、不想什么,先想什么、后想什么,切换得当,秩序井然。

随意观察一下身边那些成绩优秀的学生,他们生性安静,学习似乎是与生俱来的生理倾向和心理需求,看起书来心无旁骛。每天不用别人提醒督促,知道自己该干什么,且一听就懂,一学

第一章 学习习性

就会，具有明显优于他人的效率。该学时不学心里感到难受，一旦读书学习来劲的时候则会废寝忘食。

学习习性中安静与专注两个维度缺一不可，单有专注没有安静，学习必然缺少思维的纯粹和思想纯洁，或许因为不良动机而变得功利，剑走偏锋。云南大学学生马加爵杀死同学案、复旦大学研究生林森浩投毒案，北京大学学生吴谢宇弑母案，案犯的共同特点是，虽然有一个专注而智力超群的大脑，但是内心又焦躁不安，灵魂无处安放，安静不下来，直到精神完全崩溃走向灭亡。

同样，没有专注，只有安静，无所事事，啥都不想，方向感不明，可能失去目标，没有人生追求，也不会有担当和作为，或许与白痴没有两样。某种程度上，学习习性就是学习天赋的代名词，具备了学习习性也就具备了学习天赋。

具有学习习性的学生能够快速地把精力百分之百地集中在学习对象上，想集中多久就集中多久。安静气质的人不但有超强的记忆，来自外部信息对他们干扰少，记忆内容能保持很长时间不会遗忘。课堂上，注意力和思维高度一致地契合于老师说的每一句话、写在黑板上的每一个符号，或所看书的每一行文字，并将它们理解掌握得清清楚楚，融会贯通，贮存在大脑记忆中。而后用这些理论知识解决其他问题，转化为改造现实的实践能力，学

让孩子爱上学习
从呼吸开始再造孩子的学习习性

习的目的才算达到。

真正会学习的学生其过人之处不是所谓的聪明才智,也不见得多么刻苦认真,但是他一定具有安静专注的气质。尤其是思维专注程度高,具有长时间投入纯粹思维活动的能力和更高水平的思维技巧。不管什么课程一听就懂,一学就会,遇到问题一点就通,作业或考试不会遇到太多的疑惑,当然会取得佳绩。学习效率高,读书就像玩游戏一样不断有高峰体验,在一刹那间产生无比惬意和欣快的感觉。知识固有的神秘性被破解、好成绩带来的成就感自然会转化为学习的内在动机,产生天然的学习兴趣。心中播下了学习的种子,读书必然会成为一种发自内心的学习,自然有自觉的行动,用不着家长督促、老师提醒就会产生内在的学习愿望。

人都有一种符合自己秉性的兴趣爱好,并在兴趣的诱导下成为一种习性。儿童有了安静专注的学习习性,听课、看书效果好,理解知识能力强,久而久之,学习就会成为一种特别能力和偏好,学习兴趣随之建立起来,自然会对读书和求知保持执着。随着时间的推移,学习积累沉淀的东西多,基础打得厚实,用不着熬更守夜地苦读,就会取得其他人可望不可及的成绩。

不妨看看每年的高考状元,无不具有很好的学习习性,特别是专注的思维,步步跟着本校的老师走,很少再去另请家教,

第一章　学习习性

或参加校外培训班。也不需要花费太多时间去做额外作业,更不要老师督促和家长耳提面命,清楚自己该干什么、不该干什么。如此学习自觉程度高,学习过程中循序渐进,知识掌握得非常系统,在学习上取得令人刮目相看的成就理所当然。

学习天性、学习习性与学习习惯

学习的天性、习性和习惯在学习方面都具有某种相对固定不变的自觉行为或性情倾向,但三者却存在着本质差异。

学习天性是遗传带来的信息加工以及获取知识和解决其他问题的能力,代表着一种生来即有、禀受于天的超常智力水平。很多天才的科学家生活在同样的社会环境下,所表现出的一种常人难以置信的认知能力、钻研精神和与众不同的思维方式、创造性,一定具有某种先天禀赋。

学习习惯很大程度上是一种外在行为,或许是根据某种特殊需要通过机械训练和带有一定强制性练就的刻苦认真严谨等符合要求的行为方式。习惯是刺激与反应的连接,没有刺激,当然不会有反应的连接。所以,学习习惯往往是被动的、外在强迫的行为,缺乏内在动力,一旦达此目的,学习的动机也会渐行渐远。

学习习性介于天性和习惯之间。虽然在学习上不具有某种天性资质,但借助后天的呼吸来改善情绪和精神状态,不断培养起儿童安静专注的气质,塑造学习上的天赋力量,逐渐把学习当成

让孩子爱上学习
从呼吸开始再造孩子的学习习性

人的本能需求，形成内在自觉和积极的情感准备。

譬如，一个原本不具备安静专注学习习性的孩子，看书做作业时坐不住，上课时大脑开小差，下意识分心走神，不能很好地理解接受学习内容，学习能力效率低下显而易见。此时，老师和家长会强行把他们摁在书桌前，促使他们养成不看电视、多看书的习惯，可怜的孩子硬着头皮学习也只能是事倍功半。

假如家长从培养学习习性入手，当有了安静专注的气质，他们的性情中自然就会有一种学习倾向和内在渴望，不用人为地督促，大脑很容易集中定格于学习内容，本能地去追求知识，以至于形成内在的学习动力和循环往复的智力激情。

学习习性与创造性

对于一个学生而言，如果没有一颗安静纯粹的心，思想总是充斥着抱怨、仇恨或贪婪，脑神经系统会长期处于紧张状态，人的智力潜能无法得到有效开发。内心安静专注的人，一心活在当下，不幻想虚无的未来，也不缠绵于令人痛苦忧伤的过去。心像鸟一样无拘无束，能够使人在纷繁复杂的世界中更具洞察力，找到正确的人生方向，看清事物的本来面目。

当我们具备安静而专注的学习习性，思维会变得纯粹而深邃，发散而不混乱，视野开阔，通透力强，悟性高，随时闪现出原创性思想的灵光，不再就事论事，当然能够用独特的视角看到

第一章　学习习性

别人看不到、看不透的东西。内心的宁静还是培养独立精神、塑造美好灵魂的营养素，并在文化自信中建立起独立人格，敢于打破思想禁区，坚持自己有悖于常规惯例的主张，把别人看似不可能的事情变为现实，在发挥生命潜能的同时，使自己成为一个具有创新性思维的人。

学习习性与毅力

安静专注是学习习性的生理性要素，也是每个有学习天赋的学生必须具备的核心素质。当然，也有人认为，学习习性固然是取得好成绩的关键，但是，没有毅力同样不会有太强的学习能力。显然，这些认识偏离了学习习性的内涵。毅力与认知驱力息息相关，它是在对学习内容有了愉悦精神体验的前提下的自觉坚持。

学习充满着兴奋与抑制的矛盾，一方面因为学习中的疑惑解决而茅塞顿开，给自己带来一种极大的满足和愉悦，从而铸就个体与众不同的自信和循环往复的动力，愿意花更多的时间、投入更大的精力积极学习。不管遇到多大阻力，学习劲头不减，追求目标的信心不会动摇。即便偶尔出现挫折或失败，往往归因于自己努力程度不够，或其他客观原因，绝对不会气馁，总是不断地为自己加油鼓劲，直到成功为止。这样坚强的毅力很大程度上来自于成功学习所获得的愉悦感受，以及由此转化而成的强大的精

让孩子爱上学习
从呼吸开始再造孩子的学习习性

神动力。

内心安静专注的人超越了情绪的左右，不会追求本来不属于自己的东西，他们很少有困惑和烦恼，偶尔有点困难也不会在心中产生波澜，面对挫折依然自信地微笑，纵然天灾人祸，大难临头也能保持平静。

对于学习成绩优异的学生而言，与其说在学习上有坚韧不拔的意志品质，不如说他们具备了安静而专注的学习习性。因为学习契合了他们的性情，内心自然会产生一种求知的渴望，随时随地全身心投入学习中，长期坚持不懈，并从中感受到一种难以名状的高峰体验，如此美好可以忘记劳累，即便寒窗下苦读也不会觉得多么痛苦。

从另外一个角度看，那些对学习充满积极的情感准备、也相当勤奋努力的学生，由于不具备安静而专注的学习习性，很多问题百思不得其解，习得性无助，学习困难重重，跟不上趟，内心充满煎熬，再有恒心和毅力的学生也很难坚持下去。客观地说，这样的学生，真不能说他们没有追求、缺乏毅力，而是因为程度不同的注意力缺陷这些生理性原因导致他们在学习上出现了不可逾越的障碍，或者说不是读书那块料，可以看作本能的放弃。

学习作为一种复杂的智力游戏，很多知识枯燥乏味，学起来很费劲，一个知识点没有搞懂，前进道路上就多了一个障碍。此

第一章　学习习性

时老师非但不会停下来等你学懂再上新课,而且还会把你当成累赘,成为发泄嘲笑的对象。知识链上当下的缺漏会成为下次学习的障碍,更多的内容听不懂,出现恶性循环,学习的"拦路虎"增多,成绩只会越来越差。像古代打仗一样,指挥官只会带着精兵强将拼命往前冲,抢占至高点,摧城拔寨,那些残兵败将则成为追兵的牺牲品。学习上困难堆积如山,感受不到丝毫乐趣,沮丧、埋怨、愤怒、物欲等不良情绪找上门来,脑袋瓜儿全是负面的想法,思维更加无法安静专注于学习,自然就被落下几条街道。

没有安静专注的学习习性,让他们去攻克知识的堡垒,心有余而力不足。好比一个发动机功能较差的汽车,司机有天大的本事也不可能像奔驰、宝马一样高速飞奔。对不具备学习习性的学生,家长看不清问题的症结,不停地在后面让学生加油挺住,超越人体极限的过分要求,则是对人性的摧残,诟病学生没有毅力,绝对是鲁莽而危险的玩火。

所以,撇开思维的专注,单纯把毅力的重要性及其作用强调到不适当的程度,纯属非专业人士的错误认知,误读了毅力的属性。即使有一部分玩性大的孩子,学习不上心,也不能简单地归因于学习态度问题,认为他们没有毅力,对学生同样不够公平。他们中的大多数人贪玩的毛病并非完全出自本意,不排除专注力

让孩子爱上学习
从呼吸开始再造孩子的学习习性

出了问题。在学习上找不到乐趣,学习能力差,知识链上遇到的"拦路虎"太多,学习很吃力,出现习得性无助,只好本能地放弃,把多余的精力释放在其他地方。那些专心下来也能学得进去,但自作聪明、华而不实的人,遇到一点困难就退缩,这种缺乏韧劲才是没有毅力的表现。由此观之,判断有没有毅力要看在什么情况下放弃努力,不能一概而论。

学习习性与建设性思维

一个心境平和情绪安静的人,内心就像广袤而水质纯净的水库,心灵深处会有一股令人意想不到的正能量,最终产生积极向上的价值理念。

学习习性是一种建设性思维品质,它秉承"事本位"的人生价值观,从成熟的仁爱情感出发,一开始就把思维的基点定位在创造性劳动上,表现出一种积极勤勉的人格特质。他们用纯粹的、发散的思维来探求知识,很多时候思维都集中在对人生有建设性意义的读书学习上,不轻易偏离主题。

具有学习习性的学生长期聚焦于自己关注的对象,而对能够给人带来暂时愉悦的游戏保持足够的警惕。读书学习中,思维不囿于教科书上原有的定见,自觉不自觉地从不同角度突破思维定势,或沿着不同路径发现独具特色的新思想,不断升华学习和认知,发明创造出新事物,把习得的知识转化为造福人类、服务社

第一章 学习习性

会的实践，为人类创造出宝贵的物质和精神财富，在实现人生追求中体味精神之快乐，感悟生命的意义。他们与那些仅仅把思维局限于了解掌握老师要求的学习内容、考高分、上名牌大学等满足自己功利性需要的学生来说，显然要高明很多、智慧很多。

建设性的思维方式使他们非常理性，大智若愚，有反思的智慧，能够客观理性地评价自己、看待别人，有自我否定、自我纠错的勇气和能力，保持着健康的人格。相比而言，缺乏专注安静学习习性的学生，焦虑常常令他们魂不守舍，思想贫乏，没有自信。很多时候都是一种消极的非建设性的思维方式，以自我为中心，有强烈的占有欲，缺乏创造性精神，只有物质财富才能够填补他们空寂的灵魂。

二、脑神经元与学习习性

学习习性与机体生物细胞息息相关。科学家研究发现，人的大脑由1万亿个细胞构成，包括神经细胞和胶质细胞两种。神经细胞称作神经元，是人的大脑神经系统发挥学习功能的核心，也就是说学习是由大脑神经元来完成的。

人类大多数脑细胞为胶质细胞，它不但先天具有传递、分辨和记忆等处理信息的功能。同时，还充满可塑性，通过训练将胶

让孩子爱上学习
从呼吸开始再造孩子的学习习性

质细胞从机体唤醒，成为神经元之间的桥梁，把神经元黏合在一起。在脑细胞受到伤害时，帮助他们恢复，为提高人类的学习能力和创造力奠定良好的生理基础。

学习的生理性表现是借助外界各种信息刺激从而在大脑中进行突触连接，促进新的神经元（神经细胞）生长和发育。内心越安静专注，脑部神经元的黏合生成数量越多，神经网络联系紧密，越有利于学习习性的建构。这意味着脑部神经元发达与否决定着是否具有学习习性或学习天赋，直接关系着一个人学习能力的强弱。

脑科学研究进一步证明，具有学习习性的学生大脑有两个明显的生理特征，他们很好地阻止了来自外界多余信息的干扰，形成了专注而安静的气质秉性。一个是作为外来信息控制中心的大脑丘脑比较发达，丘脑中的抑制性神经元可以很好地阻隔一部分无关紧要信息的入侵，保证大脑专心致志地思考当下最重要最亟需了解掌握的信息。

另一个是大脑的基底神经节，它相当于一个监管系统，可以过滤掉不必要的噪声和与学习无关的信息，以免影响和打扰大脑的正常工作。而那些经过净化处理了的信息再次回到丘脑，参与包括思考、记忆等认知活动。

爱因斯坦、达芬奇、居里夫人、乔布斯、陈景润这些科学

第一章 学习习性

巨人大脑的生理构造究竟有何特别之处？一直是世界脑神经科学界和教育界极为关注的焦点。后来，美国德国联合科研小组的研究发现，科技精英大脑胶质细胞比常人更为活跃，大脑信息传递比常人更加敏锐、感知力更为清晰、心智运动更加集中，能迅速激活和调动大脑各区域脑波去参与思考，从而，使他们在数字、表达、视觉或空间上的认知都远远高于常人。据说乔布斯能全神贯注于一项工作连续18个小时不走神，并在短时间内解决许多问题，爱因斯坦更能通过超常的图象联想方法解决复杂高深的科学问题。

阅读是检验是否具备学习习性的试金石

教育学专家哈罗特·泰勒在《人与书的世界》一书中对读书境界做了如下描述：读书的唯一方法就是静静地把整个人沉浸其中，没有人提醒你要从中发现什么，也不需要把它列成一个个要点，而是全心去享受它，去领略作者的智慧。

通常情况下，一个流畅阅读者都有很好的学习习性，他们思维具有很强的专注力，能够长时间安静地把注意力集中在阅读对象。至于那些有阅读障碍的人，上了中学还没有完整读过一本小说的学生，可以肯定地说，他们很大程度上不具备学习习性，如果不能进行生物要素的改良，在学习上基本不会有大的作为。更为可怕的是，这种遗传基因还会影响到下一代学习习性的成长。

让孩子爱上学习
从呼吸开始再造孩子的学习习性

美国教育学博士大卫·苏泽在《教育与脑神经科学》中有这样的论述:"阅读是大脑神经系统共同作用的结果,颞叶用来辨析语音,顶叶用来体味因字词引发的情感,枕叶用来勾勒字词带来的视觉画面,然后在毫秒间由额叶把所有这些反应综合起来帮助识词辨义,理解并记住所读内容。"

按照大卫·苏泽的理论,阅读的生理性原理是由大脑中的词形系统下意识地借助电化反应处理信息的过程。这个词形系统是由位于大脑枕叶和颞叶之间交界处相互关联的神经元簇集的神经节形成的,看到一个词就能激活关于该词的一连串的神经元活动与其连接,并调用与该词有联系的所有存储信息,直到流畅地阅读完想要阅读的全部内容。由此,我们可以把阅读形象地分为饥渴式阅读、厌食式阅读和吞咽障碍式阅读。

"饥渴式"阅读。饥渴式阅读者,脑部词形区域得到很好开发,脑神经元带有精致的激活模式,大脑能够调动各种感官来快速识别每个字、词的笔画结构、发音、词(字)意,借助操作记忆过程形成联想回路,将读到的字词反馈到大脑的视觉中心,以体验到的感觉形成完整清晰的意义,同化到自己的认知图式(知识架构),再经过完形变成自己的知识和经验。

"饥渴式"阅读者具有很好的学习习性。他们思维超级专注,穷追不舍地跟踪阅读内容,快速精准地解读每个字、词、句

第一章 学习习性

的深刻内涵。这样就可以在大脑中持续不断地建立一条文字解码通道，直到形成一条流畅的阅读"高速公路"，成为一个畅游在知识海洋中的善读者。

一个出色的阅读者，阅读解码通道全天候畅通无阻，只有在遇到某个生僻字词时才暂时中断阅读，此时，只要对其疑惑进行简单分析处理，原来的解码通道就可以重新打通。于是，他们像一个饥渴的人，具有很强的阅读欲望和理解消化功能，能够迅速持续不断地阅读各种文章，不管在什么环境下都能看书。

"厌食式"阅读。厌食式阅读者因为注意散乱，思维过度发散，学习习性一般，没有很好的阅读"味口"。阅读过程中，眼睛看着，思维不时会开小差，有其他信息进入大脑，读一读，再停下来想想其他更刺激的事，或看看手机短信和微信，他们只能依赖朗诵磕磕绊绊的阅读。

"厌食式"阅读对正在阅读的内容缺乏情感性渴望，因而阅读过程没有完整性和连贯性，对阅读内容了解得不深不透，似懂非懂，知其然不知其所以然。由于阅读处于断断续续、马马虎虎的状态，当然无法领悟阅读内容的全部深刻内涵。同时阅读过程中存疑较多，始终对阅读内容一知半解，看书的动机总是一次次地被其他更加新奇重要的刺激打消，阅读的数量以及从书中获得的有用信息少得可怜。学习上同样不能聚精会神，全神贯注，当

然只能是平庸之辈。

"吞咽障碍式"阅读。人类大脑的本性是猎奇求新，专注安静的学习习性并不是每个人与生俱来的天然属性。吞咽功能出现病变的患者，即使把食物送到他的嘴边，也会因为吞咽障碍难以将食物吞食下去。对于那些存在注意力障碍，思维飘忽不定的学生，可以认为他们患有"吞咽式"阅读障碍。学习中，不是他们不想读书，而是自身存在着严重的生理性信息接受加工障碍，纯属外显式阅读，而非内隐式阅读。眼睛瞅着书，心里不知不觉地想着其他事情。由于不能够快速吸收消化阅读内容，阅读内容无法很好地在认知模板上打下烙印，或前读后忘，阅读的内容不能形成完整的故事链、知识链，再好的书，品不出味道来，无法享受到读书的乐趣，阅读当然难以继续下去，久而久之就变成了阅读障碍。

三、激活孩子的天然禀赋

学习习性乃本性使然。然而，在这个信息爆炸的时代，国人的思维特别是注意力受到前所未有的冲击，毫无疑问青少年是追求新奇与刺激的先锋，也是最容易被迷惑的受害者。形形色色的"八卦新闻"令越来越多的学生脑子里千头万绪，注意力像一盘

第一章 学习习性

散沙，飘忽不定；游戏、微信、时尚、武侠小说……这些愉悦的体验足以使他们中的很多人心驰神往，想入非非，神魂颠倒。

原本很单纯的学生心被扰乱，专注安静的秉性被颠覆，思想杂念多，人在教室，心却在网络游戏、微信等五彩缤纷的世界。大脑思维常常从一种事物跳到另一个更加新奇的事物，无心学习，不知不觉中出现阅读障碍和学业困难，不能用主要精力做该做的事，与专注安静的学习习性相去甚远，学习兴趣、学习动机消失殆尽。学习过程中缺漏太多，无法形成知识链，认知准备不足，接受新知识的难度增大，再高明的老师也无法将知识塞进他们的大脑。

贪多则必失。人的大脑不能"一心多用"，同一时刻只能想一个问题，假如想的事情太多，必然造成思维和行为混乱，终将一事无成。科学人员研究发现，一个人在学习或完成某项任务时，注意力被打断的瞬间，不但会多犯一半的错误，而且，需要重新花费一半的时间才能回到原来的状态。这样紊乱无序的脑子，不管干什么都很像业余选手那样毛手毛脚，漏洞百出，质量差得让人笑掉大牙。因此，培养专注而安静的学习习性不仅仅关乎我们学习、智力水平，也是提高生命品质的需要。

科学研究发现，人类的大脑具有很强的"可塑性"，这意味着每个人的学习习性一方面取决于生物要素乃至遗传因素，另一

让孩子爱上学习
从呼吸开始再造孩子的学习习性

方面又基于后天成长环境，在整个人生中不断地发生微妙变化。而且，这种可塑性足以使人在任何时候都能够做到几乎无所不学，无时不变。儿童是大脑产生灰质和修剪无用神经元的"黄金时期"，复杂的学习和实践能够有选择地强化有用神经元突触连接，阻止和减弱无用神经元的生成。

声音能够显著地影响我们的神经系统

安静对一个孩子学习习性的滋养特别是智力和优雅气质禀性的培养作用，远远胜过给孩子购买名牌电脑和请名师家教。家庭越和静，越有利于使孩子们的神经系统保持平衡，最大限度地把孩子潜藏在机体内的智慧开发出来。

我们正处在一个泛竞争化时代，还孩子们安静的学习氛围和宽松的成长环境，共同营造一个充满知识味的读书氛围，使孩子们的学习习性得到爱的呵护和滋养，无疑是儿童快乐学习、健康成长的关键所在。因此，这样一个和静的环境不一定是高楼大厦，而需要父母对世俗的生活方式保持必要的克制，把自己从名利、金钱的束缚中解脱出来，让自己首先安静下来。等到我们自己有了优雅心境的时候，就可以真正领略到茶的清香、音乐的美妙和阅读的快乐，营造出一个安静温馨的家庭文化氛围。

如果一个学生生长在比较温馨愉悦的生活环境中，就能够培养起丰富的情感和安静稳健的脾气禀性。同时，还能适时接受到

第一章 学习习性

更多的知识性、趣味性信息刺激，促进脑部神经元之间的连接和快速成长。感官系统自然会形成有效的学习通道，学习习性随之建立起来，从而快速精进地进入学习状态，更深刻地理解学习的意义，提高学习和阅读效率。

现实生活中，不少孩子的生长环境却不见得都那么乐观。有些父母看到孩子不能静下心来学习，手机游戏不离手，气不打一处来，咬牙切齿跟孩子急。其实，很多时候无法全身心投入学习真的不是孩子的本意，处在竞争快车道的儿童对于学习的重要性比家长更清楚，什么时候该干啥、不该干啥谁都明白。但是，由于学习和思想压力太大，大脑神经系统处于抑制状态，心沉不下来，学不进去，父母唠叨得越多只能越适得其反。

阅读能够保持思想的纯粹和清雅

阳光经过凸透镜聚焦，能够点燃任何可燃物。拥有了专注就拥有了无比神奇的力量。诸葛亮写给儿子的一封信叫《诫子书》，提出"夫君子之行，静以修身，俭以养德""非澹泊无以明志，非宁静无以致远"。对于学生而言，思维专注的过程，从微观上说决定了学习主体准备从外界选择和接收何种信息。从宏观上看，也可能影响着个体的人生价值取向。一个人如果能全神贯注地投入学习和工作，机体内就会产生一种爆发性的精神动力，成功就近在咫尺。

当人的注意力被一件有意义的事情拴住时,心就会变得纯净而透明,使我们更加睿智聪慧,长时间凝聚沉思在一个积极的事情上,思维会钻到事物的最深处,从而培养专注安静的学习习性。

很多书籍字里行间无不闪烁着真理和伟大的智慧,每个荡漾在书海中的人都能够被书中那些充满哲理和无穷魅力的爱深深吸引,保持思想的纯粹和清雅。因此,阅读不但是积累知识陶冶精神的过程,本身还是一个培养专注力的过程。当一个人聚精会神地阅读一部经典作品时,整个精神处于自我满足、自我陶醉的超然状态,能够形成一种稳定的意识流,陷入深度沉思中,孕育出符合学习的习性。

阅读和学习是一项艰苦的脑力劳动,要消耗大量能量,需要及时补充氧气和葡萄糖为脑的功能提供燃料,以此滋养脑细胞,使大脑发挥出最佳的功能。否则,血液中缺少糖和氧气,人就会变得昏昏欲睡,没精打采。因此,健体如健脑,多吃水果,保持充足的睡眠,有利于脑神经元的生长,提高大脑神经系统的效能与精确性,大幅提升记忆力、专注力。

运动同样可以激活学习的欲望和兴趣

1998年,在索克大学进行生物学研究的弗雷德·盖奇及其同事发现,海马体是大脑主要掌管学习和记忆的部分。但是,海马

第一章 学习习性

体又非常敏感,它比大脑其他部分更容易接收使人精神紧张的荷尔蒙皮质醇,当个体长期受到精神压力时,机体内的海马体就会萎缩,从而直接影响着大脑记忆力乃至学习效果。言下之意,如果是一个聪明的父母,对于经常无法专注学习的学生,最要紧的是调整好自己的情绪,引导他们放松精神,经常进行有氧运动,待内心安静下来重新进入学习状态。

脑神经元连接的数量是衡量一个人是否具备学习习性的关键。运动对脑神经元的成长有着无比重要的作用,它可以触发大脑释放一种叫"脑源性神经营养素"。有了这种神经系统最有益的蛋白质,能够保证幼小神经元得以健康顺利地生长和连接,有利于促进学习习性的培养。

依据脑神经科学的原理,作为家长,对于一时学习状态不是很好,三心二意,坐立不安,学不进去的学生,此时强迫他们学习,没有一点意义。磨刀不误砍柴工,遇到孩子学不进去的时候不妨干脆把学习的事先放下,踏踏实实给他们心灵放个假,进行一些户外运动,出一身汗,呼吸些新鲜空气。如此一来,可以给疲惫不堪的身体提供所需的氧气,净化血液,加快血液流速,增大通过脑部及全身的血液流量,清除身体积存的压力。血液纯净充沛,能够促进大脑边缘区底部海马体内神经元的生成,可以很好地激活学习欲望和兴趣,提高思维的专注力,对于发挥好长时

记忆的功能,提高学习效率都很有帮助。

用音乐优化儿童后天的智力发展

音乐、美术、雕塑等艺术品,有利于脑神经元树突的生长和发育,从而促进学习习性的培养,产生更多的学习成果储存器。音乐是一种通过持续传送有节奏的空气压力波所形成的乐性声波。大脑扫描成像发现欣赏音乐或演奏乐器时,大脑中兴奋的区域恰好是左额叶主管数学与逻辑的区域。美妙动听的音乐可以激起人们无意识超境界幻想,产生美妙愉悦的情绪,促进脑神经元的轴突、树突及突触的发育,使大脑左右半球胼胝体联结交融,不断优化儿童后天的智力发展。

大型音乐演唱会观众爆棚,令无数粉丝尖叫、狂欢,或静心屏气,完全缘于音乐能够加速听者的心跳频率,从而显著地改变人的神经系统和呼吸系统,并逐步改良优化人的气质秉性。比如,高亢豪迈的乐曲可以把一个精神抑郁沉闷、情绪低迷的人机体内的热情激发出来;舒缓优雅的曲子可以使烦躁不安的人心情变得更加平和安静;轻松欢快的音乐可以减轻焦虑不堪的人的精神压力;舒缓婉转的禅乐、瑜伽音乐能够使人变得更加平和专注。由此可见,让孩子多接触美术、音乐,是激活人类美好情感的兴奋剂,对于塑造安静专注的学习习性大有裨益。

第一章　学习习性

案例：铃木镇一的音乐教育法

铃木镇一是日本著名的小提琴家，他开创的音乐教育法曾经提升了数以万计学龄前儿童的智力与才华。其中，有一个叫美代子的姑娘成长故事早已闻名遐迩。美代子学习中很难控制自己的注意力，本来是在做数学作业，突然脑子里冒出一个好词汇，立即把作文拿出来写两句，注意力定格在一个主题上的时间非常有限。她的另一个毛病是性格比常人急躁很多，无论做什么事情都希望一下做好，一旦遇到困难，即刻满头大汗，心急火燎，结果啥事都弄不好。

一开始，美代子的爸爸看到女儿学习时东张西望，着急时也控制不住自己的情绪，对她进行责骂，但这样并没有使美代子的学习成绩有明显改观，反而使父女间的感情出现裂痕。

后来，美代子爸听说铃木先生对青少年注意力分散的问题有比较深入的研究，就带着女儿上门求教。当铃木先生提出音乐疗法可以解决美代子的急躁情绪，使她安静下来时，美代子爸爸对铃木先生出乎意料的回答感到非常吃惊，"什么，听音乐！她的功课都忙不过来，哪还有时间来听音乐？"

铃木先生坚定地说："音乐对她学习很有帮助，这一点千真万确。"

"可是我找你的目的是帮助孩子提高学习成绩，并不是听音

乐！"很显然美代子爸爸对听音乐提高孩子的学习成绩存在很大疑惑。

铃木十分耐心地对他说："通过音乐让孩子烦躁不安的精神平静下来，学习成绩自然就提高了，不妨试试看。"听了铃木的介绍，美代子爸爸同意了铃木的想法。

刚开始，当铃木给美代子放巴赫音乐时，她似乎对这一首舒缓、优雅的名曲无动于衷，没有丝毫的感觉。当铃木先生详细讲解了乐曲的主题背景及其深刻内涵后，再次播放时美代子渐渐领悟了每个音符所代表的美好情感，开始对其产生兴趣，这样每听一次，她那狂躁的心都得到一次平静。

一周后，美代子深情地告诉铃木先生，"巴赫音乐中蕴含着一股爱的暖流，使我干渴的心得到滋养。特别是《十二平均律钢琴曲》《无伴奏小提琴组曲》像妈妈的手一样让我焦躁的心慢慢被安抚下来，从此不再慌恐和混乱。"过了一段时间，美代子的性格渐渐平和了很多，很少急躁，即便没有听音乐的时候内心也感到非常平静。美代子爸爸高兴地说："她家原来那个疯丫头一下子变得像淑女一样，看书学习都很安静，做什么事都井井有条。"

第二章　调理呼吸——升华生命品质

曾听到不少家长抱怨说："我们家庭气氛一直很好，对孩子也没有特别高的要求，但儿子从小学到初中就是学习不认真，成绩始终一般化，真不知道该咋办？还有的家长认为，自己看了好多家教书，也听了不少专家讲座，但看到孩子成绩上不去就着急，孩子还经常跟他"冷战"。

我们知道，决定孩子学习成绩优劣的关键因素是本身所具有的思维品质。一个人的思维品质以及精神面貌、心智水平除了与后天的成长环境有关外，还取决于遗传因素，按照成功学原理，遗传因素占有相当大的比重。不排除其中一部分人有遗传基因的原因，可能存在着注意力障碍、焦虑等，导致生理性学习习性问题，说服教育当然很难达到目的。

不过即便如此，遗传因素也非铁板一块，难以改变。亚里士多德曾说："人在出生的状态，不是完整意义的人，经过二十几年的人化过程，才使他变成了人。"美国行为主义心理学家华生说得更加直白："给我一打健康的婴儿，我可以把他们训练成为任何一种人物——医生、律师、艺术家、大商人,甚至乞丐或强盗。"

父母给我们的仅仅是个"肉体的人",还有一个"精神的人""灵魂的人",其气质好坏、性格平和与否、心态是否积极很大程度上取决于后天的培养和塑造。只要他们有改变自己的渴望,将会促使原来那个"肉体的人"精神丰满、内心强大、灵魂升华,成为一个全新的自我,一个完整之人、完美之人。

医学心理学认为,血液是人的精气神乃至于情绪好坏的物质基础。人的思维专注或散乱,脾气平和或暴躁,待人热情或冷漠、心态积极或消极,从根本上说血液起了关键性作用。血液虽然是遗传结果,血型也无法改变,但血液的质量还是能够改变的。比如,有意识的呼吸就能增加血液内氧气含量、促进血液循坏的功能。血液滋养并影响人体的五脏六腑,血液的质量得到改善,循环通畅,一些生理性毛病包括心理疾患都会迎刃而解。所以,坊间有言,呼吸乃一张"万能处方",一点不为过。

一、呼吸,让你由内到外地改变

有人可能不解,呼吸有那么神奇的作用吗?客观地说,呼吸一直是种神秘但又非常容易被我们忽视了的生理现象,它的功能

第二章　调理呼吸——升华生命品质

说多大都不为过，不妨听我娓娓道来。

呼吸伴随着心跳，这是唯一一项既被自主神经系统控制又被非自主神经系统带动和控制的生理功能，不必有意识地下达"呼吸"的命令，就可以有意识地加深和延长呼吸。呼吸舒缓深邃，可以增加血液内氧气的含量，达到镇静神经、安抚身体的目的，所以，有学者说，呼吸是人类的隐形朋友，这句话实至名归。

孟子讲"养我浩然之气，充塞天地之间"。庄子讲"独与天地精神相往来"。就是让呼吸跟天地契合，知息出入，控息长短，和天地虚合，人的精神就像宇宙天地一样自由辽阔。中医理论自古就有"肺朝百脉"之说，也就是说，血液通过血脉会聚于肺，经过肺的呼浊吸清，实现清浊转化，完成血液净化和循环。

呼吸肩负着清道夫的作用

在整个血液循环过程中，从心脏动脉流出的血液含氧丰富，呈鲜红色，为脏腑器官输入营养，给机体带来活力。从各脏器返回到静脉的血液暗淡无光，而且含有机体产生的大量二氧化碳以及自然界中的细菌、微生物、粉尘等有毒成分。这些充满污秽的血液重新流回心脏的右心房，当心房的血液充满后自动收缩，强迫血液穿过房室之间的开口，依次从右心室流回肺部。

带有废弃物的血液回到肺部，成千上万的肺泡与肺部毛细血管网紧密相贴。吸气时，空气中清新氧气进入人体肺部后，与血

让孩子爱上学习
从呼吸开始再造孩子的学习习性

液中的血红蛋白相融合并发生化学反应,为身体提供造血能量;呼气时再把体内各处血液聚集而来的废物所产生的二氧化碳气体呼出体外,使血液得到净化。这些含氧丰富的血液经过肺静脉流向心脏的左心房,再到左心室,经主动脉重新为每一个细胞、组织、肌肉和器官提供营养,使整个身体充满活力。

在血液循环过程中,肺的呼吸功能肩负着清道夫和加油站的重任,通过呼吸实现体内外清浊之气的自然交换,使肺部得到清洁,肺活量增大,促进人体血液净化和血液循环,维持生命的活力。肺功能好,呼吸舒缓悠长,新陈代谢进行得充分,能够很好地将静脉血管的废气呼出体外,防止废弃物或毒素再次流回心脏、混入血液循环系统,侵害各生物实体,危害生命健康;然后,让大自然中更多的清新氧气进入体内,融入血液,为脏腑提供充足的营养,其能量被神经系统接收,供思维、意愿、行动利用和消耗。这就是呼吸所具有的难以置信的作用。

呼吸的深浅决定了情绪和精神的好坏

每个人在母体时,通过脐带吸取大自然的氧气。离开母体来到人世后,虽然脐带被剪断,但婴幼儿依然习惯于腹式呼吸。他们的呼吸深,血液纯净,运行畅通,睡眠香甜。

随着年龄增长,到了儿童中后期,开始有了学习压力,烦恼随之出现,他们的呼吸开始变得浅表,导致体内毒素聚积,影响

第二章 调理呼吸——升华生命品质

五脏六腑等器官的健康,一些儿童会出现焦虑倾向或情绪低迷。

在成人阶段,竞争越发激烈,生活工作压力增大,很多人因为呼吸短促、浅表,肺部只有一部分得到开发和利用,呼吸时大自然中的清气无法进入肺的底端,导致机体中的毒素、废气不能有效排出,容易在身体的最薄弱环节产生病变。这种功能紊乱的呼吸模式,很容易扰乱自主神经功能,渐渐失去生机和活力。

进入中老年,生理机体开始退化,有的人或因为工作生活各种困扰,呼吸微弱,只有肺的一小部分功能得到利用,大部分呼吸器官得不到锻炼而渐渐萎缩,呼吸越发急促浅表,经常出现精神沮丧。权威研究机构调查显示,90%以上的成年人都不会有意识地调节呼吸;约一半以上的城市人口呼吸窘迫、急促,摄取的能量断断续续非常有限,血液中的氧气浓度下降,导致精神萎靡,身虚体弱,疾病很容易找上门来。

有意识的呼吸,把力量的权柄掌握在自己的手里

有意识地呼吸,就是要用心感觉呼气时气息如何依次从腹部、胸腔、喉咙、鼻腔呼出体外,吸气时气体如何依次从体外进入鼻腔、喉咙渗透到腹部。这样一个有意识的过程可以减缓呼吸的速度,增加呼吸的长度和深度,增大肺活量。在呼吸的过程中,吸入的氧气与血液亲密接触能产生一次完整的化学反应,即血液吸收来自大自然的氧气,并把肺在每次呼吸时产生的二氧化

让孩子爱上学习
从呼吸开始再造孩子的学习习性

碳带出体外，起到净化血液、改善血液循环、镇静心神、放松内脏等作用。

呼吸不单是气息的出入，它的本质内涵是，闭目静坐于天地之间，借助每个毛孔和细胞把体内的废气和毒素排出体外，将大自然中的清新氧气吸入体内。美国学者希尔在《从呼吸索取生命力》一文中指出："有控制地深呼吸练习，可使大脑尽快消除疲劳，调节神经系统，使人轻松舒畅。"有意识调理呼吸，是一个积极而彻底的吐故纳新过程，能够使我们整个肺部组织充盈清新的空气，肺部血液得到充分净化，可以聚集机体能量，增强生命活力。从这个意义上说，拥有一个强健的肺不但是强身健体、延年益寿的必不可少的前提条件，也是提高精气神的重要法宝。

呼吸，呼浊吸清的过程，能够抛弃精神中的晦气和负面情绪，将那些剪不断理还乱的烦恼一笔勾销，然后，持续不断地把宇宙中的活力、能量和人类的智慧吸入体内，心灵更加清明透彻，让隐藏在内心深处的情感和良善充分地表达出来。如果我们能坚持有意识地调理呼吸，敞开心扉，让呼吸慢下来，从生命之源或宇宙之灵那里获取能量，让身体、心意和情感同时发生改变，最终达到天人合一的境界，方能使我们的人生进入一种全新的境界，过上一种充满理想且爱意浓浓的生活。

仔细观察那些具有优雅气质和充满朴素而伟大的思想的达

第二章 调理呼吸——升华生命品质

人,呼吸舒缓悠长是他们的共同特征。很少有人像韩国总统朴槿惠那样不幸,早在她青年时期就先后历经母亲、父亲遇刺身亡的悲惨遭遇,曾经一度悲痛欲绝。为了尽快走出悲痛的阴影,她在好心人的指点下学习丹田呼吸法,让心平静下来,胸口的郁结得到很好舒解。后来,自己又遭遇暗杀,身体十分虚弱,她坚持有规律地练习丹田呼吸法,元气恢复,肠胃上的毛病得到康复,精神舒服了很多,同时还培养了胆量和毅力,恢复了自信心。

"一呼一吸一数数"的数息法,是一种简便易行、见效较快的呼吸练习方式,等车、买东西排队、乘坐车辆(飞机)、晚上睡觉前,在呼气或吸气的同时数呼吸的次数,且专注于呼吸和数字,过不了多久在肺活量增大的同时,呼吸随之变得柔和缓慢。

需要注意的是,呼吸时全身始终处于放松状态,面带微笑,用五六成力气就够了,不需要竭尽全力。呼吸就像压船的物体一样,能够保证小船在海浪袭来时保持平衡,如果感到局部紧张,说明人为的用力过猛,呼吸效果就打了折扣。呼气要比吸气慢,呼气的时间一定要长于吸气时间,这样就可以重获呼吸的最佳状态。

同时,还要给大家一个很好的建议,因为一个完整的呼气后,吸气会自然得到加深,所以我们可以忽略吸气,但一定要把注意力放在呼气上,有意识地延长呼气,因为慢呼气可以控制那

让孩子爱上学习
从呼吸开始再造孩子的学习习性

些不由意志所控制的肌肉。

二、把孩子的潜能挖掘出来

在这个世界上最终能够将美好的理想变为现实的毕竟是少数人，大多数人终归都是平淡的过一生。作为家长，如果你的孩子已经做出了很大努力，学业困难的问题依然如故，你又希望他在学习上能够发生神奇的变化，未来成为社会精英。那么，借助呼吸练习开发培养孩子的学习习性，把他们沉睡的潜能挖掘出来，无疑是一条美不可言的捷径。

培养一个有教养的大脑思维

在儿童的学习成长中，注意力不集中是学业困难的罪魁祸首，也是家长最头疼的问题。提高专注力的实质是培养一个有教养的大脑思维，按照重要事项优先的原则，一个时刻只考虑一个问题。它有两个要素，一是任何时候都应把最重要的事放在第一位，而不是首先去做最具吸引力最好玩的事，这是思维选择性问题。二是在思考处理这个问题时要做到全神贯注，专心致志，轻易不要被其他事情打扰，以此体现思维集中性的强度。

比如，很多注意力失控的学生，早晨醒来第一件事是看微信或浏览新闻，一看十分钟、二十分钟过去了。大脑思维有教养的

第二章　调理呼吸——升华生命品质

学生，早晨起来先把手机放在一旁，率先复习功课，处理最重要的事情，而微信、新闻等上了车以后再去浏览。这样日积月累就能比其他同学节约很多零碎时间，用更多的精力读书学习，这就是绩优生和绩差生的区别。

道家认为呼吸可以凝精聚气。不管成人抑或学生，我们都应该知晓，呼吸是一张培养专注的学习习性的特效处方。将注意力集中到呼吸上，久而久之，呼吸就会变得舒缓悠长，这种有意识的呼吸会成为一种自然行为，能够驾驭我们的感官，使内心的烦躁被抛弃，千丝万缕的思想得到控制，让生命回归本性。

保持舒缓悠长有节律的呼吸，可以调心收神，机体原本杂乱无章的细胞分子出现同向有序运动，按照统一节律在体内形成共振，以此保持精神以及灵魂的完整和谐，实现思想稳定和人格独立。经常不断地关注呼吸，我们的注意力就会陷入深深的静默之中，把游移不定的精神从外物的羁绊和各种妄想中收回，有助于心意自发地顺畅流动，保持内心平静，使专注力得到培养，这样的气质秉性即是我们所要的学习习性。

有意识地关注呼吸还有一个最了不起的效果，即让我们控制自己并驾驭感官，驯服那颗烦躁不安的心。当一个人想入非非的时候，长时间关注自己的呼吸，可以使我们从外物的羁押中解放出来，从遥远的幻想中回到当下，不再刻意去追求原本不该属于

让孩子爱上学习
从呼吸开始再造孩子的学习习性

自己的东西，不再患得患失，遭受烦恼的折磨。

解决注意力障碍问题，培养安静而专注的学习习性，最为迫切的是有针对性地改善学生的生理器官，尤其是脑部神经系统，不断激活大脑各区域的神经元，特别是脑部边缘系统注意神经元，才能将注意力持久地集中于阅读对象和学习内容，使学习变得简单易行。

如果我们习惯于全神贯注地进行腹式呼吸练习，屏气凝神，使中下叶全部肺泡得到很好开发，便可以激活沉睡于心中的那股神秘力量。静则生慧，长时间进行有意识呼吸练习可以保持内心平静，能够很好地洞悉事物本质，从更深层了解其直接或间接的因果关系，看到常人无法看到的东西，把事情做得完美无缺，创造出不同凡响的伟大事业。

我早年注意力不是很集中，阅读能力差，学业也不是很好。后来开始呼吸练习，专注力明显提升。专注让我无意中发现，做一件有意义的事给我带来的高峰体验，从而心中萌生了某种崇高的人生追求。这种追求驱使我自觉自愿地放弃社交、游戏、观看球赛等，能够连续十多个小时集中一个问题，经常在看书或写作时达到废寝忘食的境地，工作效率有了明显提升。十多年前，开始研究青少年教育问题，每年工作之余阅读各类书30本以上，积累了大量理论知识。在撰写《磨刀石》一书的过程中，由于思维

第二章 调理呼吸——升华生命品质

超级专注,自愿放弃各种无意义的社交活动,曾经两周时间没有下楼,沉浸于该书的写作中,并自得其乐。

用呼吸滋养学习习性的成长

昼有所思,夜有所想。睡觉做恶梦,睡眠质量不高是损害学生学习习性的第一杀手。一些学生在学校被学习压得喘不过气来,不服气、抱怨、愤怒充斥大脑,或沉溺于微信、网络游戏,大脑该休息的时候还处于高度兴奋状态。人体生物钟被打乱,身体没有得到很好的恢复,第二天起床后迷迷糊糊,没精打采、啥都不想干,学习习性渐渐丧失殆尽。假如我们每晚到了十点钟,就把心思集中于呼吸,用心呼吸半个小时,忘掉白天的一切烦恼,放下一切不满、怨恨和游戏,就可以带着舒缓而深邃的呼吸进入梦乡。好的睡眠必然使身体得到恢复和休息,白天就有好的精神状态,心情安静,思维专注,学习习性自然会得到慢慢滋养,必然产生意想不到的学习效率。

有的同学,早晨醒来懒得起床,好不容易坐了起来,又开始犯困,不停地打哈欠,四肢乏力。遇到这样的情况,不妨放松身体,专注呼吸,三五分钟后就会感到神清气爽,浑身有劲,身心和谐就有了精神,懒散拖沓的毛病很快会消失得无踪无影。

对于上课经常不知不觉走神的学生,平时或课前,找个安静地方做一会儿呼吸练习,收心聚神,坚持一段时间,原来那颗烦

让孩子爱上学习
从呼吸开始再造孩子的学习习性

躁不安的心将会变得安静专注起来，精神被驯服，思维也就乖乖地跟着老师走。

有的学生晚上回到家摊开作业本，迟迟无法进入学习状态，刚写几个字，一会儿看手机、一会儿起来喝水、一会儿想上卫生间，学习没有效率。不要着急，先静静地端坐一会儿，闭上眼睛，啥也甭想，内观自己的呼吸，十分钟过后，我们的呼吸会逐渐慢下来，心也会踏实起来，忘掉身边的手机，静静地专注于学习。

婴幼儿专注力的培养有别于儿童和成人，首先要做的是，父母习惯于用微笑和甜蜜的语言与他们交流，让他们从小保持愉悦的心情，绝对不能出现不耐烦的表情或进行恐吓，这样很容易引起他们的恐惧和焦虑不安。善于营造一个温馨的家庭气氛来延缓孩子出生前那种腹式有节律的呼吸，当然，没必要过早地给他们讲如何观察呼吸这些他无法接受的知识，也可以每天选择一个时间段，在一个清静的地方，让孩子坐在大人腿上，静静地放松下来，保持安静，先让家长自己的呼吸变得舒缓悠长，当你完全沉静下来之后，孩子也就会沉浸于自然的呼吸之中。

去年上半年，经导师张梅玲老师推荐，我到北京劲松四小按照《磨刀石》理念，对该校五年级六班进行专注力训练。培训前该班成绩为年级八个班中下游的水平，培训结束后，期末考试成绩名列年级第二。在提高学生专注力和学习能力的同时，该班

第二章 调理呼吸——升华生命品质

绝大多数同学的学习态度更加自觉，马马虎虎的毛病正在得到纠正，身体的灵活性、协调性、动手能力明显提升，很多学生比以前更热情、充满活力，性格也安静温和了许多，能够与父母友好地沟通交流。如此大的变化，老师和家长都感到非常惊讶。

三、用气场唤醒"装睡的顽童"

俗话说，装睡的人叫不醒。有一部分孩子超级自我、执拗，对父母的说教左耳进右耳出。尤其是那些玩世不恭的孩子，或对父母、老师有某种成见，苦口婆心地跟他讲道理，根本不搭理你。对这些叫不醒的顽童，要么放一放等待他们自我觉醒，要么家长得有让他们敬佩的绝招，用一句时髦的话说，有自己特殊的气场。相信，一旦为人父母者有了强大的气场，哪怕是一匹桀骜不驯的野马也会被驯服成为温顺而充满活力的千里马。

气场是能够打动他人的人格魅力

说到气场，或许有些人感到好奇，压根不相信自己有气场，更不知道自己的气场在哪里。气场，一直是个看似有些玄妙的物理现象，其实不然，我们可以把它看成是人体内外形成的一种气势，引申为从人体弥散出的强大正能量投射到周遭并被对方感知和认可的影响力。它是一个人能够打动他人的特质，是一种特有

的人格魅力。

气场，是一种平和乐观的性格，具有亲和力，容易与孩子建立彼此信任的关系，与他们一起生活，从不会觉得多么紧张和压抑，心甘情愿把一切托付给你，并乐于接受你的意见。

气场，是一种充满活力和恒久耐心升华出的爱，是一股暖流，可以熔化每一颗冰冷的心；可能是坚毅的信念，即使在生命的最后一刻依然有一股绵绵不断的潜在能量。生活中，就算面对一个脸上写满沮丧动不动暴跳如雷的逆子，也会面带微笑用温和的语调隐藏自己的愤怒，不厌其烦地关爱他们，最终以一颗滚烫的心使孩子受到感化，心归正道。

气场是一个人内在魅力的自然流露，是生命中的隐形能量所形成的精神符号向外界投射出的一种有形力量，而不是依靠职权特别是家长的地位树立起来的权威；气场是一种令人肃然起敬的威严，不会让对方感到丝毫畏惧和害怕。气场无形胜有形，越率真、朴实，气场越大。自吹自擂进行炫耀，只能分散和削弱气场本身的影响力。

气场，不是"大嗓门""高八度"的呵斥和争执，是一种韬光养晦、气定神闲、沉默稳健、以静制动的气质。面对各种窘况和无理取闹，依然保持淡定坚毅，总是用自身强大的正能量统治一个人的意志。一个巴掌拍不响，如此镇静自若的气场，脾气再

第二章　调理呼吸——升华生命品质

暴躁的孩子也会变得温顺服贴，他们美好的向往一定会被激活。

气场，不一定有多高的学历和令人羡慕的地位，她是一种积极的生活态度，具有藐视一切困难的信心，对待不公和委屈不抱怨，如此淡定的人往往被当成为一个团队的精神领袖，即便是一个失去生活信心但从未谋面的人也能够通过他们的精神振作起来，有意无意地得到成长进步。有这样气场的父母更容易赢得孩子们的信任，并对他们产生积极的影响力。

气场，不一定是英雄壮举，但有不同寻常的胆识和魄力，浑身上下散发出无穷的力量，关键时候敢于担当，不回避矛盾，能够让对手心惊胆颤，直到征服、控制、瓦解对方心理防线，彻底摧毁其信心。如此强烈的气场，再顽劣的孩子也会对他们敬佩得五体投地，从而使其良善的愿望被唤醒，自觉做出改变，甚至心甘情愿做出牺牲。

很多时候气场是一种压倒一切的远大抱负，也可能是一种不经意的行为，能够统治一切想法的强烈欲望，有意无意地影响着你身边的人或与你接触过的每一个人，孩子也不例外，除非他们刻意用意念为自己穿上了一件厚厚的"盔甲"。

气场，不一定有多么高大英俊的形象，但一定要具有通透事物表象的智慧、大度、充满同情心，总是以包容的心态看待孩子成长中的缺点，该认输时绝不和孩子较劲死磕，能够给孩子足

够大的自我成长空间。有了气场，不管多么平庸的孩子都能够一如既往给他们纯粹的精神关爱，用自己的真诚带来轻松和愉悦，使孩子们自愿打开心扉，无拘无束地与你交流，乐于把你当成朋友。生活中不难看到，有的家长尽管貌不惊人，但他们总是把勤勉和真诚的爱融为一体，孩子跟他在一起，随时会被其身上散发出的特殊魅力所感染，足以让一颗消极的种子在肥沃的土壤里开出鲜艳的花朵。

用气场而不是批评惩罚来征服那些极具挑战性的孩子，是成功干预顽劣儿童不良行为的第一步。有些父母试图依仗权势地位形成强悍的威慑力来教育孩子，严格地说，这不是真正的气场，他只能使孩子对你憎恶、鄙视、恨之远之，形成厚厚的心理围墙，使你的气场失去应有的灵光。

气场包括以神经系统为主的精神要素和生理要素，生理气场为精神气场注入强大的生机和活力，精神气场赋予生理气场以色彩，使生理气场更有品质。

气场是每个生命都具有的特殊能量，它隐藏于机体的深处，有的人开发出来了，有的人尚没有完全开发出来。有的人固执己见，拒绝改变，气场终生得不到开发，至今仍然潜藏在生命的最底层，灵魂中最宝贵的东西荒废在冰冷的世界里白白地被浪费掉。

第二章　调理呼吸——升华生命品质

大多数成人机体内强大的气场被埋得太深太久，气场很弱，缺乏力量，这些人不管有多大权力、多么富有都像水母一样虚弱，有气无力。只能说，这股强大的能量开发出来之时才是成功和幸福之日。

让舒缓悠长的呼吸打通堵塞的能量管道

气场是上苍为每个生命准备的最好的礼物，它是一种潜在的能量，需要催化才能迸发出来，不管是谁，生命中的气场一旦开发出来，人的潜能也就自然浮出水面，可以创造令人吃惊的奇迹。假如你现在还对自己潜在的巨大气场将信将疑，那么，马上行动起来，只要通过一周的训练，一定会对自己的狭隘和执拗惭愧不已。

提升你气场的只能是你本人，参透了气场的深奥内涵等于找到了开启大门的钥匙。人类作为高级动物，生命是美好的，我们没有理由因为孩子淘气顽劣而愁眉苦脸，趁早把我们气场开发出来，每个父母都会成为孩子的良师益友。

失静者则失聪失和。每个成人或是儿童，当我们内心失去安静必然失去阅读能力，无法领略书籍中的博大智慧，难以分享到伟人们富有哲理的启迪，精神无以寄托。一个没有精神家园的人，必将变得焦躁不安，内心难以保持平和，或导致家庭失和、麻烦不断。

让孩子爱上学习

从呼吸开始再造孩子的学习习性

呼吸是开发气场的不二法门,呼吸深邃是有强大气场的人最大的生理特征。把呼吸带入生活,专注气场内修,过不了一年半载,每个人都会惊讶地发现,原来安静专注是那样神奇,仿佛自己变成了另外一个人,这种美妙的感觉就是我们梦寐以求的学习习性。如此以来,家长同样能够和孩子一道在读书中找到久违的乐趣,家里也就有了书场。一旦家庭有了文化厚重,自然能够和孩子形成思想共鸣,用爱心来改善脆弱的父子关系,并慢慢培养起孩子望眼欲穿的求知眼神和孜孜不倦的学习态度,逆转孩子厌学情绪就可能变为现实。

没有宽阔的胸襟很难自如应对心理应激。不少家长看到孩子做错了事,即刻气上心头,非但不能给予孩子同情和安慰,反倒劈头盖脸地进行批评,使家庭关系变得紧张起来,很难达到教育效果,弄不好还会割裂亲情。

对于这些容易对孩子发飙的急性子家长,呼吸是减轻压力的秘密武器,定时进行冥想、内观呼吸,改善机体的生物要素,使神经系统得到彻底放松,有助于提高应激阈限。每一次有意识的呼吸都是对身体的一次按摩和治疗。呼吸的微小变化可以导致身体功能的巨大改变,减少压力荷尔蒙的分泌,提高应激阈限,降低敏感程度,成为减轻焦虑、终结烦恼的完美开始,能够以温顺而平和的心情与孩子相处,培养起建设性的父(母)子(女)关

第二章 调理呼吸——升华生命品质

系，很好地与孩子沟通交流。

很多孩子受到诟病和惩罚后，伪装坚强，更加执拗地与父母形成对立，父（母）子（女）感情疏远，进行冷战，彼此间最容易形成心理隔阂。一些聪明的父母发现来硬的会使问题严重恶化，开始重新检视并改进自己的耐心程度。结果发现，只要父母以真诚的爱心理解关心孩子（包括行为习惯不是很好的孩子），他们曾经那颗冰冷的心被父母的爱心融化后，一定会彻底卸下自己表面的伪装，去掉内心的执着，心归正路。

舒缓悠长的呼吸可以使我们完全放松身体，敞开胸襟，仿佛打开了身体中封闭很久的能量管道，内心也会感到轻松和敞亮。这个时候灵魂就自觉地跳出原来那个小圈子，不再去关注对物质财富的渴望，不需要努力压抑自己的欲望，就可以发现眼前这份怡然自得的安静原来也是一种奇妙的享受，人生不需要太多物质也能够活得有滋有味。从此，我们的性格包括一举一动都会彻底慢下来，不再与人较真，争强好胜，以一颗平常心过普通人的生活，以普通人的心态做平凡的事，安静地享受当下工作的快乐，进而理性地看待孩子的成长成才，并对他们保持合理的期望值，创造出温馨而宽松的环境，让他们自由自在地长大成人。

有些家长说："好孩子是夸出来的，这样的道理咱懂。但是总感觉到孩子的表现不尽人意，要把表扬鼓励挂在嘴边真不那么

让孩子爱上学习
从呼吸开始再造孩子的学习习性

容易。"很显然,这与家长的心理温度有直接关系。不少父母内心长期充满阴霾,冷若冰霜,一肚子鬼火,自己高兴不起来,没有笑脸,当然说不出有热度的、温暖人心的甜言蜜语来。尤其是那些精神有些抑郁的父母,每每用一颗冰冷的心对待他人包括自己的孩子,连装出来的笑脸和温柔都很少见着。在孩子面前,他们怨恨的声音总是饱含着一种恶意的满足。试想,一个连起码爱心都没有的父母自然对孩子取得的进步和良好表现不以为然,也就很难表达出善意和赞美。

经常进行轻柔舒畅的呼吸练习,为身体输送新鲜氧气,血氧浓度提高了,在体内产生巨大的能量,人就会充满生机和活力;每一次轻松的呼吸都会给身心发出安全的信号,告诉你,它正沉浸在平静之中享受生活的愉悦。一个人有再大的烦恼,只要有意识地关照自己的呼吸,内心就会收到一条短信——幸福正满怀喜悦张开双臂来拥抱你。内心储存的快乐因子多了,有了取之不尽的快乐和欢喜,嘴上就会像抹了蜂蜜一样,随时随地给孩子们以温和甜蜜的赞美和鼓励,每一个有心把赞美鼓励挂在嘴上的父母不妨试试。

第三章　书场，孕育学习习性之摇篮

学习是儿童成长教育的核心，一个孩子能够取得优异的学习成绩，家庭教育就成功了一大半，这样的道理相信一般人都明白。但是，明白学习在家庭教育中的作用不可替代，未必知道要想提高孩子的学习能力，家长究竟应该采取何种方法，从何下手，劲儿往哪里使。

有的家长也许不以为然，如此简单的问题他们当然明白：从孩子上小学起就给他报英语、奥数、作文班，让他课余时间学习钢琴、舞蹈、美术，孩子获奖证书一大堆；给孩子选择名校，请高水平家教，进行"一对一"辅导；他们辞掉工作在家陪孩子读书，希望他今后上重点中学，名牌大学，成为未来社会的精英，活得潇洒体面有尊严……

也有不少家长叫苦不迭地说，我家孩子用的是苹果牌电脑，上的是实验学校，请当地有名老师做家教，创造的学习条件从来不比别人差，大人小孩没少吃苦，但孩子学习还是上不去，我都要快要崩溃了，你说着急不着急。

让孩子爱上学习
从呼吸开始再造孩子的学习习性

不客气地说，如此家庭教育理念基本没有入流，这些家长虽然双脚已跨入了现代化信息时代，但对学习的思想认知还停滞在20世纪某个落后的阶段。让孩子参加课外英语、作文、奥数班，练钢琴、学舞蹈是完全可以的，但不是每个学生都必须的，它与提高孩子的学习成绩没有一一对应的关系。关键要看能否在家建立一个静谧的充满浓郁读书气氛和探究知识的场所，让孩子的心静下来，从而，使家真正成为孕育学习习性的摇篮，对读书产生内在的渴望。

一、养静修慧之宝地

在我们生活的世界中有磁场、气场，能够使处在该环境中的物体受到力的作用，这些都好理解。学习也有一个场，它叫书场，即一个安静的学习空间和一定数量的藏书，同样，可以对生活在该环境下的成员产生正面的影响力。当然，单有一个空间或一大堆书远远不够，关键还要有包括全家人阅读和探讨知识性话题共同营造出的幽静而灵动的学习气氛。比如，父母长期潜心学习、孜孜以求形成的积极向上的正能量能够凝心聚神，培养孩子淡定专注的气质秉性，防止分心，最大限度地把心凝聚在学习的知识上，以此滋养学习习性的形成。

第三章　书场，孕育学习习性之摇篮

家庭成员间经常有知识含量较高的言语交流，可以使每个身临其境的人如同进入阅览室一样，顿时产生一种静谧的感觉，心情能够很快平静下来，勾起读书的欲望，刺激智力发展，为孩子创造了一个孕育知识的智库，形成自觉学习的习惯。如此充满书味和良好学习氛围的场是培养学习习性的沃土。

案例：岳麓书院——勾起人们对读书的向往

坐落于湖南省长沙市的岳麓书院就是一个很好的书场，它始建于北宋开宝年间，历经千年，弦歌不绝，世称"千年学府"。正门"惟楚有材，于斯为盛"的楹联绝章令人心潮澎湃，催人奋进。

步入书院，溪水潺潺，草木郁郁葱葱，四季繁花似锦，沁人心脾、亭台楼阁、雕梁画栋彰显了中国古代建筑的恢宏气势，把整个书院装扮得幽静而典雅；北宋真宗皇帝召见山长周式，颁经书、亲赐御匾"岳麓书院"，明代中后期明世宗御赐"敬一箴"，清代康熙御赐"学达性天"和乾隆御赐"道南正脉"，等等，如此深厚的文化积淀字字千金、让人震撼，足以点亮生命智慧的火花。理学家朱熹、心学派大师王阳明在此修炼讲学、交流学术思想的场景，曾国潘、左宗棠、黄兴、蔡锷、魏源、杨度、毛泽东、刘少奇……等影响近代中国走向的重量级人物在此读

让孩子爱上学习
从呼吸开始再造孩子的学习习性

书、传播先进思想的影姿历历在目，令人肃然起敬，留给人们无限的遐想，使脑神经中的文化区域得到激活和兴奋，从而勾起人们对书的向往。这样有形和无形完美结合的书场自然是读书和修心养性的宝地，成为培养大师、大家及伟人的摇篮。

美国教育部有一项调查研究表明，在美国家庭藏书超过一百本的学生学习成绩明显高于家庭藏书不足一百本学生的学习成绩。另一项研究也发现，出身于贫穷的美国家庭但有阅读习惯的孩子，从事慈善事业的比例高出家境富有但没有阅读习惯的孩子一倍多。

美国畅销书作家奥里森.S.马登有一句名言：没有书籍、杂志、报刊的家庭，等于一幢没有窗户的房子。今天，在我们中国，很多家庭住上了豪宅、别墅，满屋的高档家具，像宫殿一样，但是书籍少得可怜，感受不到丝毫文化气息。孩子回到家首先想到的是手机微信，盘算着怎么满足感官的现实需求，心被应有尽有的物质生活吸引，必然心神涣散，很难安静下来，当然无法培养符合学习的习性。看似很殷实奢华的家庭因为缺少"书场"，从孩子思维品质到家庭生活品质也都将大打折扣，学习兴趣从何而来。

有的家庭虽然有不少藏书，但仅仅是摆设。父母整天为了名

第三章　书场，孕育学习习性之摇篮

利心悬半空，像一团乱麻，静不下来，坐不住，拿起书来看不进去，有书没场，充其量是"叶公好书"。很多人忙于应酬，每天都在麻木迷茫中过活，尽管回到家痛苦的时候也常常懊悔不已，但只有在酒场、牌桌上灵魂才能找到暂时的慰藉。把家营造成了一个热热闹闹的娱乐场所，家庭人来人往热闹非凡、孩子从小被功利和享乐灌得半醉，哪里还有心思看书学习。

还有的家庭关系紧张吵闹声不断，孩子在课堂上、书桌前，脑子里浮现的全是父母争吵的场面，气难静，心难安，一提学习就头疼。即便一个很有学习习性的孩子，天资被功利思想和各种嘈杂声泯灭，纵使上再好的学校、报再多的课外班、请再优秀的家教，多数都是徒劳。对提高孩子成绩不会有太大的帮助，美好的年华被家长不负责的行为糟蹋，最终落得个碌碌无为的下场。

包括早年的我，很多时候也坐不住，压根看不进去书，用自身行为给孩子的正面引导少之又少，却盲目对孩子提一些过高的期望值，一而再再而三地要求他们去做我们自己当初无法做到的事，去实现那些高不可攀的目标，想起来未免有些荒唐可笑。

二、家有书场慧自来

20世纪90年代初期，意大利神经系统专家发现了"镜像神

经元"这一现象,研究人员通过长时间观察猴子的剥花生米的动作,发现了镜像神经元这一理论。即,动物在记住和启动一个行为或动作时,首先被激活的是大脑额叶预动区的神经元,然后,运动皮层的神经元就会发光并产生反应,再去激活相关肌肉做出相应动作。科学家们把起预动作用的神经元系统称为镜像神经元,它能够沟通动作主体与被观看对象的主观世界。

把镜像神经元理论应用于人类的学习和生活,同样会发现,一个人当看到别人做某一个动作,比如看书、运动、吃东西,大脑额叶的预动系统先期形成一个运动条件反射,此运动顺序随后激活相关的运动皮层系统,并迅速创建一个相应的心智模板,感知和体验他人的情感以及喜怒哀乐。再将他人的情绪状态内化于自己心中,便见样学样,直到启动一个回应性的模仿行为。

镜像神经元理论给我们提了个醒,家长的一举一动都会启动孩子大脑额叶的预动(警)系统,激活他们模仿的动机。也就是说,我们成人日常生活一举一动都会给孩子留下难以磨灭的印象,成为孩子模仿的对象。当下社会生态恶化程度已经到了危险的边缘,为人父母者,假如留给孩子更多的是吃喝玩乐、追逐名利、抱怨和"办公室阴谋",必然激活孩子的脑镜像神经元,社会上那些庸俗的东西有可能过早地投射到他们的微观世界。生命

第三章　书场，孕育学习习性之摇篮

中积淀了太多的渣滓，内心被阴暗的东西遮盖，人生价值取向跑偏的可能性就会增大，思想上的问题想扳都扳不过来。

当然，如果我们展现在孩子面前更多的是勤勉耕（工）读、艰苦创业、诚信待人、友善和睦的印记，必然会形成一个很好的家庭文化氛围，使子女的心智得到均衡发展，从而形成了积极向上的人生价值追求。

事实上，在家里营造一个简单的书场，让家庭充满书味并非难事，对一般家庭而言，每年添几本书、订两份报纸都不会有太大问题。就算经济条件不太宽裕的人家，只要父母少一点应酬，把喝酒、抽烟的钱省一部分下来买几本书，用打牌、游戏、闲聊的时间来看看书，有了这样一个静谧的书场，过不了三年五载孩子的学习习性就可能初步形成。

我认识一个书香门弟，世代人才济济，祖祖辈辈在读书上达成了高度默契。每个家庭成员，不管从事什么职业，多么忙碌，每天晚饭后都会把白天的任何东西抛到脑后，在八点半钟准时各就各位学习阅读，或钻研自己的业务。整个家庭安静得只有翻书声，连呼吸都听得一清二楚。即便是识字不多的学龄前儿童，他们在"玩书"中不知不觉地对书产生好奇。

纵使一些心野贪玩，喜欢往外面跑的孩子看到家人都在津津有味地看书，觉得自己制造的响动（噪声）会打扰家人，与家庭

让孩子爱上学习
从呼吸开始再造孩子的学习习性

气氛不合拍,感到不好意思。于是,大脑额叶预动区的神经元被激活,运动皮层的神经元系统再去激活相关的肌肉,产生模仿他人看书学习的冲动,逐渐收拾起散乱的心,慢慢在阅读中找到读书的兴趣。如此一来,伴随着代代相传的除了学习习性的养成,还有安静和睦善于钻研的家庭文化。

案例:一个家庭从书场中走出五个留美大学生

作为一个普通的中国农民,蔡笑晚把自己的六个孩子中的五个送到美国留学,其中,四个获得大学博士学位,这样的奇迹也缘于他们家有一个很好的书场,培养了子女的学习习性。孩子出生后,蔡先生分别给他们取名为孟子、孙子、荀子、润子、曾子、西子等小名。还将居里夫人、牛顿、爱因斯坦的画像张贴在家里,用中外文化、科技巨人的伟大形象激励孩子发奋学习,不断进取,并要求他们长大后都要读博士,为孩子树立了远大的人生理想和目标。

不仅如此,二十年如一日,蔡先生每天早晨六点钟准时起床拉二胡,用悠扬的乐曲吹响学习"集结号",把孩子从甜蜜的梦中唤醒。他白天行医,夜幕降临,他总是第一个坐在灯下看专业书,自习文化课程,解答孩子学习上的疑惑,全村总是他们家房间的灯亮得最早、熄得最晚。在他的感召下,孩子们每天也都非

第三章　书场，孕育学习习性之摇篮

常自觉地按时坐在各自的桌前学习功课。

蔡先生一向重视不言之教，要求孩子做到的事自己必须身体力行。作为成年人，他习惯于特立独行，主动放弃了许多成人的游戏爱好，不打牌，很少与人闲聊，连亲朋友好友的往来也减少到最低限度。既使一些亲戚家的婚丧喜事也很少参加，常常引来不少非议，但他自己该怎么做还怎么做，全身心地投入学习和子女教育研究中。

为了在家营造一个温馨而浓郁的学习氛围，蔡先生把《三字经》改写成《家教三字经》，与孩子一起背诵，给孩子讲三字经故事，进行早期的思想道德启蒙。与孩子建立了彼此信任和理解的父子、师生、朋友关系，孩子们生活中有了烦心的事，毫无保留地向他倾诉，用真挚的爱给予心灵的安慰。

每个孩子高考时，他都与孩子一起挑灯夜战攻克难题，学习备战；选专业或工作中遇到困惑都会主动征求他的意见，请他出谋划策。相信，一般的孩子处在这样书味很浓的学习氛围中也能培养起阅读的渴望和孜孜以求的学习兴趣，学习习性的培养当然不在话下。

家有书场，茶余饭后父母能够与孩子一起分享读书的心得，家庭知识性话题、艺术性语言和积极正面的思想交流多了，孩子

让孩子爱上学习
从呼吸开始再造孩子的学习习性

获得的有价值的信息量越大,阅读对他们的诱惑就越强烈,渐渐会对读书产生好奇和渴望,学习兴趣乃至于学习习性自然就会培养起来。

案例:在书堆里泡大的李开复

创新工场董事长兼首席执行官李开复,1983年以计算机系第一名的成绩从哥伦比亚大学毕业后,直接考入卡内基·梅隆大学,开始了他的博士生涯,最后只用了四年半的时间拿下了博士学位,并成为该校最年轻的副教授。1998年,他怀着父亲"中华之恋"的情结,背负父亲的理想,不顾苹果高层的劝阻挽留回到中国,创建了微软中国研究院(后更名为微软亚洲研究院),成了微软公司全球副总裁。

李博士每每回忆自己取得的成就时,无不自豪地认为,父亲好学上进的精神给他留下人生最宝贵的财富,并成为他终生崇拜的偶像。

李老先生早年留学日本,回国后在南京《中国时报》任总编辑。

在开复幼小的心灵里,父亲"有点沉默和神秘,每天待在书房里,或踱着方步,或不停地写作,总是那样冷静和理性",很少与他们一起说笑和玩儿,只有在开复出门上学时,父亲借着出

第三章　书场，孕育学习习性之摇篮

去散步，与开复并肩而行，在路上交谈一阵。一开始，开复认为父亲不爱自己，后来他终于体会到"父亲总是把这种爱深深地隐藏在行动里"。

老爷子不苟言笑、严肃谨慎，一心向学，而且学功甚勤，50岁之前，连26个英语字母都认不全。可时年，到美国游学前开始每天听讲座、查英语字典、看英文电影、主动与懂英语的人会话，仅两年的工夫就能够用英语进行交流，阅读英文报纸。

八十岁时，在美国做访问学者期间孜孜不倦地从事近代中美文化教育的研究，每天早上开复上班时用车把父亲送到匹兹堡大学东亚图书馆，中午在附近买个三明治做午饭，整个一天都沉浸在书的海洋，晚上再与儿子一同回家。李老先生终生手不离书，好学不倦，醉心知识海洋的精神无疑是留给儿女的一笔无价之宝，这种锲而不舍的精神为子女树立了读书人的典范。

如果说开复天生就是一块读书的料，那么父亲早年在家营造的书场，使开复这块"璞玉"得到了很好地滋养和开发，得以变成今天这样精美的艺术奇葩。可以想象，假如功成名就的李老先生天天忙于交际应酬，开复难免也会沉浸在你来我往的热闹场面，主要心思就不可能用在学习上，当然不会有今天的辉煌和成就。

正是由于对父亲长期以书为伴、"每天待在书房里不停地写

让孩子爱上学习
从呼吸开始再造孩子的学习习性

作"耳濡目染,造就了开复安静专注的气质秉性和学习习性。正如李开复《世界因你不同》一书中所写"父亲对我的影响,是通过读他的书,听别人讲他的做人,解读他的梦想而形成的,然后在岁月的流逝中,被我慢慢地吸收到灵魂里"。

开复到美国之前只读过半年英语,无法与同学交流,上课在老师的"催眠"下,他不停打瞌睡,只有当听到同学们因为老师的一句笑话引起哄堂大笑时,他才能从梦中醒来,一度非常郁闷。每当这个时候,父亲伏案读书写作的身影就会浮现在他的脑海,好比给他注入了兴奋剂,从体内激发出一股强大的力量来,使他重新产生学习的动力。经过艰苦不懈的努力,不但能够完全听懂老师的讲课,还能流利地与同学交流,直到顺利地获得博士学位。

一个远渡重洋的少年,少了老师和父母的督促,学习上能够表现出与其年龄不相符的自觉,得益于从小在家中"书场"滋养的学习习性,更是父亲的勤奋好学在开复幼小心灵里所树起了一座无形的灯塔,照亮了开复的人生航向。

案例:继母用书场改变了三个顽劣孩子的命运

书场和气场有相像之处,大都由个体生命中散发出的某种气息在一定空间形成的一种特殊物质,以其独特的感染力对身边

第三章　书场，孕育学习习性之摇篮

的人产生渗透和心灵的感召。书场的特别之处在于，它是由各种各样的书和醉心读书的人形成的一种静谧的学习钻研氛围，久而久之形成气场，给人以阅读的诱惑，其功效非嘴上说一说能够达到。

一个家庭有了较强的书场，假以时日，可以把不愿读书的人同化，使之形成很好的学习习性，在内心里产生一种强大的学习动力。

前两年，美籍韩国人张炳慧用她教子的亲身经历写了《好孩子的成长99%靠妈妈》一书，得到读者的热捧。张女士是韩国已故前李承晚政府总理张泽相的三女儿，19岁留学美国，获得乔治敦大学历史学博士学位。

在此期间，她与一位离异男子邂逅并组建了家庭，婚后，丈夫还带来了与前妻所生的三个孩子。然而，令她始料不及的是，这三个小家伙因为早年父母的婚姻变故，心理、性格甚至智力上都程度不同地存在一些毛病和缺陷。缺乏教养，自理生活能力差得出奇，经常为一点小事吵成一团，根本不接纳她这个继母。老二彼德因为幼年受过心理刺激，先天反应迟钝，存在明显的智力发展障碍。

面对这样尴尬的家庭困况，让她一时不知所措，几近于崩溃。她慢慢地冷静下来，回想起自己小的时候也同样淘气，父亲

让孩子爱上学习
从呼吸开始再造孩子的学习习性

却总是那样大度而和蔼可亲的样子，从来没有对自己发过火。也没有强迫自己去学习，只是经常看到父亲在堆满书籍的房间里专注读书的情景，隐约感受到了读书一定是一件很有意义的事，从此，她也喜欢上了阅读。

后来，在美国留学期间，她经常一个人在图书馆看书到凌晨，因为学习太苦有时难免产生放弃的念头，但每当回想起父亲深夜伏案读书的身影，霎时，浑身仿佛充了电一样，即刻心潮澎湃，重新感受到学习的无穷乐趣。以后的学习中，当她倦怠或生活中有了困惑迷茫的时候，父亲坚毅的身影都会给她增添无穷的力量。

看着三个可怜的淘气鬼，他深信美善能够战胜顽劣，道德足以感化道德，试图用自身榜样的力量来改变孩子的陋习和痼疾，从不用口头说教的方式强迫孩子干他们不愿干的事。每天下班回家做好饭让孩子吃了，然后，干完家务，不管再苦再累，她就到书房看书或写论文。

在她的潜移默化影响下，孩子们看到她不是做饭干家务，就是看书学习，从来没有修理他们的意思，便对这个"继母"产生了好感和崇敬。家庭气氛从此安静和睦了许多，几个淘气鬼性格越来越平和安静，每每还在她忙不过来的时候丢下手中的玩具帮她干家务，自己知道拿起书来学习，展现出学习习性的雏形。从

第三章　书场，孕育学习习性之摇篮

此，把学习当作和吃饭睡觉一样，是日常生活的组成部分。经过行为感化引导，三个孩子相继考取美国的哈佛大学和耶鲁大学，步入美国上流社会。

家有书场胜过黄金万两

犹太人信仰学习胜于宗教，小孩稍微知事，父母会把蜂蜜滴在《圣经》上让孩子去亲吻，感受到知识是甜的，从此对书爱不释手；远古时代，犹太人的墓地里摆有书，认为夜深人静时逝者会出来看书，象征着生命是有限的，读书却是永无止境的。如今，犹太人还保留着很好的传统，把书橱放在床头，以表示对书本的顶礼膜拜。有了这样的信仰就可以调动一切力量集中到既定的目标上，以色列人以仅0.3%的世界人口却获得了17%的诺贝尔奖，赚取了世界上30%以上的财富，掌握着世界经济的命脉。

所以说，家有黄金万两，不如有个书场。书场是智慧的摇篮，也是财富的富矿。

在西方社会，几乎每一个科学巨匠和实业界的风云人物，无不来自被强烈书场包围的家庭。14岁获得哈佛大学研究生、18岁获得博士学位、25岁成为美国麻省理工学院一流的数学家诺伯特·维纳，父亲利奥·维纳早年是美国哈佛大学的哲学大师，能

让孩子爱上学习
从呼吸开始再造孩子的学习习性

流利地说若干门外语。

诺伯特·维纳幼年时，母亲就给他讲《金银岛》《天方夜谭》等童话故事，帮助启发小诺伯特的想象力，满足他的求知欲望。懂事后，他发现家里最多的是书，几乎每天都能看到父母亲在孜孜不倦地阅读，童年的小诺伯特觉得父母这么爱学习，书里面一定有很多好玩的东西。于是，他开始对阅读产生兴趣，每读一本书都能发现许多有意思的东西，领悟到很多乐趣，并很快成为一个贪婪的阅读者。深切感受到了父母的专注，也为他童年的生活充满了智力上的激励。

到中学后，父亲除了经常用哲学思想对他进行教育启发外，不时与他探讨植物学知识，拓宽他的知识面，还鼓励他与一位著名数学家伯伯接触，分享他们活跃的学术思想。经常耳闻目睹父母与同事们在一起热火朝天地进行学术交流，思想受到启蒙，从中获得益处，几乎每天都会在生活中积累知识。丰富的智力滋养，有效地刺激了这个积极上进的孩子的大脑，使它不断得到充实和发展。

爱因斯坦父母都受过很好的教育，婚姻甜蜜，家庭关系非常融洽，对于为人父母的职责抱以严肃认真的态度。他们跟当时有教养的其他德国人一样，生活中没有任何不良嗜好，业余时间除了运动之外，酷爱阅读席勒和海涅的作品。凯撒·科克叔叔用自

第三章　书场，孕育学习习性之摇篮

身渊博的知识激励他在电学和磁学方面的兴趣；雅各布叔叔热衷于与年轻的侄子一同探讨科学问题，并以极大的热情培养了他数学方面的兴趣。

身边有很多亲人整日在探讨科技发现和应用，不经意间从他们言谈举止中获得智慧的启迪，使爱因斯坦很早就对读书产生了渴望，希图从书中解开一个又一个谜团，为他以后走上科学研究之路提供了大量的智力支持。客观地说，生长在这样一个文化底蕴很深的家庭，自然就会形成很好的学习习性，即使智力低下的孩子也会变得聪明起来。

我们知道达尔文对自然界的动植物有着特殊的喜好，完全源于他有一个痴迷于植物学的父亲。受父亲的影响，达尔文很小的时候就对花草树木产生好奇，手里经常拿着父亲的植物学书籍翻看，爷俩一起分享大自然物种的神奇魅力。而他的父亲对植物学的兴趣恰巧又来自于小达尔文的爷爷伊拉兹马斯·达尔文。

正是由于世代共同的兴趣爱好，使达尔文能够从一枝一叶中发现大自然的美丽，并不时受到母亲的鼓励。当他把探索自然界物种作为终生的职业追求后，逐渐从当初不加选择地采集所有好玩的物种发展到按照兴趣和主题进行收集。后来，引种的奇花异木种类越发繁多，并各具特色，简直就是一个人造植物园，给邻居们带来美不胜收的感觉。

让孩子爱上学习
从呼吸开始再造孩子的学习习性

股神沃伦·巴菲特之子彼得·巴菲特，之所以在优越的生活环境中没有坐享其成，并成为一个小有成就的音乐家，也在于他从小生长在一个书场极强的家庭，阅读产生的难以名状的快乐在他幼小的心灵上打下了深深的烙印。

彼德·巴菲特的童年在外祖父家中度过，在彼德的印象中，外祖父是个迷恋阅读的人，"整个上午他都坐在角落里阅读""一个人可以安宁至此"。这种安静、充满浓浓书味的家庭氛围，使彼得从小开始对生活的世界充满了好感和信任。后来，每当彼得学习中遇到不明白的地方，外祖父便拿出《维基百科》让他自己寻找答案。彼得·巴菲特学生时代，父亲沃伦·巴菲特经常鼓励他要培养自主意识，在生活中去发现自己的兴趣并且专注其中，绝不让他们继承父业。

后来彼得发现父亲也和外祖父一样，大多数时间都把自己关在屋里，研究《价值钱》《穆迪投资》之类的书籍，忘我地分析数以千计的公司股票及其各种会计报表。在彼得看来十分枯燥的数据，父亲却可以长时间心无旁骛地统计、分析，仿佛"僧人沉思禅经""近乎神圣的状态"。在彼得的记忆里定格了父亲"超级专注"的形象。于是，他渐渐在家庭文化传递中汲取了重要的价值，体验到了一种可贵的经历，从而在探索知识的奥秘中找到了别样的乐趣。

第三章 书场，孕育学习习性之摇篮

不难想象，每一个生长在这样一个文化底蕴深厚、把知识融入生活的家庭中的儿童，随时随地都能够得到家庭成员较多的智力支持，良好的学习兴趣和学习习性的养成自然是易如反掌。

第四章　真爱，学习习性成长之甘露

陶行知先生曾说："爱是一种伟大的力量，没有爱就没有教育。"现代社会，爱是教育最重要的元素，更是学习习性成长之甘露。爱自己的孩子是父母的天性，但是，怎么个爱法，它又是一门艺术，里面有很多学问。

一、爱与祸害只有一步之遥

对儿童的爱是一门艺术，爱得纯粹理性恰到好处，不求任何回报和索取，则给孩子带来精神愉悦，激活他们的美好情愫和向善愿望，并催生学习习性的成长。假如，给爱附加不必要的条件，期望值太高或干预太多，则是以爱的名义对孩子实施了暴力，爱就蜕变成了祸害。爱之反倒害之，使儿童心灵包括学习习性受到摧残。

经常听到有很多家长滔滔不绝地讲自己的爱子（女）经：我挣钱是干什么的？就是给孩子花的，我家宝贝书包、运动鞋、

让孩子爱上学习
从呼吸开始再造孩子的学习习性

自行车全是名牌,就是要全力提升他的品质,让他享受到做人的尊严;我不惜一切代价让孩子择校、请高水平家教,打小就让宝贝练钢琴、舞蹈、形体、练网球、打高尔夫,全方位挖掘他的爱好,培养他优雅的贵族气质,目的只有一个,让他出类拔萃,成为未来社会的精英;我从不让孩子洗衣服、折被子、干家务活,就是为了让他专心学习,只要他学习成绩好,我甘愿当牛做马,无怨无悔……

可怜天下父母心。年轻父母如此含辛茹苦地供自己的宝贝疙瘩吃喝、学习,恨不得把心掏出来给孩子,孩子们感觉幸福吗?快乐吗?家长心里都很明白,这些"小皇帝"非但不快乐,还怨声载道,认为父母管得太多,学习上的标准太高,精神压力使他们不堪重负,丝毫无快乐可言,只有生不如死的感觉。

"父母皆祸害"谁之过?

家长对孩子那么好,孩子为何还要猪八戒倒打一耙,原因在于,我们给孩子的爱都有附加条件,需要回报,过于庸俗、自私,爱得虚伪没有品味。

网上曾经出现过一个"父母皆祸害"的小组,成员多是一些饱受父母间的争吵、家庭暴力,不满父母非人性化教育,从小受到父母无端诟病和全方位控制,现在正在为逃出苦海而挣扎的80后。他们在网上发帖子,集体控诉父母落后愚昧的家教理念给

第四章 真爱，学习习性成长之甘露

他们情感、肉体造成的伤害。比如"交什么样的朋友，上什么大学，读什么专业，去哪里工作，找什么样的人结婚……统统由父母说了算，稍有不从就会受到没完没了的絮叨"。

他们感慨万端地说："家，本来是孩子幸福的摇篮，是他们心灵的避风港和最终归宿，现在却变成了'世界上最没法谅解的地方'"。"父母皆祸害"小组成立两年来，成员发展至近2万人，而且还在快速地发展壮大。

尽管多数人一再表白他们的目的是"在孝敬的前提下，通过抵制腐朽、无知、无理取闹的束缚"，以此唤醒"父母自身素质的提高"。但还是能够从这些"内心告白"中仿佛听到了孩子们撕心裂肺的呐喊声。

作为成年人，我们实在没必要从正统的道德层面简单地把这些万人"组团"贬损羞辱父母的非礼行为认为是孩子们离经叛道，也不要因为孩子们使用了"祸害"这样尖刻的词汇就对他们大逆不道的行为进行谴责。相反，有必要从孩子们集体情感的非理智发泄、抱怨中彻底地检视一下我们自身教育方法中存在的不足，从我们自己在儿时所受到的不恰当教育中反省传统教育理念落后的症结，尽可能避免自己在今后的教育中重复过去祖辈犯下的过错。

二、给爱升级

在教育孩子的问题上，包括我在内的很多家长最容易犯的毛病是用成人的价值观设计孩子的未来。没有把孩子当作一个独立个体，忽视了他们有自己的独立人格和自由思想，淡忘了他们的感情需要，也忘却了身为人父人母的那种与孩子血脉相连的感情缘分。在单纯的功利思想支配下，不经意间把孩子当作一个读书机器，当成为人世间显摆的筹码，使这些花季少年在成长过程中缺失了本该属于他们的快乐，承担了不该由他们承担的痛苦和折磨，不幸成了浮躁社会的牺牲品。

前两年，江西省某市3名小学女生手拉着手从二楼跳下，酿成了腰脊椎压缩性骨折和内脏挫伤的悲剧。不用问原因，很多家长都会猜到：一定是学习任务太重了。一点没错，其中一个孩子在接受媒体采访时痛苦地说："跳楼死了就再也不用写作业了！"与其说是这些家庭的不幸，还不如说是教育的悲哀。

一个个花季少年用生命进行呐喊和控诉，足以说明现行教育体制、教育理念存在着惊人的弊端。但不能排除有的家长至今仍然执迷不悟地认为，要求严点全都是为孩子好，为何不再想想，既然为孩子们好，他们怎么还要去跳楼自杀呢？

家长为了孩子好，孩子非但不领情还要以死抗争，同在一个

… 第四章 真爱，学习习性成长之甘露

屋檐下的两代人，为什么价值观分裂到如此程度？的确，我们这些为人父母者到了非检讨不可的时候了。凭心而论，天底下没有不爱自己孩子的父母，但是，全社会拼命追求财富地位，这样单一价值观使年轻的爸爸妈妈变得超级功利，财富和眼前利益高于一切，无视孩子的内心需求，无视孩子自身智力和情感差异，也就很难理解"爱"的真谛，不懂得"爱"的内涵就只能对爱做出肤浅的解读，无法给孩子们真正所需要的爱，当然会引起他们的极力反抗，使他们的学习习性胎死腹中。可见，每个家长要给自己爱的品质升级。

三、爱，是无条件地付出和理性关注

圣严法师说："爱是一种能驱使我们付出、去关心他人的力量。"爱是一切动物的天性，也是人类最神圣最崇高的情愫。父母对儿童的爱是世界上最纯真、最高尚的，它蕴涵着三个要素。

其一是无条件地付出，就是说父母在生活上、情感上给予未成年子女的关爱是无任何附加条件的，是单方面无怨无悔的奉献和付出，不以任何回报做交换才算得上真爱。

其二是理性。任何物种的成长都有其内在的自身规律，对子女的爱更是这样。只满足物质需求，而对精神、心理需要视而不

让孩子爱上学习
从呼吸开始再造孩子的学习习性

见,对青少年的教育有百害而无一益。保持合理的期望值,学习上给孩子提不切实际的目标要求,不管孩子是否需要、能不能接受,就放弃工作在家陪学,花大价钱给孩子请家教,这种失去理性近似狂热的爱表面上是为孩子好,只能让孩子感到压抑,成为他们沉重的思想包袱。

其三是关注,孩子的学习和成长是个能动的过程,任何外力都是辅助性的。对大多数缺少专业知识的家长而言,把自己定位在指导者的位置,细心观察,适时给予合理化建议导引足矣。如果把自己当成老师一样,学习上管得太多就是越俎代庖,有越位之嫌。比如,现在有的家长习惯于为孩子检查作业,表面看,这样的家长很负责任,对孩子的帮助很具体,但我们有没有想过,你总是这样做,孩子一想到有父母帮助检查把关,便产生依赖思想,逐渐养成马虎草率的坏习惯。

每个家庭都想让自己的"独苗苗"成才、成功,每个为人父母者无一例外地把自己的全部爱倾注在孩子身上。物极必反,爱得狂热,有些爱难免变味,把功利、自私的本性暴露无遗。

案例:慈母为何成了儿子的"刀下鬼"

丁大伟的爸爸丁华伟(化名)、妈妈刘小梅(化名)是一对农民夫妇,一年四季忙完地里的农活就去城里打工,虽然家庭经

第四章 真爱，学习习性成长之甘露

济不是很宽裕，但大伟学习成绩拔尖，给这个清贫的家庭增添了别样的乐趣。看到大伟这么出息，妈妈小梅更是喜上眉梢，平素省吃俭用给大伟买耐克旅游鞋、名牌自行车等，从来不让儿子在城里孩子面前跌份。

费尽周折把大伟从乡下转学到城区，每年寒暑假，还给儿子报英语、美术、音乐培训班，掏几百块钱为儿子买吉他，请高价钱家教。有一年春节，偷偷把老公给她买个戒指的钱拿去给儿子买了保险。

丁妈妈几乎把全部爱都倾注在儿子身上，生活百般体贴，学习、做人更是精雕细刻，给大伟定了"不允许到别人家串门、随意交朋友"等严格的家规，防止他染上不良习惯。小俩口从不串门闲逛，晚上连电视都不看，静静地在家陪大伟学习。

甘愿为孩子付出全部心血，从这个角度看大伟妈妈无疑是个很有爱心的仁慈母亲。俗话说：世间没有无缘无故的爱，也没有无缘无故的恨。很显然，大伟妈妈爱的背后是要儿子拿成绩来做回报，过于自私的爱却使母子间反目成仇。

大伟所在的是一所重点中学实验班，高一期末考试考了全班第9名。当晚，母亲刘女士兴奋不已，又烧了大伟爱吃的菜以表示祝贺，还心血来潮让大伟立下"以后每次考试都要保持班级前10名"的军令状。然而，谁也想像不到，这一违背常理的要求为家

让孩子爱上学习
从呼吸开始再造孩子的学习习性

庭的悲剧埋下了种子。

高二期中考试,大伟成绩下滑到全班第18名,丁妈妈参加家长会得知儿子的糟糕成绩后,憋着一肚子气,回到家就指着鼻子对儿子进行臭骂,并警告一向喜欢踢足球的大伟:"今后再去踢足球,把你的腿打断。"

面对如此苛刻的要求,大伟认为母亲一点不近人情,开始变得有些沮丧、抑郁,内心对母亲充满怨恨。

一个周末晚上,连续上了一个礼拜课的大伟实在太累,想看电视放松一下,刚打开电视不长时间,妈妈就很不高地说:"马上就要期末考试了,你要保证进入前10名。"大伟不耐烦地回答道:"做不到。"丁妈妈反问道:"那你看什么电视,还不快学习去!"接着劈头盖脸又是一顿数落。

也许是委屈太多、压抑太久,最终将这瞬间的愤怒裂变成火山爆发。当晚,他拿出平时锻炼身体用的握力棒,走向母亲身后,朝正在绣花的母亲后脑勺狠狠地砸去。母亲一边反抗,一边大喊:"儿子,你疯啦,我是你妈!"早已急红了眼的大伟哪里顾得了这些,继续对母亲头部进行击打,眼看着母亲被自己活活打死。

一个品学兼优的好孩子变成了杀人不眨眼的恶魔,一个为儿子熬尽了心血的慈母最终成为亲生儿子的冤枉鬼,这样的悲剧,

第四章　真爱，学习习性成长之甘露

总让人心里有一丝抹不掉、说不出的伤感。大伟从一个天真无邪的少年蜕变成一个丧尽天良的杀人恶魔，是被丁妈妈一步步逼到墙角而产生的极端性反弹，这样的悲剧无疑是这个可怜的母亲一手导演的。

给孩子的爱和期望值打个折

有资料显示，中国每年大学升学率为23%。按照高等教育相关国际标准，智商在中上（IQ119）以上具备上大学的人约占29.73%，而接近70%的中学生缺少或不具备上大学的智商。另一项调查表明，有95%的中国父母希望孩子读大学，而且大多数家长期望孩子读重点大学，可见，至少有65%的学生与大学无缘，也不能满足父母愿望。

然而，今天有太多的父母，无视孩子学习能力的强弱，不了解孩子学习潜力有多大，一味地逼着孩子去考好成绩、读好大学，还自以为都是为了孩子好。殊不知这些苛刻的不近情理的要求其实是对孩子精神的摧残，这样违背青少年天性的不道德的爱，唯一的结果是催生这些本来天真烂漫的孩子人格扭曲，人性变态。

我在部队当指导员的时候，有一年连队担负种甘蔗任务，有个战士小杨，吃苦耐劳，每天下地时都要挑一担粪到甘蔗地里，

让孩子爱上学习
从呼吸开始再造孩子的学习习性

他那块地里的甘蔗明显高出其他人的一截。甘蔗快要成熟的某一天,连队统一安排追肥,按理说小杨种的那块地里用不着再施肥了,但缺少种甘蔗经验,也领了一脸盆化肥撒在地里,结果,第二天,地里的甘蔗就发蔫了。老兵出主意赶紧浇水给甘蔗退烧,大家伙一起往地里放水,忙活了半宿,第三天,原本绿油油的甘蔗全部死了,好好的甘蔗被活活烧死。

现在大多数家庭只有一个孩子,很多家长也知道溺爱孩子带来的严重危害,但每每在不知不觉中会给孩子不必要的关爱,寄予很高的期望值,这是十分危险的。所以,一个智慧的爸爸妈妈要有意把给孩子的爱和期望值打打折,本来给10分的关怀和预期,给6分、7分就完全可以了,把多余的藏起来,给孩子一点自我生长的空间,让他们自在地生活、自由地成长。

俗话说,起得早的人未必身体好。在这个多元的社会里,完全没有必要把成绩与成功与否划等号,学习成绩好的学生走向社会后不一定人人幸福,成绩差的学生,未必什么都不行。一个贪玩、学习成绩不尽人意的学生,起跑晚一点、慢一些,没有受过大学教育,只要他们在儿童时期内心需要得到尊重,能够轻松自在地成长,有一个乐观的性格和健康的心理,有理由相信,他们完全可能在其他行业做出非凡的业绩。其实,在我们身边太多太多没有受过系统的大学教育、没有显赫学历的人,但谁也无法阻

第四章　真爱，学习习性成长之甘露

挡他们成功的步伐，受到人们的尊重。

即使事业不那么耀眼，同样会活得更阳光、更滋润，幸福指数决不亚于那些从小学习成绩好但性格抑郁，或自我到了不可一世的学生。

在这个问题上，我们的近临日本有很多做法值得学习借鉴。

案例：还孩子学习求知的快乐

日本著名教育家铃木镇一小时候也同样遇到过升学竞争激烈的问题，但他的父亲有一套与众不同的教育方法，只要求儿子铃木的考试成绩达到60分就ok啦。

"60分怎么行"，一开始铃木也不理解。

爸爸告诉铃木60分代表及格，及格就表示合格。既然合格了，你就没有必要把全部精力耗费在分数和名次上，要知道，求知可是人间最大的欢乐啊！

铃木当然兴奋不已，但他转眼一想，又觉得不对，反问道："爸爸，这样学不到多少知识，学习是不是太轻松了？"

"你永远记住，其他时间用来博览群书，把求知的欢乐还给自己。"铃木觉得父亲的话很有道理。从此，他有了更加开阔的眼界，不再把注意力只盯在考试分数上，开始把一部分精力用在自己感兴趣的科目上，阅读的课外书籍是全班同学的几十倍，

让孩子爱上学习
从呼吸开始再造孩子的学习习性

并从知识的海洋里找到了真正的乐趣。在阅读了大量的课外书籍后，感觉到应该还要读"天理"，读生命这本无字的书，读大自然这本百科全书。大自然激发了他无穷的遐想，给了他无尽的灵感，他的人生哲学随之发生了质变，也使学习习性得到滋养。后来在德国留学期间，受当代最伟大的科学家、思想家爱因斯坦的影响，最终使铃木成为一个时代最具影响力的教育家。铃木先生的成长经历告诉我们，落后的教育理念才是中日两国在科学技术方面差距的根本所在。

四、爱，贵在满足精神需求

著名心理学家马斯洛把人的需要从低级到高级依次分为生理需要、安全需要到自我实现需要五个层级。认为吃饭、穿衣、享用等生理需要是最低级的需要。把这一理论放大延伸，你会发现生理上的这些需要是反复循环的，也就是说生理需要只能够获得暂时的满足，但无法得到一次性的永久满足，或者说此时满足，彼时又不满足，充其量是一种短暂性的满足，不可能永恒地满足。

爱是建立在满足心理需求基础上的包容和体贴

当今社会，物质极大丰富，饱受穷苦滋味的国人对财富崇尚

第四章 真爱，学习习性成长之甘露

得五体投地，由此引发的攀比风日益盛行，比来比去，不少人自信心荡然无存，生怕被别人看不起。许多年轻父母玩命地追逐有形的东西，每每把关心孩子的外表、身高、上什么学校视为爱的全部。在学习上对孩子要求这、要求那，很少关注或根本就不考虑孩子的内心感受和精神需求，给予孩子的理解少之又少。

从发展心理学的角度看，青春期的孩子情绪往往表现出半成熟、半幼稚的特点，主观上有很强的独立要求和愿望。随着自我意识的高涨，获得自尊心的需要变得强烈起来，感情上非常渴望家长、老师和同学接受、肯定自己，但又不知道怎样调和与父母的关系，不清楚如何保持或确立自己在同伴之中应有的地位，很多时候为之纠结和烦恼。同时，由于快速发育导致中枢神经兴奋性过强以及对人情世故体验不深，情绪变化无常，狂躁与抑郁并存，时而狂风暴雨，时而烈日炎炎，表现出超乎平常的多疑和敏感，当遭遇挫折时，即刻失去理智，做出极端的行为反应。

青春期孩子情绪上这些特点告诉我们，当孩子经常闷闷不乐、情绪反常，或故意顶撞父母、平白无故向家长发火时，家长千万不要武断地认为孩子不懂事、没有教养，劈头盖脸地对他们批评教育。而应该意识到这些异常的行为表现是孩子青春期内心烦躁不安的信号，属于正常的生理性反应。一些不良行为并非出自他们本意，很大程度上可能是学习压力过大，或家长唠叨太

让孩子爱上学习
从呼吸开始再造孩子的学习习性

多,抑或遇到其他不顺心的事。这个时候,聪明的父母一定要保持冷静和克制,装傻、做出让步,理性地审视自己在与孩子相处过程中是否有过分的要求、不当的举动,并力所能及地在生活上给予体贴和关爱。

爱是建立在满足孩子心理需求基础上的包容和体贴,没有了解的爱是盲目的,对孩子了解得越深刻,才能够爱得高尚和恰如其分。

在家庭教育中,当父母仁至义尽,孩子的不良行为还没有好转,依然我行我素时,要多问几个为什么。并透过现象对孩子的内心感受进行深度观察,了解他们的真实想法,仔细探究这些匪夷所思的举动背后是否存在深层次的问题,用父母特有的爱心帮助他们打开心结。否则,简单粗暴的干涉则会引发意想不到的恶果。

案例:与爱诀别

小钟是一名打工子弟,就读于上海一所市级重点中学,成绩一直保持班级前十名,是一个极具实力的全优生。初三开学不久,老师向钟爸爸反映钟与女同学慧交往密切,超过普通同学关系,有早恋的迹象,建议家长注意教育引导。小钟的父母从此苦口婆心地进行劝导,希望儿子能够尽快与慧脱离关系,但钟与慧

第四章　真爱，学习习性成长之甘露

依然藕断丝连保持着往来。有一天，小钟借用父亲的手机给慧打电话，第二天，慧往这个手机上发了"我们的事老师给我爸说了，怎么办？"的短信，钟爸爸看到这个短信，便假借儿子小钟的名义给慧回了回复道"那我们就分手吧"。

小钟知道此事后，自尊心受到极大伤害，非常愤怒地责怪父亲以自己的名义套别人的话很不道德。

应试教育使今天的学生承受的思想压力比成人想象的要大，很多学生常常陷入孤独境地又不太愿意与父母交流，此时，异性同学一个微笑、一句温暖的问候都会碰撞出爱的火花，并给孩子荒芜心灵带来莫大的安慰。

像小钟这么聪明的孩子，恋爱与中考孰轻孰重，他心里当然清楚，钟爸爸忍一忍也就过去了。谁知气头上的他见儿子非但不认错，反而对自己无礼，冲着小钟就是一顿数落。

本来性格内向敏感的小钟遭到爸爸的训斥后，心里十分沮丧，便与父母开始冷战，放学回家，除了吃饭就一头扎进自己的房间，把门从里面反锁了起来，不允许父母随便进他房间，家庭顿时少了往日应有的亲情和欢快气氛。此时，作为父母理应心平气和地解释清楚父母这样做的初衷，说点软话，自己先退让一步，尽快解开思想疙瘩，让父（母）子间紧张的关系得到缓和。

钟爸爸见儿子把自己封闭了起来，有些放心不下，就垫个凳

让孩子爱上学习
从呼吸开始再造孩子的学习习性

子从门上面的玻璃窗偷看儿子究竟在屋里干啥。儿子对此非常反感,认为父母多疑,对自己失去信任,干脆从里面用报纸把玻璃窗户封上,与父母的心理隔阂变得越来越大。并多次在网上与同学聊天时表示出对父母的不满,还尝试过用刀片割腕自杀,多亏同学劝阻才避免了悲剧的发生。

思想愤懑、压力大、烦恼多,小钟学习成绩急剧下滑,期末考试结束后,历史性地从年级前五十名的榜单中消失了。当晚,钟爸爸数落了儿子两句,小钟没做任何辩解,第二天,给父母留下一张纸条后就彻底蒸发了。

后来发现小钟在日记中写道:学习像打仗一样,我在明处,敌人(竞争对手)在暗处,越是成绩好的时候,总是想别人在盯着自己,要超越自己,每天都在与别人较劲,没有一天是轻松自在地生活。可见,现在的孩子们承受的压力有多大,思想包袱多么沉重,他们的不容易远远超出了父母的想象!

这样的悲剧,给每个为人父母者提了个醒,避免早恋最好办法是父母要以真挚的爱给孩子一个宽松的成长环境,有了父母纯真的关爱和家庭的温馨,孩子时时刻刻都能感受到人生的幸福和快乐,不再有孤寂的感觉,也不会再去寻觅另外的爱来弥补感情上的空缺。

第四章　真爱，学习习性成长之甘露

给孩子一个精神上相对自由的空间

生活中，很容易听到一些家长抱怨，现在的孩子好吃好喝，在学校里学习风吹不着、雨淋不着，要多幸福有多幸福，但整天总是耷拉着脸，很少看到他们高兴的时候，很显然，如此家长对青少年心理特征了解甚少。根本不明白，孩子情绪不好的原罪是学习压力太大，更不知晓，家长对孩子的期望值太高、教育方法不当，无意间也容易使孩子的心灵受伤。

学业困难的孩子每天都面临着学习上竞争的压力和煎熬，常因成绩不理想而沮丧并怨恨自己。当家长的应该平和地接受这一现实，以同情心成为孩子们的精神支柱。同时，以极大的包容和无私的关爱充分肯定孩子主观上的努力，引导他们多看自己的优点，用宽阔的视角挖掘他们的闪光点，帮助他们找到自己的生活方向和目标。

伴随着互联网成长起来的年轻一代，受多元经济、社会、文化的影响，人生观已经或正在悄悄地发生着变化。他们中的许多人的价值观有别于父辈那样实际和单一，物质利益在他们心目中不再那么重要，而是把追求精神生活特别是自我实现当作人生最大愿望。希望父母能够给他们一个精神上相对自由的空间，让心灵放飞，这样的人生追求可以说是一大进步，应该得到点赞和支持。

让孩子爱上学习
从呼吸开始再造孩子的学习习性

案例：多问一个为什么

偶读台湾作家张晓风的《那夜的烛光》，带给我很多美好而有益的启示和思考。

临睡以前，女儿赤脚站在我面前说："妈妈，我最喜欢的就是台风。"

我有点生气。这小捣蛋鬼，简直不知人间疾苦，每刮一次台风，有多少屋顶被掀跑，多少地方会淹水，铁路被冲断，家庭主妇望着几元钱一斤的小白菜生气……而小女孩却说她喜欢台风。

"为什么？"我尽力压住性子。

"因为有一次台风的时候停电……"

"你是说，你喜欢停电？"

"停电的时候，我就去找蜡烛。"

"蜡烛有什么特别的？"我的心渐渐柔和下来。

"我拿着蜡烛在屋里走来走去，你说我看起来像天使……"

那是许多年前的事了吧。我终于在惊讶中静穆下来，她一直记得我的一句话，而且因为喜欢自己在烛光中像天使的那份感觉，她竟附带地也喜欢了台风之夜。一句不经意的赞赏，竟使时光和周围情境都变得值得追忆起来。那夜，有个小女孩相信自己像天使；那夜，有个母亲在淡淡的称许中，制造了一个天使。

相信很多读者读后都会有一丝庆幸，庆幸这位母亲压住性子

第四章　真爱，学习习性成长之甘露

多问了一句"为什么"，于是一个天使诞生了；如果这位母亲不够耐心，没有去问为什么，而是不由分说地压制下孩子的话，没准会扼杀掉一个天使。

五、爱，不为孩子设限

人格心理学家罗杰斯曾提出过一个非控制的热忱，指出"因为我关心你，所以我能让你不依赖我的评价，不受我的限制，完全自主。你是一个独立的人，关于什么是对，什么是错有自己的看法。我关心你并不意味着必须指导你做出选择，但是我可能让你做你自己，并让你自己决定什么是对你最好。"告诫人们，你可以热忱地关心孩子，但绝不能以此去控制他们。

勿以自私的爱抹杀了孩子的天性

我们正处在一个崇尚成功的时代，事业上有所作为的父母，期望孩子能够把自己的成功延续下去；一些普通的家长看到别人成功了、发达了，按捺不住那颗激动的心，也把儿女成才成功当作人生的最大追求，希望通过良好的教育把孩子培养成为未来社会精英，圆自己的成功梦。

在这样单一的价值需求引领下，许多父母内心不约而同地对孩子都有一个"精英情结"，越来越多的家长对子女的培养教育

让孩子爱上学习
从呼吸开始再造孩子的学习习性

遵循进公立幼儿园、读重点小学、上示范中学、考名牌大学、进国有大型企业或当公务员这样一条黄金定律，期许谋得一份有头有面的工作、过上有尊严的生活。由此，不知不觉把孩子当成了自己的私有财产，总是按照成人的想法规划孩子的一切，一举手一投足都要符合成人所定的"规矩"，依据自己的好恶给孩子设计未来，方方面面拿优秀生的标准要求孩子。

许多家庭从小学开始就不惜一切代价为孩子择校，孩子从周一到周日，一个班接一个班地上课，家长从城东到城西，一趟又一趟地接送。如此盲目跟风，难免把孩子们不乐意接受的"爱"强加在他们头上，一家人忙得晕头转向，生怕孩子输在起跑线上。不管爱得多么炙热，都无法掩饰其固有的虚伪。

未来的世界属于孩子，只有他们自己领悟的知识才是真知识，他们亲身探索发现的世界才是真世界。每个为人父母者要敢于放手，鼓励孩子们自主地去发现寻找自己的人生方向。如果家长把自己的愿望强加在孩子头上，只能以自私的爱抹杀青少年的个性发展，让天性自由的孩子感到压抑和困惑，在人生的十字路口茫然不知所措，有可能以极端的方式与父母抗争。

案例：谁把青年才俊逼上了绝路

15岁的小姜是一个聪明好学的北京男孩，中考成绩606分，高

第四章　真爱，学习习性成长之甘露

出北京某重点高中录取分数线近50分。然而，当他的家人接到中考成绩单时，这个初三小鲜肉却已跳楼去了一个冰冷的世界，令人震惊。

一个几近于完美的学生为什么这样匆匆离开人世呢？原来，小姜不但学习成绩优秀，且多才多艺，对音乐有着特殊的喜爱。中学时就利用业余时间开始自己谱曲作词，手风琴和电子琴演奏具有相当水准，还能够自弹自唱。可他事业有成的父母始终认为读重点中学，考北大、上清华，今后不管从政、经商路子更宽、更有作为，才有更加体面的未来。

爱好，意味着个体对某一事物有着难以割舍的情感，不尊重孩子的爱好和选择无异于对他们的精神折磨。每个正常人都有这样的体会，当我们眼巴巴地看着自己喜欢的事不能做，探求未知奥秘的愿望受到限制，事物的真相不能解开，好奇心及灵性的渴望得不到满足时，难免会变得沮丧、多疑和愤世嫉俗，这是很要命的。

他在遗书中这样写道："我最喜欢的是音乐，我梦想成为一名歌唱家或作曲家，我多么期望自己能够像别的同学一样报考艺术院校，可是不行。我不止一次地有自杀的念头，但每当我打开窗户，想跳下去时，却总是思绪万千，我为什么要死？祖国还需要我，世界还需要我，人类的音乐事业还需要我……"

让孩子爱上学习
从呼吸开始再造孩子的学习习性

一个人见人爱的好苗子不幸早夭,在令人心碎的同时人们不禁要问,是谁把孩子逼上了绝路,小姜的父母心里最清楚,是狭隘的社会价值观造成的恶果,全社会盲目崇拜钱和权,形成的单一的价值追求是真正的元凶。

我们委实不想再去对此事进行深究再揭小姜父母的伤疤,在当今功利化倾向越来越严重的社会背景下,无视孩子的秉性爱好,在孩子人生规划、专业发展方向上喧宾夺主,以成人的眼光、世俗的观念来设计孩子未来职业的家长不乏其人。孩子们整天硬着头皮去学习自己并不喜欢的枯燥乏味的东西,走向社会后不能从事自己喜爱的事业,感受不到工作的快乐,找不到人生的意义和价值所在,这不是一个家庭的遗憾,而是一个民族一个国家的悲哀。

万物以自然为性

给孩子选择的自由是爱的最高级境界,它奉行的是一种自然教育观,在孩子的学习成长中尊重他们的选择权,不以家长的意志为转移提过高的要求,不为孩子设限,让他们自由地为自己活着。

古时老子智慧有言"天下神器,不可为也,不可执也。为者败之,执者失之"。这段话的意思是说,"天下"是神圣的器

第四章　真爱，学习习性成长之甘露

物，不可以用强力去作为，也不可用强力来掌握。如果不该作为强行作为，就会把事情搞砸，想用力来掌握，必然失败。原因是，万物以自然为性，故只可因循不可人为，只可顺其自然不可强制。

把老子的智慧引用到子女教育中，孩子学习好不好就是天下神妙之物的一种，有自然之天性。人的智力水平包括有无学习习性，与遗传基因密切相关，学习好不好很大程度上一出生就基本定形，只能因之，不能强之，过分执着，物极必反，结果会以失败而告终。

倡导自然学习观，就是学习要契合大脑的生物需求，大脑偏爱什么，就让他学什么。孩子喜欢文学艺术、美术、计算机，就让他去学这些东西。老百姓有句俗话，强扭的瓜不甜。非要让孩子们去学不喜欢的东西，那就先让他在保持愉悦心情的前提下去培养感情，提高大脑对学习的接受认可度。

从生命科学和发展心理学的角度来解读自然教育观，儿童有无限的想象力，不愿受环境和世俗偏见的约束，不乏一些少年才俊，他们对所喜所好极具天赋，且有潜在的社会价值。尊重他们的原创思想，因势利导，让他们顺着自己的兴趣爱好发展，也许能够最大限度地把他们无限的潜力挖掘出来，何乐而不为？

让孩子爱上学习
从呼吸开始再造孩子的学习习性

为自己而不是别人活着

心理学大家马斯洛认为:"自我实现的需要开发了人的自身天赋和潜能,是一种积极健康的人生观,也是人生的最高境界。"自我实现的前提是充分挖掘和利用自己的认知潜能,产生稳定的精神愉悦,将使生命更加舒展开放,得到神奇的高峰体验。符合儿童好奇心强、求知欲旺的生理特点,有利于激发孩子的智力潜能,培养其超强的学习习性。

人类文明已经进入一个多元文化的时代,衡量一个人的成功不单是看他上过什么大学,月薪多少,更主要的是看他们心灵是否健康,是否活出自我,能否悦纳自己、他人和社会。生活中随处可见,各行各业的领军人物学生时代大都学业平平,他们成功的秘诀,关键在于始终保持了积极心态,面对艰苦环境和看起来乏味的工作,能够长期坚持不懈地保持一种进取精神,在遭受挫折和暂时失败时依然能够充满信心,坚持走自己的路,他们的成功天经地义。

澳大利亚护士艾微儿的工作是为那些生命垂危之人提供临终关怀。在长期与这些徘徊在生命尽头行将离世的人接触中,她意外地发现,几乎每个人都无一例外地把"希望活出自我,而不是别人"看作是人生的最高境界。否则,很多人就会带着遗憾而去。

第四章　真爱，学习习性成长之甘露

在人的一生中，很多时候过程比结果更重要。当今成年人大都经历了计划经济时代，"革命战士一块砖，哪里需要往哪搬"，或盲目地跟着感觉走，几乎没有自主选择的余地，每天都为某种口号违心地工作，不乏有人是在凑合、疲于应付中过活，这就不难理解我们的产品总给人留下粗糙的印象。有的人一生为了让别人看得起，只追求职位、财富，感受不到工作和生活的快乐。仔细想来，我们追求的一些东西并非内心真正需要，忙碌一辈子基本上都是干了些自己不愿干的事，梦想中的很多事情未能真正地去实现，很难有成就可言。

有这样一个故事：一位老板为了生意整天东奔西跑找客户、托门子、拉客户、找市场，连双休日也忙于一个又一个应酬。终于，他感到体力不支病倒在床，经医生治疗病情有所好转，打算找个安静的地方休息放松一下。这一天，他来到海边，看到一个中年男子正躺在自己的渔船上享受着蓝天、海风、阳光带来的宁静，身边还有啤酒、小吃、口琴等。

老板凑了过去搭讪道："哥们，天气这么好为什么不赶紧出海打鱼呢？"

年轻的渔民反问他："打鱼为了什么？"

"当然是挣钱呀！"老板坚定地回答。

渔民又问他："挣那么多钱干什么用？"

让孩子爱上学习
从呼吸开始再造孩子的学习习性

老板痛快地回答说:"买车、买游艇,到处休闲、游玩,享受美好的生活。"

渔民又翻了个身,懒洋洋地说:"难道我现在不是在休闲享受吗?"

生活,过平平淡淡的日子,没有豪华轿车和别墅,简单平静也是一种美。虽然这种美有些平淡,但是,少折腾点,少挣点钱,也少一份痛苦,还有点空闲时间来逍遥自在地品尝大自然的美丽。没有成功者那么风光,自然也少却了很多烦恼,多了一份宁静和自尊。我们的确没有必要为了让别人羡慕,而轰轰烈烈地把本来简单的事情搞得那样复杂而宏大,因为,最终大家的结果是一样的,但过程谁累谁知道。

孩子的事由孩子去选择打理

我们这个社会已经或正在吃"唯金钱论""官本位"的苦头,追求人性、自由解放是一个普适的价值观,人人都需要一个多元的价值追求,每个父母在孩子面前要给自己非控制者、非主导者的定位,充分信任孩子,尽可能地把一切都交给孩子去选择去打理,放开手脚孩子们照样能把事情做得很好。即使做不好,天也塌不下来,相反,他们还能够从跌倒的痛苦中积累一些实践经验。聪明的办法是平等地对待孩子,把他们当成一个有独立人格的个体,不再给他们的行为爱好和人生追求设限,对符合孩子

第四章 真爱，学习习性成长之甘露

们天赋的喜好和选择多一份理解、多一份尊重，使之能够自主地决定人生的未来，追求他们真正感兴趣的东西，从中感受到学习的和生活的乐趣，以此提高生命的质感，真正领悟人生的价值和活着的意义。

案例：用轻松有趣的方式打开孩子智慧的天窗

美国著名心理学家塞德兹博士，坚持用轻松有趣的教育方式打开孩子智慧的天窗，培养和鼓励其独立人格，使儿子小塞德兹15岁就获得哈佛大学博士学位，而且，在完全快乐和自由的气氛中长大成人。小塞德兹成长过程中有这样几个片断。

在一个迷人的黄昏，塞德兹先生正在书房看书，小塞德兹兴冲冲地从外面跑了进来，大声喊道："爸爸，我要学画！"

"棒极了！你怎么忽然想到学画呢？"塞德兹高兴地看着儿子。

"今天我去爱丽丝家玩，看到他的叔叔画的画，简直棒极了。"

第二天，塞德兹先生就给儿子买了纸、笔、画板和各种颜料，鼓励儿子说："我一看你就是画画的料。"

没过几天，小塞德兹画画的热情渐渐淡了下来，不再像前几天那么兴奋，每次画画时有些心不在焉。

让孩子爱上学习
从呼吸开始再造孩子的学习习性

"宝贝，今天看来有点不高兴，发生什么事了？"塞德兹随便问道。

"爸爸，没发生什么事儿，只是……"

"哦，我知道了，你是不想学画画了，对吗？"儿子没有回答爸爸的话，仍然一动不动地坐在那里。

他又用轻松的口吻说："儿子，这不要紧，不想学就不学了，你完全没必要为此烦恼，也不用为前几天那种激情后悔，爸爸不会责怪你的。"

"不是的，爸爸，我并不是不想学了。其实，我现在仍然和前几天一样，对画画充满浓厚的兴趣。"小塞德兹得到爸爸的安慰后，心情有所好转，平和地与父母交流了起来。

"那为什么在画板前发愁呢，能把原因告诉我好吗？"塞德兹不解地问着孩子。

"我总是画不好，也许自己没有这方面的天赋。"小塞德兹平静地说出了自己的真实想法。

"哦，原来是这样的。没关系，你学习画画时间很短，画不好很正常的事。"塞德兹继续用自己的爱心对孩子进行安慰鼓励。假若塞德兹先生看到儿子不想画画，立马说"老子给你买了半天的笔和纸，你只有三分钟的热情就不画了，真是个败家子"这样的话，孩子自尊心受到打击，也许从此就放弃画画了。

第四章　真爱，学习习性成长之甘露

"不是，我总是用不好颜料……"塞德兹先生明白了，儿子并不是对画画失去兴趣，而是他没有起码的绘画知识。于是，他依然耐心地对儿子说："我给你请位有经验的老师，让他教你好吗？"

"真的，那太好了！"小塞德兹兴奋地说道，并一下子跳到爸爸身上，紧紧地搂住了塞德兹的脖子。

这一天，恰逢老师到外地出差，只好让小塞德兹自己先在家继续画着，并对他鼓励道："宝贝，所有的表现技巧和手法都是由人们创造发现出来的，相信你自己试一试，也许能够创造出独特的表现风格呢？"

"对呀，我怎么没有想到。"听到爸爸富有建设性的建议，小塞德兹茅塞顿开，愉快地走进自己的房间，凭借着儿童对色彩的感悟，对生活和世界的理解投入了创作。

几天后，当小塞德兹把自己的创作呈现在父亲面前时，眼前一幅幅精美的作品让他惊呆了。有一幅风景画，金黄色的阳光洒在茫茫的田野上，远处是一座座童话般美丽的风车，天上是一朵朵变幻莫测的白云。为了表现整幅画的立体效果，他还别出心裁地用破布头表现麦穗，用火柴棍拼成了风车，天上的云彩是棉花粘贴上去的，达到了意想不到的效果。塞德兹激动地一遍遍树起大拇指，赞不绝口地夸奖道："真了不起！"

让孩子爱上学习
从呼吸开始再造孩子的学习习性

两星期后,当辅导老师看到这些作品时,非常吃惊地说:"太妙了,真没想到小塞德兹对绘画有如此高的天赋。这孩子不但对画画有一种天生的奇妙的想象力,那种创新的勇气令其他孩子望尘莫及。他虽然还是个孩子,但已经具备了一个艺术家必须的天赋和素质,这就是自信以及首创精神。"

塞德兹先生教子的故事蕴含了很深的哲学和智慧,留给人们很多启示。其一,他尊重孩子的兴趣爱好,而不是依据家长的意愿自作主张让孩子学某一样东西。其二,当孩子画画中出现危难情绪时,他没有强行令孩子坚持,也没有对他进行批评指责,而是在尊重孩子选择的前提下,了解孩子的内心想法,鼓励孩子按照自己的意愿去做。其三,当孩子的目标明确后,不是一味地给找老师请家教,而是鼓励孩子发挥自己的主观能动作用,培养他的首创精神。其四,他自始至终把尊重、鼓励贯穿于孩子成长全过程,与孩子保持了平等亲密的父子关系,可以说,孩子成长的过程本身就是学习习性培养的过程。

六、学习习性需要爱的滋养

是否具有安静而专注的学习习性,一方面取决于遗传因素,同时也与孩子的成长环境有很大关系。父母性格儒雅,包容心

第四章　真爱，学习习性成长之甘露

强，民主气氛浓，如此宽松的生活环境能够减轻孩子的思想压力，避免各种杂念的干扰，心无挂碍，精神活泛，大脑清明机敏，注意力易于集中，全神贯注于学习之中，自由自在地成长。反之亦然。

对于大多数学生不具备学习习性的学生而言，注意力不够集中的问题并非一天两天形成的。要一下子帮助孩子培养学习习性，把心收回来用在学习上，不是说一说就能解决问题的，需要每个家庭成员坚持不懈地用爱的行动而不是口头营造一个温馨的有利于孩子专注而平静的家庭氛围。

诚然，初级教育中语文、外语、数理化这些文化知识的确很重要，但是，很多知识枯燥乏味，学习的过程竞争激烈，非常艰辛，与电视、游戏、流行音乐、足球、武侠小说等相比较的确又很抽象，学起来枯燥乏味，大脑容易疲劳，下意识地走神。

从更专业的角度看，真正智慧的家长老师要善于观察孩子的情绪变化。如果孩子学习时间较长，大脑出现抑制和疲劳，坐在那里发呆，捧着书走神时，应该提醒孩子起来活动一下，待他们身体得到休息放松、精力充沛时再行学习。

让孩子在笑声和更多的体恤中健康成长

包括成人都有这样的体会，我们在看书或学习时遇到深奥难懂的问题，注意力很容易转移到别的地方去，遇难而退，产生

让孩子爱上学习
从呼吸开始再造孩子的学习习性

厌学情绪。同样,当孩子考试成绩不理想出现畏难情绪时,最容易动摇自信心,这个时候家长首先要想到的是并非孩子主观上不努力,也许他们压力太大,或程度不同地存在注意力障碍,需要包容心给予抚慰鼓励,使他们紧张的神经得到放松,让内心平静下来。

在漫长的学生时代,孩子们不可避免地会遇到许多意想不到的困难和烦恼,这种情况的出现,不少学生往往会感到无助而不知所措,并对学习造成很多负面影响。此时,家长的态度和行为方式如何很可能成为他们学习态度变化的分水岭。有的父母简单粗暴,无视孩子的情感需求,对他们偶尔一个过错喋喋不休地嘟囔、责备,把孩子训斥得一塌糊涂,使他们更加恼怒,使学习习性遭受创伤,有的可能从此破罐子破摔,永远失去学习动力。

家庭的文化氛围直接影响着孩子的精神面貌,并对他们的学习习性、行为习惯乃至价值观的形成产生根本性作用。通常来说,生长在温馨、文化气息浓的家庭,孩子心无杂念、烦恼少,他们的学习习性特别是专注力得到爱的滋养,能够以轻松愉悦的心情一门心思地投入学习。从这个意义上说,家庭读书学习探求知识气氛浓,潜移默化,帮助孩子播下知识的种子,产生读书的渴望。父母恩爱,关系融洽,家庭和睦,孩子能享受到家庭的甜蜜,内心有安全感,少有烦恼,在这种幽静温馨和谐的气氛下,

第四章　真爱，学习习性成长之甘露

有利于培养循序渐进的学习习性。父母知书达理，对孩子成才保持合理的期望值，使他们在一个平等宽松的环境中自由成长，思维的专注力、机敏性和建设性都会得到爱的滋养，并诱发出原创性思维。

从某种程度上讲，学生的价值观是家庭饭桌文化的投射，如果一个学生从小生长在书味较浓的家庭，主要成员都有喜爱看书的习惯，多数时间茶余饭后能够谈论一些人生哲学、自然科学、文化艺术等有知识趣味的话题，孩子内心自然会产生阅读的需求，逐渐培养起高雅的爱好，在内心形成积极健康的人生观。

有了多元的价值需求，精神世界充实，便于培养学习的习性，构建特有的文化自信，在大部分时间里能够保持稳定的情绪状态，很少再去想那些庸俗无聊的事。容易养成安静、机敏、优雅、和蔼可亲的性格，形成良好的阅读兴趣，也使学习习性得到爱的滋养。

反之，一个家庭虽然很富有，但过于功利和世俗，热衷于谈论一些现实的金钱、享受问题，或因琐事吵闹不休，孩子心灵无法得到书籍和知识的滋养，开始变得庸俗自私，凡事只考虑个人得失，而失去人生理想。难免因为过于世俗、无聊而忧心忡忡，当然无心学习。

对于那些有注意力障碍的学生，如果家长真想让孩子多读点

让孩子爱上学习
从呼吸开始再造孩子的学习习性

书,吃知识这碗饭,那当务之急是改变生活和学习理念,从培养自己的专注力入手,等你自己专注起来,再去训练提高孩子的专注力,激发他们的学习潜能。否则,动不动用严厉的面孔去督促孩子学习,看似教育实际上是对青少年的摧残和伤害,谁都别想过上好日子。

说着容易,做起来难。倘若你自己都无法做到专注,同样心静不下来,没有看书的习惯,而是一味地对孩子施加压力,依靠牺牲孩子休息时间、限制各种游玩、无度地延长学习时间,这样瞎折腾是非常愚蠢的,对提高成绩没有一点益处,只能让孩子长期处于高压之下,陷入无尽的痛苦,是对青春期孩子的精神虐待。

在这个多元的社会里行行出状元,只要孩子身心健康、待人热情,勤奋努力,同样能够获得精彩的人生。没必要非把读大学作为人生的唯一选择,完全可以培养多元的价值需求,在多姿多彩的生活中感受到人生的幸福。有了这样平和优雅的心态就有了超然的生活观,在对待孩子学习及成长这个问题时,秉持"儿女自有儿女福"的人生观价值观,在生活中少批评、多鼓励的原则。不管成绩好坏都一如既往地给他们真诚的关爱,让孩子在笑声和更多的体恤中健康成长,避免带着情绪去教育孩子而伤了和气。

第四章 真爱，学习习性成长之甘露

从提高父母的脾气秉性修养做起

培养孩子的学习习性，为他们脾气秉性中更多地灌注专注而不固执、安静而不沉闷、活泼而不张狂、隐忍而不抑郁的元素，不但能够提高学习效率，包括家庭生活质量幸福指数都会得到惊人的提升。

当然，学习习性看似孩子成长中的必修课，却很有必要从成人包括老师的自我脾气秉性修养做起，加强自我情绪管理，以自己的行为模式为孩子性格重塑建立信心。然后，引导孩子学会自我调节，善于从乐观稳健的性格认同中重塑自己，驱散低迷情绪，让孩子在快乐和自由的气氛中长大成人，并使这种快乐充满着知识和智慧趣味，进而把孩子培养成心智健全、有多元价值观和有独立人格的人，使安静而专注的气质转化为内在的自觉行动。做到这一点，对每个为人父母者的人生修为是一个现实考验。

案例：帮助孩子走出负面情绪的泥淖

丁廷福用言传身教培养儿子，使其一路被保送到北京大学，并根据儿子丁某成长经历写就了《一路保送上北大》一书，很多真情实感的故事读来让人回味无穷。有一次，正在上初中的儿子丁某赴上海参加全国中学生建筑模型比赛，虽然获得第一名，但

让孩子爱上学习
从呼吸开始再造孩子的学习习性

是,因为领队老师的场外违规手势被扣了分,几名参赛选手对老师产生了极大的怨恨,竟在退场时把老师关在电梯外面。

儿子丁某回到家还怨气未消,用尖刻的言语痛斥老师的过失。丁爸爸首先面带笑容地对孩子进行安慰,帮助他稳定情绪,待儿子冷静下来后,指出并批评了他对老师的不礼貌行为。然后,用自己平时的实际感受语重心长地讲述了老师甘为人梯、勤奋敬业、不辞劳苦……一大堆好话。引导儿子学会以感恩的心态包容他人过错,谅解老师的失误,尽快翻过这一页,彻底把这件不愉快的事忘掉。之后,用免提电话当着儿子的面向老师致歉,表达了丁某等同学的悔改之意。话是开心斧,老师对丁爸如此大度、善解人意的境界非常欣慰,在电话中对丁某的良好表现大加赞赏,丁某听到老师的夸赞声一扫心中阴霾,很快从埋怨的负面情绪中走了出来,全身心地投入到学习当中。

让孩子玩出好心情好习性

注意力散乱、不具备学习习性是个世界性难题,在科技文化发达的国家,重视从心理和生理上寻找症结,把满足人的精神需求视为爱的最高境界。通过发自内心的爱和耐心引导,使青少年的学习习性及其专注力得到滋养。

玩是孩子的重要天性,一点不假,在玩与学习之间,前者明

第四章　真爱，学习习性成长之甘露

显具有很强的诱惑力。很多枯燥乏味的学习让人不知所措，造成心神涣散；玩都是自己喜欢的东西，当然会全身心地投入，这样即可以凝心聚神，谁也不能否认玩的过程不是在培养安静专注的学习习性，几乎每个儿童都会对运动、游戏乐此不疲。

玩的过程尤其是运动，手脑并用能激发人体细胞活力，使大脑处于最初的放松和兴奋状态，心情愉悦，益智开慧，精力集中，思维更加机敏，在玩的过程中最大限度地把人的想象力从各种束缚中解脱出来。这些常识性的东西，年轻的父母假如视而不见，很难算得上是一个称职的家长。

然而，现实生活中很多家长一看到孩子玩儿就生气，规定这不准，那不能，恨不得一天到晚都把精力用在学习。孩子们的兴趣爱好包括玩的冲动受到严格限制，精神压抑，或因为没有玩过瘾，看似坐在书桌旁，却带着抱怨的情绪根本学不进去，在那里胡思乱想，不觉中导致思维散乱。

不妨看看，但凡那些知书达理的家长轻易不会过多地限制孩子玩这一天性，有的还找机会陪同孩子一块开心地玩儿，让孩子们玩出好心情好习性。

案例：从痴呆婴儿到天才少年

德国一位乡村牧师卡尔·威特，儿子小卡尔出生后曾被认为

让孩子爱上学习
从呼吸开始再造孩子的学习习性

是个有些痴呆的婴儿,但他没有放弃,通过早期智力开发把小卡尔培养成了驰名世界的天才少年。卡尔·威特以儿子成长过程为背景撰写的《卡尔·威特的教育》一书畅销数十年。

他在书中强调,注意力是伴随感觉、知觉、记忆、思维、想象等心理过程的一种心理特征,枯燥乏味的学习容易造成孩子注意力分散。而丰富多彩的游戏诱惑力大,在孩子心目中占据着重要地位,孩子们在一段时间内对游戏乐此不疲、全力以赴,便于培养他们的专注力。

尽管威特先生对小卡尔的早期教育也很严格,但他并没有让孩子用太多的时间去阅读文学和其他科普知识,而是在卡尔·威特很小的时候有意让他接触大自然各种事物。比如,带他看风车,到动物园观察小动物,用孩子的语言给他们讲解动物的情感,鼓励孩子叙述所观察到的东西。通过这些有趣好玩的东西来锻炼孩子的注意力,提高专注的时间,让儿子在玩耍的过程中培养专心致志的学习习惯。

在以后的生活中,他引导孩子玩的时候痛痛快快地玩,做作业时全神贯注,努力使每天只花费一两个小时的时间达到良好的学习效果。

威特先生的家庭教育理念给我们提了个醒,当孩子学习漫不经心,磨磨蹭蹭,对着书发呆,看着天花板想入非非时,不如与

第四章 真爱，学习习性成长之甘露

孩子约定个时限，让他踏踏实实玩一阵子，待身心调整到最佳状态时再行学习。

案例：在玩的过程中培养专注力

丁廷福，是威特先生的追随者，他在儿子身上复制了《卡尔·威特的教育》的做法，在《一路保送上北大》一书中，他大力倡导在玩中培养学习兴趣、增长学问，具有朴素而普遍的教育意义。儿子丁羽小学时对四驱车喜爱到了痴迷的程度，多次参加学校和其他科教机构举办的四驱车比赛，从买低档套装件组装车到买高档散件组装，对四驱车的构造烂熟于心，同学、邻居孩子的四驱车出了毛病都来找他维修。谁敢否认丁羽专注的学习习性与他如此投入地玩没有关系。丁羽玩电脑、四驱车都有严格的时间限制，这个智慧的爸爸为了儿子把玩的劲头用在学习上，与丁羽商定：完成学校里的作业后，做家长布置的一个练习可以挣45分钟玩游戏的时间，做10个课外练习可以挣一辆四驱车的钱，并累计在账上，由他自由支配。这些激励措施使孩子玩耍的过程逐渐地变成了提高专注力乃至学习习性的过程。

第五章　培养学习习性需要学会等待

　　温馨愉悦的生活氛围是儿童健康成长的最佳环境，能够舒展心灵，培养平和淡定的脾气秉性和安静专注的学习习性，促使智力得到很好的发展并形成健康的人格。

一、"低效率勤奋"难逃人性退化的厄运

　　教育心理学在我国起步较晚，很多人不明白学习与心理的关系，把学习看成打球、运动、干体力活一样，认为多报补习班、多上课、多做练习，学生就能取得优异的学习成绩。有的教育工作者，非常天真地用标语口号的方式对学生进行励志，以此提振精神，提高成绩。这种口号式的管理很像一个人用渔叉随意在河里插了几下，就信誓旦旦地说要抓住鱼一样滑稽可笑。
　　一个家庭、一个民族、一个国家，当我们忽视了基因的优化和大脑的科学利用，不注重唤醒机体的内在潜能，而习惯于"低效率勤奋"，不愿深入思考，只知道苦干，可能会面临智力退化

的厄运。倘若依靠反反复复喊空口号、说大话和正确的废话来解决生活中的难题,即便没有丝毫改观仍然执行命令式老调,不知道变换个思维方式,就不能从心理学角度理性地深层次地思考问题,必然难逃人性退化的危险。

充满活力和激情才能发挥最佳心智水平

一个人、一个团体的精神面貌乃至于运动技能、竞技水平上产生的差异最能说明这个问题。1984年,中国人参加第一次真正意义上的奥运会,当数百名中国健儿伴随着《三大纪律,八项注意》的旋律步入开幕式现场时,一向叱咤风云、风光无限的华夏体育健儿一下子变得那样腼腆和拘谨,严肃紧张,有点陈焕生进城的感觉,拥有五千年文化历史的泱泱大国应该有的自信和豪迈荡然无存。

而与其形成鲜明对比的是,当生活在同一片蓝天下的美利坚合众国运动员入场时,他们手舞足蹈,不停地向看台上的观众飞吻、招手致意、在摄像机前做鬼脸搞笑,激情似火,自己高兴也给观众带来快乐。如此张扬的个性,他们的人性得到最大限度地释放。这样放松的心态和高昂的精神面貌,正是竞技体育所需要的最佳心智准备,最终,他们以绝对优势取得金牌和总分第一的骄人战绩称霸世界体坛。

在这样迥然不同的精神面貌和运动成绩背后是教育文化理念

第五章　培养学习习性需要学会等待

的巨大差异,是对我们长期遵循"严教"这一封建专制教育理念的最大讽刺。

尽管改革开放的春风吹散了禁锢在人们思想上的精神锁链,然而,不少家长为了实现自己狭隘的成功愿景,不惜用落后的教育理念、不切实际的学习目标和严苛的家规,又给孩子们带上了另一个沉重的精神枷锁。

很多成年人幼年时精神压抑,机敏性、柔韧程度打了折扣,成年后变得死板僵硬,这一点可以从竞技体育比赛中得到验证。经常可以看到我们有些专业运动队,大凡个儿高的运动员,灵活性、对抗能力根本无法与欧美运动员相媲美,每每给人以呆板、笨拙的感觉。所以,尽管我们在乒乓球、排球等非直接对抗或一些边缘冷门项目上小有作为,但在田径、足球、篮球等高强度对抗的项目上与世界发达国家的差距显而易见。

中华人民共和国成立后,我国经济、科技、教育文化事业有了突飞猛进的发展,然而,在科技创新方面与世界文明还有很大距离。

比如,在象征人类最高智慧的诺贝尔奖项中,虽然先后有10位华裔科学家榜上有名,令人遗憾的是4位是在异国他乡成功成名的,另外有2位是在香港、有2位在台湾获得殊荣,只有莫言和屠呦呦是土生土长的中国人,让人难免有些脸红和尴尬。

每个教育工作有责任冷静地思考一下我们的教育理念和方

式,不要让严苛和单一的应试教育禁锢孩子们的思想,使他们思维的灵活性和创造力受到扼杀,否则,我们很难从制造大国走向科技创新大国。

条条框框太多扼杀人的灵气和创造性

2012年伦敦奥运会上浙江籍运动员孙杨、叶诗文各获得两枚金牌,分别刷新男子1500米自由泳和女子400米个人混合泳世界纪录,一时间,全世界的目光齐刷刷地投向中国泳坛。但是,国人心里很清楚,这些金牌一半应归功于孙杨和叶诗文身后那些默默无闻的"洋教头",他们用自己的智慧和激情把中国人带上了世界泳坛最高领奖台。

很多同胞都在想,这些洋人真牛,就是比中国本土教练厉害。那么,洋人哪些地方比中国人厉害,究竟他们用什么神奇的招数使普通中国姑娘小伙子点铁成金的呢,当然,只有我们的运动员最有发言权。陆滢是和孙杨、叶诗文一同长年在澳大利亚接受游泳训练的队友,这个17岁的上海姑娘,在2012年伦敦奥运会上摘得女子100米蝶泳银牌。在比赛后的新闻发布会上,她有这么一番深情表白:"中国人的想法习惯:如果我练得很累,才会休息,什么业余爱好都没有,把自己框在一个圈子里,只会一味地训练,这样是不对的。我认为我们的思维方式受到许多限制,在澳大利亚,我可以被邀请与队友们一起烧烤,这在中国永远办不到。"

第五章　培养学习习性需要学会等待

这和当下的中国教育何等相像，学生围绕高考指挥转，从小学到中学，几乎每天都关在屋里、教室里勤学苦练，只有累了才可以休息。除了学习，什么爱好都是不务正业，即便有爱好也要考级，拿证书，获得升学的敲门砖。我的天啦，这样圈养出来的孩子，个性、创造力当然会被抹杀得一干二净。

陆滢觉得，"澳洲教练带队水平并不高，但只要跟他们一起训练，立马能感受到对游泳运动的热情，让我体会到是你想练和你为谁练的区别。训练前，大家一直很放松，无忧无虑，完全不用担心因为贪玩儿影响后面的训练。但我们中国人比较在意这些，思想上条条框框的东西太多，把自己局限住了。"她抨击了我国死板僵化到有些野蛮的训练模式，没有为运动员提供更多的私人空间和享受生活的机会。管得太死，训练中没有热情、憋着一肚子怨气，人的能动性、创造性当然无从发挥，取得优异成绩也只能是一种美好的幻想。

凭心而论，如果说洋教头有什么过人的绝招的话，那就是他们更注重生物力学在游泳中的运用，不管训练和生活，鼓励运动员"放松自我、放松心情"，给他们以充分的信任和自由。努力创造一个现实的而不是口头上的宽松训练环境，让他们以愉悦兴奋的心情自觉自愿投入训练，充分享受游泳的乐趣，最大限度地把自信心激发出来。试想，人在充满活力和激情的状态下，当然

让孩子爱上学习
从呼吸开始再造孩子的学习习性

能够发挥出最佳的竞技水平。

同样的道理,儿童也需要一个自由宽松的学习成长环境,才能把他们内在的潜能激发出来,转化成为学习的激情,思想的原创性。

正如澳大利亚游泳教练伍德所言,"中国教练的最大问题在于过早地向运动员灌输纪律意识,非等到把运动员累趴下了才肯去休息。"结果,把一个个运动员训练得像机器人一样死板,机体很多鲜活的细胞过早萎靡,激情部分衰退,与欧美运动员出现了看不到的差异。这与其说是对中国落后训练体制和模式的批判,不如说是对我们落后的文化理念、思维方式的鞭挞。

我们经常讲"以人为本",但永远只停留在口头上。以人为本,首先要关注个体的内心需要,给他们充分的信任,不要像管犯人那样,动不动制订太多的限制人性舒展的这不准、那不准,提一大堆幼稚得连家长自己都做不到的要求。然后,迫使孩子勤学苦读,不把你整难受你就不知道老子老娘的厉害。这样做的结果,必然引起孩子精神叛逆,对学习产生内心反感。

二、舒展,释放人性

思想和精神压力会引起身体某些肌肉的紧张,从而诱发身

第五章　培养学习习性需要学会等待

体局部疼痛。更令人想象不到的是，压力还会使心理受到威胁，导致人们对各种各样的内心冲突、外界威胁变得更敏感。成人也罢，儿童也罢，压力既是疼痛的成因，也是疼痛的结果。时刻感受到生活和工作学习的压力，身体的慢性疼痛就会变成慢性痛苦，转变成为焦虑或抑郁。

心灵自由，大脑有序度增加

心灵自由是儿童的第一需求。心理学研究显示，当个体身心放松、精神自由的时候，机体细胞充满活力，大脑有序度增加，思维清明，思想开放，智力水平最高；身体舒展自在，机敏性、柔韧性、协调性处于最佳状态，生命潜能被激活程度高，想象力、创造性思维能力强，人性得到最大限度的释放，运动水平以及学习工作效率都会达到顶峰，可以潇洒自如地把事情做到极致。

生活中也不难发现，但凡在愉悦宽松环境下长大的孩子，心理的健康程度和幸福指数也非常高。他们睡眠充足、有较少的焦虑，在身高、相貌、体格等方面较约束多精神压力大的孩子发育成长要好得多。

而且，心胸开阔，能够发展令人满意的人际关系，与父母、同事都能够和谐相处，即使独自一个人的时候也不会有孤独的感觉。他们内心柔韧而不软弱，坚定而不刻板，既对自己的价值主

让孩子爱上学习
从呼吸开始再造孩子的学习习性

张充满信心,也乐于吸纳其他先进思想文化,轻易不与人做无意义的较劲和恶性竞争,更不会对别人的无端指责耿耿于怀,在学习、工作上很容易抢占成功的先机。

相反,一个管束过于严格、被禁锢的生长环境会导致人的精神压抑,从此失去热情和活力,大脑有序度以及身体的协调性比生活在宽松环境的儿童要低很多。有些孩子会直接表现出动作迟缓行为怪异,心灵随之变得刻板,思想保守僵化,思维混乱没有品质,理想抱负会在哀叹中丧失殆尽。

现实生活中经常有这样的现象,往往那些经济发达的地区,家庭条件优越、成长环境宽松的孩子,与生长落后乡村、规矩多、管束严的孩子相比,前者反应快,思维机敏,能够形成容易型、宜人性的性格特点,便于造就积极向上的人格特征。他们行为举止落落大方,不拘束,待人随和,即便到一个全新的地方,也不会有陌生感,很快就适应了环境,后者则完全相反。

给孩子自我修复的机会

发展心理学认为,6岁以前的儿童,由于认知的局限性,大部分主意都是父母帮助决定。自小学开始,随着抽象思维的发展,孩子们从对父母、老师的依赖逐渐开始有了自己的主见,从过去一切言听计从开始表现出富有批判性的怀疑和思考,逐渐摆脱父母的约束和控制。凡事总想由自己做主,不再无条件服从权威,

第五章　培养学习习性需要学会等待

更不愿受到条条框框的限制。从穿衣戴帽到对人对事的看法，有了自己的独立见解，有时候难免和成人处于一种互相抵触的状态，与老师和父母顶嘴的现象时有发生。然而，有些不了解儿童生理和心理变化的家长还常常产生"孩子怎么越大越不听话？"的疑问，对孩子百般责备。

在儿童成长过程中，一些自我评价过高的中学生内心世界越发丰富起来，处处表现得信心十足，强烈的好奇心和探索欲望促使他们不失时机地做着各种尝试，总想找机会展示自我。但由于认知不成熟、经验欠缺，或对自己的智力潜能、性格缺陷缺乏正确地认识和评估，往往因为感情用事、盲目自信而出错栽跟头。加之，身心发展处于非平衡状态，心理矛盾和危机时有发生，难免出现诸如发脾气、顶撞父母和老师，争强好胜打架等，有的可能衍生为问题。

不过，走进孩子的内心世界不难看出，儿童的违规失范行为大都因为人生阅历浅，思维尚定格在一个理想的世界，对某一件事的真实情况或规范的性质了解不够，或出自对某一事实的好奇心在试探中发生失误；或因为缺乏克服不良行为的毅力，抑或因为疲劳而不能坚持下去，一般都没有主观恶意。只有稍大一点的孩子或许因为某一要求没有得到满足，要么精力旺盛无处发泄而为之，凡此种种纯属感情用事，不是有意与他人过意不去。而

让孩子爱上学习
从呼吸开始再造孩子的学习习性

且，事后绝大多数孩子都会反悔和自责，并从错误中反省自己，在反思中慢慢地成长成熟，完全没必要大惊小怪。

卢梭提出过自然结果律的说法，认为，"如果儿童犯了错误并允许他们实际体验其错误行为的结果，就能迫使他们更快地找到正确的方法，而不必通过惩罚来做到这一点。这样，他们就会认识到自己的行为为什么是错误的，而且也因此增长了知识并体验到责任。"对于每个不谙世事的孩子，作为家长要学会装糊涂，睁只眼闭只眼，少管一点，有足够的耐心学会等待。给他们认识自我、修正自我的机会，让他们在不断反思中自然成长成熟，而不能急于求成，用批评和惩戒等外力来催他们早熟。

除却撒谎、小偷小摸行为等原则性问题，家长要学会包容，完全没必要事事跟孩子较真，说得太多，管得太细，孩子听烦了反倒会出现叛逆。所以，有人提出不教是最好的教育，不是没有一点道理。

在我们传统文化中，有诸如"小洞不补，大洞尺五"所谓的至理名言，它似乎告诫人们，小问题不趁早纠正，必然酿成大隐患。其实，这一说法的片面、狭隘显而易见，充其量只说对了一半，它从根本上忽视了青少年的生理特点和成长规律，否认了青少年的自我修复、自我完善的另一面，真是害人不浅。

遗憾的是，很多缺少辩证思维的家长，不假思索地把这样的

第五章　培养学习习性需要学会等待

谬论视为绝对真理，盯着孩子身上的缺点不放，对他们身上很小的一点错误就像眼睛中的沙子一样无法容忍，生怕小时候有毛病不纠正，长大后必出大乱子。只要看到孩子一个小小缺点就失去耐心，着急上火，采取急切的方法对其进行批评，有些"缺点"看似暂时得到了纠正，但孩子的心灵却受到伤害，可能剥夺了他们的成长机会。

其实，很多事情换个角度去思考，会发现真要按照孩子意愿那样做了，也没有什么大不了的事，地球照转不误，太阳、月亮该出来的时候会照样出来，天塌不下来。而当家长的之所以看到孩子身上那些不是问题的问题忐忑不安、横加干涉，缘于我们缺乏自信，对未来茫然无知。

俗话说，船到码头自然直。在儿童成长的各个时期，伴随着智力和心理的发育成熟，孩子们会逐步形成自觉运用道德标准来评价和调节思想行为的能力，成长过程本身就是不断反思、自我成熟的过程。这意味着，人的思想、行为上的偶然性过错和感冒、肢体上轻微的疾病一样，压根不用管它也会自然地愈合康复。

我也是一个孩子的父亲，儿子上初中时吹胡子、瞪眼睛也是家常便饭；到了高中火气和身高一样噌噌地往上冒，遇到丁点不顺心就大发雷霆，犯起浑来竟然对我和他妈妈飙脏话，而且，从

来不认错、不反悔,气得我们直哆嗦。

后来,与一位同事聊天,说到子女教育问题,哥们深有感触地说他们家闺女中学时不但很少与父母交流,经常像疯子一样地发"无名火",他们家的门被踢坏了几个。可自从上了大学,原来那个疯丫头像换了个人似的,感觉一夜之间长大了,懂事了,不再跟父母急了,也知道心疼爹娘了,他认为这是"现代中学生综合症"。

与仁兄一席谈话,我开始参加亲子教育讲座,修炼自己的气度,当孩子发火时,甘当"受气筒",不再与"小牛犊"一般见识。果不其然,没有了对手,儿子的火发不起来了。自从上大学后,几乎一个学期一个样,很少再与我们对着干,偶尔发了火,说了过头的话,事后能够主动向我们道歉。眼下,尽管孩子身上也还有这样那样的毛病,但他总体上是在向好的方向发展,我因此对儿子越来越有信心。

三、宽恕是世上最大的感化力量

严格地说,家长与教育者是有区别的。年轻父母,作为家长并不等于你就天然具备了教育孩子的资格,普通家长情绪不好的时候发个火,孩子有了过错即刻臭骂一通,情有可原。但是,

第五章　培养学习习性需要学会等待

家长要充当"教父""教母"的角色，必须学会管理自己的情绪，不管孩子再淘气犯浑，务必始终如一地保持镇静和理性，这样，孩子方能够把你对他的管教视为关爱，教育才会起到应有的效果。

宽恕是一种精神和谐而有涵养的美德

家长要扮演"教父""教母"的角色，有一个关键因素不能没有，即宽恕。宽恕是一种精神和谐而有涵养的美德，宽恕别人不意味着你软弱没有底线，对孩子无原则地让步。当然也不是随便放纵孩子身上的问题，而是淡化孩子的过错和拙劣行为，给孩子一个自我觉醒自我修复的机会。

尤其是对孩子偶然的过错要宽恕，不能吹毛求疵，更不可以当场劈头盖脸臭骂一通。人非圣贤，谁都有做错事的可能，儿童更不例外，难免有这样或那样的缺点和错误，这些过错本身是成长的一部分，随着成长成熟他们会逐步完善。

案例：纯真的母爱是一种无穷的精神力量

灵灵是一个文静的姑娘，因为学习不好受到母亲辱骂，自小性格内向，母亲去世的打击，使她脆弱的心灵再度受到创伤，变得郁郁寡欢。

不久，爸爸再婚，一个陌生女人走进了她的生活，成为她的

让孩子爱上学习
从呼吸开始再造孩子的学习习性

继母。敏感的灵灵变得更加多疑和自卑，说话做事谨小慎微，生怕做错事受到继母责骂。但是，越是小心越容易出现差错。有一天，小灵灵拉开冰箱取饮料时不慎把一个油瓶子弄翻摔在地上，胆小怕事的灵灵吓得直哆嗦。哪知道新妈妈听到瓶子摔碎的声音后，赶忙过来问灵灵伤着脚没有？麻利地帮助灵灵擦拭裤子和鞋上的油污，灵灵看到摔碎的碗和弄脏的地板一边哭泣，一边紧张得直往后缩。

善解人意的妈妈一把将灵灵揽在怀里，轻轻地抚摸着她的头发安慰道："宝贝，没事的，你身体没受伤就好，妈妈也经常出现这样的差错。"感受到妈妈真挚的理解和关心，灵灵的心情渐渐平静了下来。

在以后的日子里，灵灵时时刻刻都能感受到妈妈微笑的表情和体贴入微的关怀，考试成绩不理想，妈妈总是用"只要自己努力了，妈不会怪你的"的话语来安慰，偶尔做错了事妈妈会温和地说："没关系，小孩都会这样的，但要想想为什么会出现这样的差错。"妈妈真挚的关爱使灵灵从此变得不再那么胆怯，也增添了几分快乐，活泼自信了很多。她在日记中写道："纯真的母爱给我增添无穷的力量，干起事情来少了很多顾虑。"

教育的目的是培养健康的人格，让孩子养成良好的行为习

第五章　培养学习习性需要学会等待

惯。有的家长看到孩子经常重复一些低级错误,即刻怒火中烧,对孩子进行批评指责。客观地说,这不是教育,是发泄私愤,如此不冷静只能形成对立,对解决问题没有丝毫帮助。因此,即便对于那些屡教不改的孩子,也要学会包容,在保持理性的前提下用婉约平和的方式表达你的不满,并提出有智慧的建设性意见。

孩子是父母共同创造的作品,大凡行为习惯好的孩子,父母一定优雅而智慧,生活中会尽可能地淡化孩子身上那些所谓的毛病。既便是比较严重的问题,也会控制住情绪,管住自己的嘴巴,用轻松的口吻给孩子善意的提醒,不轻易受坏情绪唆使当着别人的面对孩子大发雷霆。

案例:得到父母尊重的孩子才懂得善待他人

有一次,电视播放一个专题片,一位加拿大某大学教授在家里接受电视记者采访,当时教授家的会客厅里摆放着两只沙发,他4岁的儿子正坐在其中的一只沙发上摆弄各种玩具。为了方便与客人谈话,教授就用非常温和的口气说:"宝贝,能不能把沙发让出来给我们的客人?"父亲商量的口吻,显得那样亲切和温馨,让孩子感受到尊重,愉快地把玩具拿到另外一只沙发上,把座位让了出来。一句普通的问话,反映了一个父亲的绅士风度,展示了这是一个多么温暖幸福的家庭,生活在这样家庭的孩子自

让孩子爱上学习
从呼吸开始再造孩子的学习习性

小得到父母和他人的尊重,成人后自然懂得善待他人。

在我们身边,有多少父母在与孩子相处时能够表现得如此平和,如此优雅而有气度。我们这个社会,人与人之间或明或暗地遵循着不平等的交流模式,强者对弱者颐指气使。这样的潜规则有意无意地延伸到家庭,孩子天经地义地对父母言听计从,许多家长很难真正做到理解和尊重孩子,与孩子平等相处自然成为一种奢望。所以,假如上面情况发生在中国家庭,很可能会出现这样的情境:哎哟,小祖宗看你把家闹得成何体统,赶快给我收起来一边待着去。听到这种扫兴的责骂声,孩子要么怏怏不快地离去,要么忍气吞声旁若无人地继续玩。此时,很多主人会因此而失去耐心,粗声大气地催促孩子,使他们本来愉快的心情一下子变得沮丧起来,进而产生抵触情绪,或与父母形成对立,试想这样的环境怎能培养出孩子的优雅品性。

一个饱受冷落连父母都不待见的孩子,必然从此失去生活的热情和善意,产生绝望心理的概率逐渐增大。此时,涉世不深的他们随着抱怨、仇恨的积累,难免形成世界一片漆黑的认知,消极对待人生和世界,一旦偏离人生正途,后果不堪设想。

医学心理学研究表明,不少顽皮、小毛病多的孩子并非故意与父母做对,不排除一部分人因为多动综合症问题导致情绪调控

第五章 培养学习习性需要学会等待

障碍。当注意力缺陷引起思维散乱与精神高度紧张的问题交织在一起,容易造成情绪失控,适应环境能力差,很平常的一件事即产生过度反应,稍微遇到外界刺激就会迅速地丧失自我控制。

家长每斥责咒骂孩子一次,都会加重他们的沮丧心理,使孩子崩溃的频率越来越高,一次比一次严重。从家长角度来说,骂孩子表面上给自己顺了口气,但从内心讲,自己同样也会扮演一个受害者的角色,让怨恨愤怒一次次地折磨自己。父母和孩子都被痛苦控制着,结果谁也没有好日子过。

如果我们选择宽恕,并用医学的手段对孩子进行抗焦虑治疗,使孩子精神得到放松,完全有可能使情绪失控的问题得到缓解。同时,当我们学会忘记,对孩子的过错放他们一马,翻过这一页,孩子那颗焦躁绝望的心也会被你宽厚的胸襟和真挚的爱所熔化。随着心境的改变,灵魂一定能够慢慢得到自我修复,学习习性也会随之培养起来。

案例:宽恕,拯救他人,成全自己

有这样一个禅的故事:

一天晚上,七里禅师正在禅房诵经,突然有一个强盗手持尖刀闯了进来,用刀指着禅师,威胁着说:"把所有钱财都交出来,否则我就要动手了。"

七里禅师头也不回,镇定地指着自己身旁的抽屉:"钱都在里面,你自己去拿吧。"

强盗很快把抽屉里的钱抢劫一空,禅师说:"请留一些钱给我,我明天还要买花果供佛。"

强盗正要离去,禅师又说:"收了人家的钱,怎么不说声谢谢呢?"

后来,这个强盗因为其他的案子被官府逮捕了,审问得知曾经抢劫过七里禅师,衙役来请禅师去指认他的罪行时,禅师说:"这个人不是强盗,因为他并没有抢劫我的东西,那些钱财都是我送给他的,他已经向我道谢过了。"

强盗得知此事后,非常感动,服刑期满,他皈依佛门,成了七里禅师的弟子。

宽恕是人性的大德大美,具有难以想象的感化力量。它可以熔化铁石心肠,消除对立、弥合一切感情裂痕,也可以使十恶不赦的忤逆之子心归良善。面对经常犯浑、崩溃的孩子,只要父母怀着一颗宽恕的心,表现出足够地平和理性,你的同情仁善和谦让或许能够激发出他们的善意,自觉检视自己"德性"不好的地方,说服自己软下来,做出让步,主动完善自己。

宽恕不单可以拯救他人,也是拯救我们自己的良方。一个人

第五章 培养学习习性需要学会等待

放弃算计和怨恨的时候,也是放弃了跟自己较劲,等于把心中的刺拔掉,一切不快、愤怒和痛苦就离我们而去。当然,这样做是需要一定勇气的,不过可以尝试一下,当我们主动向曾经伤害过我们的孩子示好的时候,宽恕的心理会带来身心的放松,内心就会燃起一丝丝爱和友善的温情,甚至心灵的复合,让自己重新感受到生活的温馨和世间的美好。随着心境的变化,也把我们自己从情绪的风暴中解脱出来。

案例:若不把怨恨留在身后,那么其实我仍在狱中

说到宽恕,想必有不少家长会说"生活中有些事就是无法原谅"。按照这样的说法,南非前总统纳尔逊·曼德拉有一千个理由将他的敌人绳之以法。因为,这个"铁窗汉子"为了反对当局的黑暗统治和种族隔离,一生在监狱度过了惨无人道的27年,经常被单独关押在一间只有4.5平方米的狱室内,没有自然光线,更没有任何书写物品,每天长达23小时不能与人交流,一切与外部隔绝。由于是要犯,他连看球赛的权力都被剥夺。一段时间还被押送到采石场做苦工,受尽了惨无人道的折磨。

然而,这种惨绝人寰的遭遇不但没能击垮曼德拉的坚强意志,反而更加坚定了他追求真理的信念,并最终战胜了黑暗和邪恶。同时,他还以一颗宽恕的心将当年的敌人变成了永恒朋友,

让自己非凡的人生变得更加伟大。

1994年5月9日，曼德拉在当选南非历史上首位黑人总统的就职典礼上，出乎意外地邀请三名曾虐待过他的看守，当他缓缓起身向身后的看守致敬时，在场的所有人都静了下来。就职演说时他庄严承诺，将和全体南非人民一起治愈创伤，消除分隔彼此的鸿沟，"建立一个让所有南非人，不论是黑人还是白人，都可以昂首阔步的社会……"这种"曼德拉模式"为战乱地区和国家解决冲突树立了典范。

他代表黑人获得政权后，激进组织要求对白人种族政权犯下的罪行彻底调查。一些相当激烈的种族主张强调，非洲是非洲人的非洲，务必把白人赶出南非等等。如果那时想清算白人犯下的罪过易如反掌。但曼德拉一直主张宽恕那些愿意承认罪行的白人阶层，并坚定地对自己的追随者说："当我走出囚室迈向通往自由的监狱大门时，我已经清楚，自己若不能把痛苦与怨恨留在身后，那么其实我仍在狱中。"由此他被更为激进的"泛非大"等政治组织视为软弱，最终，正是曼德拉"聪明的软弱"促进了种族的真正和解，赢得了世人的尊重。有评论指出，曼德拉仅仅为反对压迫黑人的种族隔离制度坐过27年牢，还不足以称之为伟人，他获得权力后表现的宽恕、理性与博爱更显示出他的伟大。

"生活的意义不是我们曾活着这样一个简单的事实，而在

第五章　培养学习习性需要学会等待

于我们是否为其他人的生活带来了变化。"曼德拉这句话足以概括他的"光辉岁月"。一生先后获得了联合国教科文组织颁发的"乌弗埃-博瓦尼争取和平奖""诺贝尔和平奖"。联合国自2010年起,将每年7月18日定为"曼德拉国际日",首次把一个国家领导人的生日作为世界性纪念日,表彰他对"和平、文化与自由"的贡献。澳大利亚总理艾伯特也称赞曼德拉是一个"真正的伟大之人……苦难让他人格更高尚"。获悉曼德拉逝世的消息后,正在出席会议的联合国安理会15个理事国代表全体起立默哀。秘书长潘基文发表声明说:"曼德拉是世界舞台上的杰出人物,有着沉静的尊严和卓越的成就。"

在曼德拉逝世的追悼仪式上,全球逾百位领导人和政要从不同地方汇集南非约翰内斯堡,雨中同悼曼德拉。南非政府公共外交负责人克莱森·蒙耶拉说:"整个世界都来了。"欧美媒体报道,告别曼德拉这个近代规模最大的政治领袖的吊唁仪式成为国际政治宿敌聚首的平台,南非成为世界瞩目的焦点。英国《卫报》称,"可能是现代历史上聚集权力人物最多的场合之一。"

连不共戴天的敌人都可以宽恕,我们的孩子总没有敌人那样可恶,那样罪大恶极吧,又有什么不可以宽恕的呢?

四、耐心，家长的第二文凭

在儿童教育过程中，家长的职能是为孩子创造一个便于他们心智成长的舒心环境，当他们思想出现困惑时，用父母特有的爱心给孩子以心理安抚。特别是在应试教育的大背景下，每个中学生都过早地承担了与他们年龄不相符的学习压力，因此，家长务必要责无旁贷地甘愿成为孩子的"出气筒"，受他们的窝囊气，且无怨无悔。

基于这样的认识，作为一个父母可以没有太高的文化背景，也不一定具备专业的教育学理论，但有一样东西绝对不能缺少，即耐心。耐心是一个伟大的秉性和爱的源泉，更是称职家长最朴素的第二文凭，对儿童学习习性的培养不可或缺。耐心可分为三个地层级。

初级耐心：对孩子"不成熟"的见解，一笑了之

未成年人经常会有意无意地表达到些超乎异常的想法，这是他们成长的表征，倘若能够得到家长引导适当赞许，他们的心智水平就能够得到健康发展。儿童作为一个独立个体，不同气质决定了他们有不同个性和不同的想法，纯属本性使然。在不违反大原则的前提下，怀着一颗宽容的心，随他们去表达自己愿望、展示自己个性，不但有利于培养他们创造性思维，成人后遇到矛

第五章 培养学习习性需要学会等待

盾懂得通过沟通辩论的方式来解决问题。从这个角度看,允许孩子发表自己"不成熟"的见解是每个父母起码应该具备的人格涵养。

但是,生活中,很多家长不一定都这么大度,不少成年人一听到孩子说出"幼稚"的话,气不打一处来,即刻用"小屁孩懂什么""多嘴""别在那里瞎掰!"呵斥他们闭嘴。这个小小的举动对儿童心智成长影响不可低估。

难道孩子说的话真没有一点道理,都不靠谱,说的全是废话吗?非也。根本原因在于一些父母以长者自居,从不站在孩子的角度思考问题,总是用成人的标准来衡量孩子思想的正确与否。只要孩子说的话或表达主张不符合成人的价值标准,或违背了父母的意愿,就用严厉的口气压制驳斥。

孩子表现欲受到压抑,自尊心受到伤害,有事窝在心里,长大后与父母同在一个屋檐下,没有共同语言,这样的家庭,物质上再富有也与幸福无缘。更为不利的是,孩子走向社会后遇事很少心平气和地进行沟通商量,不懂得用商量的方式解决问题,与人争执不断,很少能过上开心的生活。

家长作为过来人也都清楚,年幼本身意味着不成熟,当我们心平气和的时候都会对孩子"幼稚"的说法一笑了之,一般不会过多地计较孩子的戏言。

让孩子爱上学习
从呼吸开始再造孩子的学习习性

很多人之所以对孩子的"胡言乱语"厌烦、反应过度，多数因为自己情绪非常糟糕，工作中窝了一肚子火，听到不顺耳的话就与孩子急。事情过后又对自己的驴脾气后悔不已，恨不得扇自己两个嘴巴，这样的事恐怕不少人都经历过。事实上，遇到一点事就发火，完全是委屈或愤怒长期累积的结果，容易迁怒于人。用心理学的解释是应激阈限太低，心理包容性下降，稍微听到不顺耳的话就着急上火。

当然，对那些想象力特别丰富甚至有些幻想症倾向的孩子，嘲笑、反驳非但起不了任何正面作用，反倒会使这些"激情孩儿"以赌博的心态处理问题："你说我不行，我偏偏这样做给你看看。"结果把事情搞得狼狈不堪。比较理想的做法是，面对孩子异想天开的狂想，家长自己首先保持平静，以淡定来泯灭激情，引导他们活在当下，理性思考问题，理清理想与现实的区别，做到知行合一，学会平和真实地面对生活。

中级耐心，对孩子的过错不做过激反应

在大多数国人看来，对孩子差强人意的表现或不良行为发火，天经地义，没有什么不对。其实不然，发火、恼怒本身是人格不健全的表现。在一个家里对孩子发火，就是对全家人发火。在单位对一个人发火的时候，就是对所有人在发火，如果你是个人物，那就是对全世界过不去，其杀伤力和负面影响要说多大就

第五章　培养学习习性需要学会等待

有多大。对有过错的孩子发火，也许在当时能够起到威慑或制止犯错误的作用，但并没有对孩子的成长提出正面指导，往后遇到类似情况，依然可能重蹈覆辙。

再说了，孩子有点过错就不停地斥责，在他们以后的成长过程中为了避免被批评，往往会逃避责任，畏首畏尾，生活中总是心惊胆颤，容易形成低自尊人格，不敢担当，影响孩子健康成长。

教育孩子看似容易，真要改变一个人十分困难。因为，每个人的所作所为从更深层次来说，是由人格中的气质和性格决定的，有些是思维定势甚或遗传的结果。对于那些行为习惯不是很好的孩子，磨破了嘴皮仍然屡教不改，有的可能是他们正在努力但现在还不是改变的时候，要么还有包括生理心理等更深层次的原因导致他们习得性无助，一时难以做出彻底改变。

还有一些孩子，客观地说已经有了程度不同的长进，不过家长望子成龙心切，希望他们一夜之间脱胎换骨变成自己理想中的好孩子，结果忽略了孩子内心深处以及行为上的微小变化，仍然不断唠叨。家长总是吹毛求疵，孩子得不到鼓励，心灰意冷，既然自己努力了父母还不认可，那只好回到原来的老路上去，这样的现象令人遗憾。必须指出，指望讲几句大道理或骂两句马上让孩子心归正路，纯属家长自己幼稚。

让孩子爱上学习
从呼吸开始再造孩子的学习习性

《圣经》里说，儿女都是上帝交给父母的一件作品，是优是劣为人父母者自己最清楚，应该理性地看待个体间的差异，对孩子保持合理的期待。苛求人人优秀、个个成功对多数孩子是一种精神折磨，作父母的也会自寻烦恼。说得悲观点，在一个相当不规范的市场经济条件下，大多数孩子只要身体心理健康本身意味着成功。关键是当家长的要调整好自己的心态，对孩子们不尽人意的表现或生活中的失误、过错，要有一颗包容心，耐心等待，给他们留下自我完善的机会，没准这些过错还能够成为他们成长成熟的最好教材。这个过程是对我们耐心的考验，首当其冲的是家长要修炼耐心，相信，只要与孩子保持适当距离，并一如既往地给予关爱，孩子早晚会发生改变。

高级耐心，对孩子发"无名火"保持淡定

印度修行较高的瑜伽人士认为："如果一个人故意刁难我，我愿意用全部的爱回赠于他。他的内心越是充满罪恶，我就越应该用爱去填充他的内心。"

父（母）子（女）两代人，价值观及其许多想法差距很大，摩擦总是难免的。青春期的孩子容易叛逆，常发"无名火"，这个时候即使孩子坚持自己的错误主张，或者不由自主地发泄不满，作为家长最需要做的是保持镇静，从容面对，气头上时能够主动停下来，对他们执拗、不可理喻的反叛行为不做过激反应。

第五章　培养学习习性需要学会等待

戴尔·卡内基认为，一个人无论他怎样挑剔、指责别人的时候怎样激烈，都无法在一个有耐心和同情心的倾听者面前继续强硬。这个倾听者必须具有极其沉着冷静的性格，当他面对的人如同老虎一般张大嘴巴想要挑衅的时候，必须耐下心来静静倾听。

特别是父（母）子（女）间因为不同的观点发生争执，孩子情绪激动，疯狂发飙，假如父母能够对孩子非理性行为保持足够的耐心，少说一句、让一步，待他们冷静下来之后，找个心平气和的机会用积极的建设性性格来化解矛盾和纠纷，把你的想法告诉给他，自然会营造一个和谐的家庭气氛。对大多数孩子而言，或许能够对父母的大度包容产生敬畏心理，或受父母善言善行的感化产生悔改之意。甚至把父母当成朋友，有了烦心的事愿意与你掏心窝子，这样的家庭气氛无疑是孩子健康成长的最佳土壤。

倘若孩子一使性子父母就任由自己的情绪不依不饶与之较劲，或带着满腔怒火与正在气头上的孩子理论谁是谁非，针尖对锋芒，只能愈辩愈黑，永远没有交集。还有一些"火爆子"性格的家长气上心头，用"你小子，反了你"以火攻火，试图把孩子制服。这些糟糕做法等于火上浇油，只能使彼此感情的距离越来越远。同时，它还有一个潜在的危害，容易使孩子失去唯一发泄的地方，从此关闭与家人沟通交流的大门，与父母因为感情上的隔阂而产生对立，你再好的建议他也不会接受。

让孩子爱上学习
从呼吸开始再造孩子的学习习性

生活中这样的事例司空见惯，一些家长平素性格还算温和淡定，但当宝贝耍小孩儿脾气对自己无礼时，一秒钟之内把自己固有的耐心和良好修养忘得一干二净。结果，彼此交恶，互相攻击，导致局面失控，非常尴尬。有的还结仇结怨，从此，咱井水不犯河水。

情绪容易崩溃、犯浑，无理取闹的孩子，按照医学心理学解释，或许程度不同地存在着生理器官性问题，比如肝火旺盛，有焦虑倾向等，造成心理应激阈限低下，发飙可能属于生理性反应，多数本身并非故意。对这些无辜的孩子，家长不妨退一步，换一个角度，把他们当成有心理缺陷的"病人"看待。一旦有了这样智慧地归因，怜悯、同情之心油然而生，原本准备采取的硬碰硬的方式就会慢慢降温退火，懂得用一颗宽恕的心来对待孩子。具备如此高级耐心的家长无疑是极品父母。

今天年轻的妈妈们都有很好的教育背景，一定清楚与孩子们友好相处是教育的最高境界，也知道采用温柔婉约的办法耐心引导孩子，打心眼里希望与孩子成为知心朋友。但是，在竞争趋于白热化的时代，国人的"急"是全球公认的，急功近利，急于求成，一"急"思想平衡被打破，智慧全部"死机"。纵令那些目光远大的智者，一"急"也会鼠目寸光，只在意当下的结果，下意识地用粗暴乃至凶恶的言语替代"鼓励赞誉"，其实是缺少耐

第五章　培养学习习性需要学会等待

心的情况下对自己情绪的放纵，说到底，还是人格不够健全。

家庭是生活的港湾。很多青少年由于学习的重压而烦躁、焦虑，常因为一点鸡毛蒜皮的小事而犯浑发飙，家庭无疑是他们唯一能够宣泄的地方。有的孩子喜欢耍小孩脾气，此时，父母耐心地倾听、同情和宽恕，比任何劝导都重要，学会管理好自己的情绪是对一个家长秉性修养的有力挑战。

提高不良情绪的管控能力，关键是培养超脱的生活观。儿女自有儿女福，放弃理想化地给孩子确定人生目标这种一厢情愿的想法，以现实主义的态度调整对孩子的期望值，思想压力小了，性格平和才能在孩子发"无名火"时保持淡定。

在这方面欧美等西方人，似乎可以成为我们的一面镜子。以美国人为例，无论失业率多高，无论"9·11"恐怖事件和金融危机影响有多大，他们仍然可以悠闲地在美式橄榄球的看台上津津有味地大嚼汉堡，在咖啡厅里尽情享受着美妙的音乐，很难看到他们有焦虑和抑郁的时候。如此自信而淡定，似乎天生比我们闲适而浪漫，尽管他们的孩子也并非个个"神童"，也有压力和苦恼的时候，关键是美国妈妈们活在自己心里，不是活在表面，真正在为自己而活，不是为别人而活着。

德国禁止对学龄前儿童进行诸如跳舞、体操、读书、绘画、钢琴、外语、奥数之类所谓的学前教育。在幼儿园期间主要学习

让孩子爱上学习
从呼吸开始再造孩子的学习习性

三个方面的内容。一是基本的社会常识,比如不允许暴力、公众场合不大声说话等;二是孩子的动手能力,从小就主动做具体的事情;三是培养孩子的情商,特别是组织能力。

如果太早灌输所谓的知识,小孩子各方面并不成熟,没有思辨能力,最后变成背书和读书机器,这是德国教育界普遍达成的共识。所以,即便是小学生,也没有什么功课负担,孩子们只上半天课,下午主要是根据自己的爱好,非强制性地学习钢琴、绘画、手工和体育等有关素质修养的课。学习负担轻了,家长的精神压力也会自然减少。

德国还有一项奇特的规定,技校毕业生的待遇不会比其他高学历学生待遇低,青年人不需要上很好的大学也能获得不错的收入,至少不会有歧视性的用工制度。所以,孩子们不会千军万马挤着去过"独木桥",很多学生初中和高中毕业前,家长和学生会根据自身兴趣爱好选择未来发展方向,有一部分学生会自愿选择进入职业技术学院学习,并在那里实现自己的人生价值。

如此教育风格及其价值取向,决定了德国妈妈比中国妈妈内心更简单,生活更超脱,活得更轻松,对孩子的爱才会真切自然。有了这样的境界,自然能够理智地看待孩子身上的毛病,教育孩子时会选择在双方都舒心的时候再去沟通交流,轻易不会在焦虑不安的时候去训斥发泄。这样,我们很容易看到孩子的可

第五章 培养学习习性需要学会等待

爱,体验到当父母该有的幸福和快乐。

进行正确归因,接受孩子的"缺点",也是家庭教育值得倡导的一个重要原则。比如,了解孩子的脾气秉性和经常发飙的深层次根源,尽可能地体恤他们在学习上的沉重压力和青春期生理性烦恼,充分认识到孩子"发无名火"是对当下自己习得性无助的不满。家长一旦进行了客观的归因,认识到发飙的根源不是冲着父母来的,就可以对他们耍小孩脾气一笑了之,自愿持续地付出爱心。

五、慢出绅士风度

心理学告诉我们,人在紧张、焦急、恐惧等负面情绪下,内心处于高度戒备防御状态,价值构念渗透性下降,很难接纳不同的意见和主张。与此同时,心理应激阈限较低,稍微遇到不符合自己意愿的事情气上心头,思想平衡被不良情绪打破,很容易采取极端的行为与人对立。许多妈妈爸爸们,面对恨铁不成钢的孩子,气不打一处来,自然也就不能理性地看待孩子身上的问题。常常会言不由衷地发泄一通,甚至用过激的方式教训他们。等到火发完了,心情平静下来之后,马上又会对自己简单粗暴的行为自责内疚,悔恨不已。

让孩子爱上学习
从呼吸开始再造孩子的学习习性

因为着急上火伤害了父（母）子（女）情感，急白了头发，煞费苦心为孩子所做一切付之东流，一切都白忙乎了，多么不值得。所以，教育孩子首先要跟治一下自己"急"的毛病，从此刻起慢下来，悠闲自在地生活，去感受恬静、超然的乐趣，从而慢出和睦温馨的家庭气氛，孩子自然会把你当成他的朋友。

让呼吸慢下来

首先要关照好自己的呼吸，让呼吸慢下来，很快就会感受到内心的平和宁静，心胸随之开阔起来，神经系统的耐受性也会增强，包容性自然增大。随之而来的是视野更加开阔，我们就变得真正聪明而智慧，能够淡化孩子身上的"缺点"，再淘气的孩子看着也是顺眼的。

让性格慢下来

保持思维专注，不再把注意力从孩子身上转到自身，一心一意干我们自己该干的事情，踏踏实实把当下做的事情做好。当我们把自己手头的事情到极致，做得有品质，有了成就感，能够从中体味到了人生的价值所在，精神有了依托，内心充实了，心也会平静淡定起来，性格从此会慢慢变得悠闲自在和洒脱。或许不会再去死死地盯着孩子的学习，不再去与他人比，与孩子较劲。如此以来，自然就给他们留出足够宽松的空间，让孩子自己学习、自我成长，待他们健康的情感和个性得到发展之时就是家庭

第五章　培养学习习性需要学会等待

的幸福之日。

让话语慢下来

说话语速轻缓可以保持语言流畅性，提高思想的连贯性和对方的接纳度。这些经验告诉我们，作为家长不管是与孩子沟通交流，或是在公众场合讲话，语气宜轻不宜重，宜柔不宜刚，宜缓不宜急。尤其是在家里，语气舒缓温和了，容易增加孩子的认可度和说服力，避免话不投机半句多，人为制造事端和激化矛盾。

让生活慢下来

以色列犹太人几千年坚守一周一天的休息日，不工作，专门用来享受时间的宁静与洒脱。即便处于战火中的军人也一边背着枪，一边在战争间隙宁静地休闲，一切是那么惬意、悠然。而中国人恨不得晚上不睡觉，都拿来劳作、应酬、赚钱。苦了自己不够，还要折腾孩子让他们没完没了地补课，结果，谁也不得安宁，很多人不知道为啥活着。

心有所恃，随遇而安。生活中比钱和物更重要的是人的精神，没有内在精神和谐永远找不到幸福。因之，父母要活得明白，习惯把心慢慢往回收，眼睛不要总盯着物质财富，钱要一点点挣，饭一口口吃，路一步步走。留点空余时间陪陪孩子，与他们一起玩玩，关注一下他们感兴趣的话题，拉近与孩子的距离。学会享受生活过程，为自己而活着。一旦有了这样的文化自信，

或许会隐约有一种绅士的感觉。有了精神家园,什么也都有了,即便钱少点,但精神的富有会使幸福指数暴涨,绝不比谁差到哪去,谁也不敢小瞧你,自然能够与孩子友好相处,和谐地生活。

第六章　严苛，摧残的不只是学习习性

学习习性中安静、专注两个要素，作为人的精神状态，与个体的情绪、情感密不可分。情绪是一个动态的变化过程，学习习性当然与每个孩子赖以生活成长的环境特别是家庭气氛息息相关。青少年成长过程中有很长一段时间是在家庭中度过的，孩子跟父母生活在一起，最亲密的关系是在家庭中形成的。来自家庭的关爱和信任直接影响着孩子思维品质乃至学习习性的形成，父母充满爱心有亲和力都可以使学生的专注力得到滋养，否则学习习性可能会遭到人为损害，过于严苛的教育还会使人性受到摧残。

一、不当批评，学习习性第一杀手

无数事实证明，孩子有一点过错就拉下脸不依不饶地对其批评指责，只能让他们产生怨恨，平添更多烦恼，打乱固有的学习习性。尤其是那些性格执拗、叛逆、心胸不很开阔、喜欢计较的

让孩子爱上学习
从呼吸开始再造孩子的学习习性

孩子，正值青春期，学习压力大，与家长闹别扭一时转不过弯，冷战只会使父（母）子（女）关系越来越僵，孩子长期处于沮丧的情绪状态，大脑反反复复去纠缠那些无聊的说不清道不明的是是非非，注意力当然无法集中在学习上，学习习性也会遭到人为破坏。

过多批评指责使孩子学习习性遭受人为破坏

现实生活中，很多家长看到孩子贪玩、成绩不理想时非常恼火，下意识地大发雷霆，埋怨孩子不懂事，整天唠叨不停，一些孩子委屈得伤心落泪。很显然，孩子的学习习性遭受人为破坏，学习成绩当然不会因为家长的批评指责就随之得到提高。原因在于学习竞争像打仗一样激烈的校园，几乎没有一个孩子不想考个好成绩来证明自己，取悦父母和老师，生活得更有尊严。但是，绝大多数成绩不好的孩子或因为不同程度的注意力障碍等生理性缺陷，决定了他们很难取得理想的学习成绩。批评并没有真正帮助孩子找到成绩上不去的症结，也没有提供克服学习障碍的可行办法，反而，每次受到批评后出现沮丧情绪，对老师和家长产生忌恨，更加厌恶学习，导致注意力难以集中，学习习性荡然无存，成绩只会越来越差。

遗憾的是，我们很少有家长真正了解学习和教育的内在规律，眼睛只盯着孩子的成绩，从未意识到批评带给学生的严重危

第六章 严苛，摧残的不只是学习习性

害，错误地把指责批评当成教育人、塑造人的看家本领。似乎不对孩子训斥两句就没有尽到父母的责任，没有办法帮助孩子改掉身上的坏"毛病"，他们就不可能长大成人。批评的本质被美化、作用被无限放大，批评之风愈演愈烈，给青少年学习习性的培养以及健康成长带来了灾难性的恶果。

表面上看，批评常常以强大的气场对他人的过错和失范行为进行压迫式警告，以醍醐灌顶之势帮助人廓清认识上盲点，促使被批评者不断反省收敛自我，把人的陋习和不良行为消灭在萌芽状态。看起来是在关心人、帮助人，算得上助人利他的良策善举。深思之，越发觉得后怕。

越是尖刻的批评越容易拉仇恨

通常当家长批评孩子时，都是一副严肃到接近于恐怖的嘴脸，用夸张刻薄的语言、免费的口水和敌视的眼神对付被批评者，无异于面部语言暴力，不觉中超越了儿童的心理承受范围，违背了人性。即便批评者是"刀子嘴、豆腐心"，本身是中肯客观公正的，出发点是友好善意的，真的是为孩子们好，但由于态度蛮横凶煞，表情过于恐怖，难免给稚嫩的孩子以强凌弱、居心叵测的感觉。结果好心办坏事，导致孩子因为受到批评责备，甚或自尊心受到伤害而部分地失去理性，使父（母）子（女）间感情受到严重伤害，整天处在对父母不满、愤怒之中，当然与培养

让孩子爱上学习
从呼吸开始再造孩子的学习习性

学习习性相去甚远。

批评者，先受伤害

很多成年人差不多都经历了"以阶级斗争为纲"那个噩梦般的恐怖年代，当时的国人信奉"与天斗其乐无穷、与地斗其乐无穷"，压根不知道世界上还有提醒沟通和辩论这样文明优雅的交流方式，总想用批评来降服对方，改造他人。古话讲，"人怕伤心，树怕剥皮"。批评这种带有一定攻击性的武器，虽然能够暂时制止被批评对象的错误行为。然而，由于杀伤力过猛，造成被批评者自尊心受到伤害，形成低自尊人格，可能造成彼此终生成为冤家对头，搞得人人自危，给正常的人际关系造成难以修复的裂痕，谁批评人，谁先受到伤害。更有甚者，有的接受不了批评的打击，含冤而去。

批评与壁球

有一种叫壁球的运动项目，把球往墙壁上击打的力量越大，弹回来的距离越远，且越难判断落点位置。批评和打壁球有着惊人的相似之处，越是尖刻的批评，对方越容易感到受辱无地自容而产生抵触情绪，越难以得到想要的结果。最终只能引起更强烈的反抗，使矛盾双方陷入对立和仇恨状态。

按照抗拒理论的观点，经常受到批评的儿童，思想和行动自由会受到限制，一种不愉快的抗拒心理被激发出来，使孩子们

第六章 严苛，摧残的不只是学习习性

产生逆反心理，并且，父母越是想改变他们，孩子就越发固执己见，进而产生叛逆，拒绝接受父母的建议和教导。

有些精神长期压抑的家长，为了让孩子实现自己未能实现的夙愿，不能容忍孩子的平庸表现。因此，经常不知不觉地在批评教育孩子时小题大做，气头上时对孩子飙脏话，激化矛盾，给孩子心灵造成创伤。这样做，给很多自尊心超强的孩子带来的一个意想不到的结果就是你无情、我无意，父母、孩子都翻脸不认人，彼此间长期对立，积怨成仇，对学习习性培养百害而无一益。

案例：太累了，不知道活着究竟为啥？

儿童心理稚嫩脆弱，抗击打能力弱，过于严厉的批评非但对孩子的学习成长进步起不了正面的积极作用，还容易对他们的自尊心造成不可估量的杀伤力。12岁的迎迎是个文静、可爱的小姑娘，刚上初中，母亲为了她能够考上重点高中，便立下"除双休日外，平时不可以看电视"的家规。有时迎迎放学回家后，偶尔看一会儿电视，母亲发现后就唠叨个不停。有两次受到妈妈批评后，迎迎一气之下离家出走，幸好没有跑远被找了回来。

后来，又因为考试成绩下滑，迎迎承受不了妈妈和老师的批评而上吊自杀。迎迎去世后，家人在她的遗物中发现一本写满

让孩子爱上学习
从呼吸开始再造孩子的学习习性

"沮丧、苦恼、孤独和失落情绪"的日记,记录了小女孩的心路历程。有一篇日记这样写道:"我也想考第一,我努力了,但成绩就是上不去,能怪我吗?整天生活在批评责骂声中,我实在受不了啦,再这样下去,真不知道哪一天会崩溃,我的确很孤独,我太累了,活着不知究竟为啥?"真可谓一根稻草能压垮一只骆驼,几句批评最后成了杀人的凶器,这样的悲剧在生活中太多太多,实在不忍心再罗列下去。

当小偷盗走了我们身上的现金或手机时,每个人都会感到沮丧,回到家最想听到家人说:"没关系的,舍财免灾,下一次注意点就行了。"也许很快会驱散我们心理的阴霾;如果父母拉着脸说,"你咋那么马大哈,小偷怎么不偷别人,专盯上你呢?真是倒霉透了!"等于受到双重打击,一定会加重我们的痛苦,这样的父母还真不少。

管住你的"刀子嘴"

偶读一篇题为《批评孩子的艺术》的文章,如此表述:"(家长)明确地告诉他(孩子)这件事做得不对是非常必要的。""平静地告诉他(孩子),你(妈妈)知道他是个好孩子,只是这次做错了。""只有冷静,才能对孩子所犯的错误有一个客观公正的评判,才能有利于问题的解决。"

第六章　严苛，摧残的不只是学习习性

"批评孩子要给孩子申诉的机会"等。通篇使用"明确地告诉""平静地告诉""只有冷静……""允许孩子申诉"等平和温馨的词汇，字里行间充满了理性和关爱。分明是对孩子的善意提醒，或和蔼可亲的沟通交流，没有一点火辣辣的批评味道，为什么偏要"挂羊头、卖狗肉"冠以"批评"的头衔？

大概因为很长一段时间国人崇尚的斗争哲学，批评成了我们的"口头禅"。大多数家长总是希冀孩子能够按照自己理想的方式成长，如果达不到自己的要求，心情就会不爽，容易被情绪牵着鼻子走，看到孩子身上那些不符合自己意愿的举动，即刻气上心头，每每愤愤不平，引起不满和恼怒，就会对他人产生怨恨并进行批评斥责。

批评泛滥成灾，有很深的文化背景。中国经历了漫长的封建制度，人们唯权力而至尊，社会方方面面分为三六九等。从历史的角度看，批评，一直是统治阶级赋予当权者对被统治者、管理者对被管理者、强势者对弱小者的一种至高无上的权力，他们可以恣意对下属和子女的"过错"数落、诟病。尽管很多时候统治者、管理者自己本身未必就做得正确，抑或纯属无理，但批评是"老天"赋予他们的特权。代表天意的批评就是唯一正确的真理，由此营造的威慑力足以形成一种气场，树立一种居高临下的权威，带着这样的威严批评就会所向披靡，被批评者不得不低头

认错。再说了,批评本身是为"你好"、为"社会和谐、家国安定"不得已而为之。既然为你好,那就要理所应当地低头认错,并对批评人的关心帮助刻骨铭心。

在这样的文化氛围下,权力、辈分助长了批评者高人一等的地位,使其人性的许多弱点泛滥,以至于批评之风充斥着整个社会角落。批评,从此植根于国人的骨子里,成为人们一个自然的行为习惯,随时随地可以拿来使用,且使用得那么方便随口就来。

所以,当今社会上级批评下级、大官批评小官、小官批评百姓,老兵批评新兵,老子批评儿子、儿子批评孙子,婆婆批评媳妇……一切顺理成章,无可厚非。反倒把委婉的提醒、和蔼可亲的交流和理性沟通忘得一干二净。在一些团队,谁批评时口气大、眼睛瞪得圆、唾沫星子飞得远、桌子拍得响,被认为有领导魄力,容易被委以重任,真让人哭笑不得。

有一个妈妈总是控制不了自己的情绪,经常发飙后,又抱着孩子赔礼道歉,还后悔地说:"妈妈这都是为你好。"老公对妻子的过激行为非常不满。后来,妻子对孩子发一次火,老公就用钉子在自家养的君子兰上扎一下,两年过去了,花完好无损,但叶子上面钉子扎的十多个眼留下的痕迹却历历在目,且越长越明显,永远不会消失。

第六章　严苛，摧残的不只是学习习性

有的家长可能说，我这人是"刀子嘴、豆腐心，骂完了就完了，从不记仇"。没那么简单，你发完飙，痛快了，孩子幼小的心灵还在流血，就像君子兰一样留的伤疤可能终生难以消失，在他的人格形成过程中的产生的负面影响真的不可低估，即便是一个天资聪慧的孩子学习习性也会被岁月的淫威无情泯灭。

二、批评，下课

当一个孩子学业遇到无法克服的困难或挫折时，最容易心灰意冷，自暴自弃。这个时候很多父母看到孩子的糟糕表现第一反应是生气，随之埋怨、指责、诟骂一起袭来，就会用"废物""败家子"等秽语把他们损得一无是处。从此，许多孩子自尊心受到伤害，将父母的评价内化，慢慢真正变成那样的人，有的因此辍学，好吃懒做、在社会上浪荡。这哪里是育人，分明是毁人。

批评，放大对方过错，伤人又伤己

由于批评带有明显的感情色彩，难免会放大对方的缺点，在这种负面情绪下根本不可能给对方提出什么建设性的建议。与其说是对他人过错的指点和帮助，不如说是借着对别人的不满来宣泄自己内心沮丧抑郁情绪以获得精神快感。

让孩子爱上学习
从呼吸开始再造孩子的学习习性

现代社会人们似乎更加看清了批评的本质，尽管传统理论认为批评与自我批评是我们锐利的思想武器，但大家心知肚明，"批评"这家伙并非什么"教化工具"，不是个好玩意儿。有时就是一把"双刃剑"，对大多数人而言轻易使不得，伤人又伤己，这个武器正在受到越来越多的人的质疑和鄙弃。

中国青年报社会调查中心，通过中国网和新浪网民意，对1155人进行的一项在线调查显示，57.3%的人表示身边很少有能够虚心接受批评的人，其中20.0%的人表示"非常少"，仅12.9%的人认为这样的人还比较多。94.6%的受访者确认，平时在批评他人时遇到过对方的抵触，60.9%的人因为批评而引发了矛盾或冲突。至于最不能接受批评的人，82.9%的人认为是"领导"，59.9%的人认为是"年长者"，45.5%的人认为是"年轻人"。

用心理学来解释，任何一种思想和行为都是他们固有观念的产物。每个人的所言所行包括他的"错误"都是大脑思维依据自己的情感、思维方式、价值观在当时情境下做出的"最佳"的选择。是经过深思熟虑而为之，最符合他们此情此境的内心需要和愿望，且容易形成思维定势，轻易不改变自己。即便确实有错在先，我自己可以认错，进行自我纠正，一般人很难容得下别人劈头盖脸的批评指责。一旦受到他人的指责呵斥，其生理器官和神经系统立即紧张收缩，处于防御状态，情绪即刻陷入负面，大脑

第六章　严苛，摧残的不只是学习习性

思维变得狭窄，思想平衡被打破，调节功能受损，很难客观理性地思考问题。相反，自我保护意识增强，下意识地做出拒绝和对立反应，轻易不会真正地反思来改变自己。

此时，所谓的批评教育，充其量能够起到暂时制止不良言行继续的作用，但由于把某种厌恶行为与批评联结起来，导致出现负面情感的条件反射，而对批评者产生怨恨对立情绪。不但难以达到纠错归正的目的。倘若批评者以尖刻的言语对被批评者爆粗口，势必使后者的自尊心受到伤害激化矛盾，使问题更糟糕，并在情感上产生难以愈合的伤痕。

从批评对儿童的教育功能来看，它仅仅反对被批评者不该做什么，并未告诉他们具体应该怎么做才能避免发生不该犯的错误。比如，孩子的小偷小摸行为受到老师、家长的严厉批评。孩子们可能通过意志的力量使自身的不良行为有所检点，但并没有给孩子提供符合当时情境和心理困惑的道德价值观的正面指导，更没有从根本上帮助他们消除贪占欲望。有一天，当条件成熟时，他们贪婪的念头泛起时仍然不知如何面对，更不清楚采取怎样正确的方法，只好重蹈覆辙。这就不难理解，很多惯偷为什么会屡偷屡罚，又屡罚屡偷。

残酷的应试教育，使每个孩子都承载了与他们年龄不符合的沉重负担。眼下我们的确没有好的办法让这些"草莓族""小皇

帝"一下子成熟坚强起来。唯一能做的是当父母的要管住自己的"刀子嘴",让尖刻的"批评"下课,这样至少可以避免用粗暴的方式对孩子们这颗稚嫩的心灵再度摧残。

必要的迁就不等于纵容

一听说要对孩子过于严厉的批评说不!有些家长可能不理解,或许会认为,表扬多了、批评太少会造成孩子承受挫折的能力下降,恰恰暴露了他们对孩子生理和心理发生的特殊变化了解甚少。

当今独生子女几乎是抱大的一代,娇生惯养,胆小而自私,任性又心理脆弱,普遍缺少挫折感,经不起困难考验……老师说两句重话,马上不高兴,回家就哭,向父母诉苦说冤枉。有的宝宝从小娇生惯养,父母宠得太多,唯我独尊,特别自私,他喜欢的玩具、爱吃的东西,只能独自一个人享用,不允许别人动,否则就要大闹天宫。一些中学生稍有不顺心、不满意的地方立马与老师和家长赌气,用离家出走、自杀等方式要挟父母。孩子性格如此脆弱,喜欢走极端实在让人揪心。

不少家长把这些外表光鲜的"水晶玻璃"骨骼和意志脆弱的根源归因于家长心太软,过于迁就是对孩子娇生惯养和纵容。认为现在的孩子欠打,如果连批评都觉得过分,担心他们今后很难在社会上有立足之地。希望用"严"一点的态度、"硬"一点

第六章　严苛，摧残的不只是学习习性

的手段，好好调教一下这些"臭小子""死丫头"。如此才能保证他们长大后守规矩、走正道，或者采取点惩罚性措施给他们点"颜色"，没准还能把孩子的斗志激发出来。以此全方位锤炼他们承受委屈的本领，走向社会后能够沉着应对各种意外情况，在人生的道路上少走弯路。

一些家长看到孩子不顺眼的地方，从来不收敛自己的坏脾气，出口就用"你怎么这么蠢""真是个窝囊废"等批评诟病。如此近似野蛮的教育方法不但抹杀孩子的学习习性，还会使他们的心灵再次受到伤害，心灵愈加阴沉灰暗，妄自菲薄。这样的父母多半人格出了问题，压根看不到问题的实质。

孩子胆小感情脆弱、受不了委屈、逆商低、抗挫折能力不强，有教育方法和成长环境等方面的原因，但绝对不是批评少惹的祸。应试教育体制下，学校、家庭违背青少年成长规律，急功近利是真正的元凶。由于"一考定终身"的教育体制，全社会把学习成绩作为衡量孩子优秀与否的唯一标准，宝宝们小小年级就像个读书机器一样，除了学习还是学习，繁重的学业任务，使娃娃们心理压力增大，普遍睡眠时间短、质量差，整天焦躁不安，耐受性下降。

一些中小学校怕学生运动摔伤身体承担责任，不允许学生在校园里踢足球、玩单双杠、骑自行车，运动少、身体素质差、心

让孩子爱上学习
从呼吸开始再造孩子的学习习性

胸狭窄,影响到承受能力,感情脆弱,思想缺少弹性,在困难和挫折面前思维失去平衡,很难做出理性的应对方式。

世间没有一件容易的事。小时候常常听老人说"不冷不热,五谷不结",没有经过高温严寒、只在温暖如春的气候条件下生长出的庄稼看似又高又大,但里面果实不丰满,味道不鲜美,好看不中用。

宝剑锋从磨砺出,梅花香自苦寒来。精美的珠宝不经过成千上万次打磨不会透出晶莹的光亮。人生何不如此,没尝试过失败的滋味,阅历过于简单平淡,没有经历过逆境和艰难困苦的摔打,精神缺钙,像个软脚虾,无法以强者的姿态迎接厄运的挑战;没有把一次次失败与成功连接,何谈人生的大格局、大气象,又用什么在竞技场站立潮头,怎能有一个精彩完美的人生?

很多生活条件优越的成年人往往忽视了这些生活中的哲学,为了让孩子有更多的时间学习,不让孩子做家务,许多学生上了中学还不会涮碗、洗衣服,上下学有专人接送,连书包都由家长帮着背;有的家长生怕孩子做事受伤,喜欢用"你还没长大,让我来吧"的口吻包办一切家务,不敢让他们倒开水、换灯泡、骑自行上学。如此精细化喂养,在"温室"里圈养长大的孩子很少经历风雨,骨骼怎能坚韧,心胸何以开阔。当孩子受到挫折时不分青红皂白地对孩子说:"宝贝别哭了,这不能怪你,你是最棒

第六章　严苛，摧残的不只是学习习性

的……"如此养尊处优和不当的表扬使他们的心智脆弱，经不起逆境的考验，这样弱不禁风的孩子指望他们有大作为纯属白日做梦。

日常生活和社会实践是历练孩子生活本领的最佳课堂

泰戈尔说过："只有经过烈火的焚烧才能炼就创造世界的双手，只有流过血的手指，才能弹出世间最美的绝唱。"要把这些"草莓族"栽培成顶呱呱的"男子汉"和"铁姑娘"，溺爱不可取，批评体罚更不是办法，关键是当家长的要有一颗淡定平常之心，放弃"精英情结"。让孩子像普通人那样自然地学习成长，在生活中去摔打感悟，经受点艰苦环境的磨练，自然就变得皮实和出息了。

鹫鸟一生出羽毛，鸟妈妈就坚决地把它们推出鸟巢，让它们在日常生活尤其是艰苦环境中学习飞翔和觅食的经验，历练它们独立生存的本领，看似残酷，其实是一种高级智慧。我们不妨借鉴一下鹫鸟养育子女的模式，放开手脚，凡是孩子自己能够做的事让他们自己去做，在做事的过程中吃点苦、受点累，亲自感受生活的困难，了解事物的本来面目等于积累了直接经验，在大自然中拓展了生存的本领，抗风险的能力和独立的人格也就慢慢培养起来了。

让孩子爱上学习

从呼吸开始再造孩子的学习习性

案例：林肯——"最棒的伐木者"

美国历史上最受人尊崇的总统之一，亚伯拉罕·林肯，自小因为家庭贫寒，辍学回家砍柴做家务活，练就了让同龄人羡慕的结实肌肉和强壮的身体。11岁时，父亲又开始教他学习射击，在山上手把手教他如何打猎，培养了他过人的胆识和机警果断的做事风格。后来他经常帮助父母拉犁、刨地，用斧头和锯子伐木，到了16岁时，他就成了一个高大而彪悍的棒小伙，以至于被人们称为"最棒的伐木者"。每当与年轻人在一起摔跤时，因为他身高体壮，无论跑还是跳，长着两条长腿的他总是居上风，谁都不愿成为他的对手。邻居家杀猪、宰牛都会喊他来帮忙，因为他不但力气过人，还懂得如何给桀骜不驯的家伙致命一击，然后，用熟练的技能将动物一一肢解。

参加体力劳动虽然使他双手变得粗糙不堪，但与同龄人比较起来可谓心灵手巧，做事干净利落，写起字来又快又漂亮。尤其是他饱满的额头里面蕴藏着常人鲜有的个性和智慧，棱角分明的鼻梁充满了成熟男人才有的勇气与胆识。有一次，他发现一艘小船突然翻在河中，强壮智勇的他，迅速划动河边的一根粗大树干赶到河中心，使两个落水的人扶着树干一起划到河岸边。这种勇敢机智的举动得到了乡亲的广泛认可。

林肯先生早期的成长经历，无疑对儿童教育有着很好的示范

第六章 严苛，摧残的不只是学习习性

作用，值得每个父母借鉴。

三、严苛教育摧残人性

心理学家埃里克森认为，在儿童时期，伴随着生理和心理的发展，孩子们开始有了自己的见解，盼望早日独立，以便自由地表达自己的愿望。如果父母对孩子施以过多的干涉和控制，将其自主需要以及个性展示视为瞎折腾，横加指责，孩子们就会产生自我怀疑和角色混乱，甚至为自己追求独立的愿望而感到内疚，出现自卑心理，形成低自尊人格，低估自己的能力和其他人的评价，经常被自己的问题所困扰。

生活中，可以发现相当一部分孩子当他们表现不好、有了过错时，为了规避惩罚违心地收敛自己，讨好迎合父母，下意识地压抑个性和原创性思维。不少孩子惯常在父母面前缩手缩脚，走向社会后谨小慎微。没有自信，处处保守退让，关键时候推卸责任不敢担当。

有些固执的孩子，表面刚强，但内心十分脆弱，多数时候遇事不敢坚持自己的主张，这样保守懦弱的心理，更谈不上有远大的人生抱负。即便一些很有天赋、才华翘楚的少年，也会前怕老虎后怕狼，不敢冒丝毫风险，唯唯诺诺，笑得不自然，活得不

让孩子爱上学习
从呼吸开始再造孩子的学习习性

洒脱。

看看身边有些孩子，上了高中、读了大学还很害羞，与人打交道时精神紧张，说话结巴，眼睛躲躲闪闪、飘来飘去，不能大大方方地与陌生人交流。家里来了客人也不主动打招呼，即使见了很亲近的姥姥、姥爷也感到不好意思，稍遇到困难就哭哭啼啼，向父母抱怨。或因为性格拘谨腼腆，不愿或不敢与人交流，不知不觉把自己封闭起来，有的则成为"宅男""宅女"，整天闲在家里啃老。

许多青年到了谈婚论嫁的年龄，只要跟异性接触就面红耳赤，语无伦次，自信全无，不幸沦落为剩男剩女，父母在一旁干着急，嘴里还不停地抱怨孩子没有出息、不争气。

明眼人都知道，很多时候病在孩子身上，根却在父母。一般人都会有这样的常识，孩子性情上的"毛病"多半取决于幼年时的成长环境，特别是不当的家庭教育。父母经常着急上火，造成家庭关系长期紧张，孩子内心被批评、失败的阴影笼罩，长此以往变得胆怯，沉默寡言，缄默冷淡，对人对事失去热情，不敢发表自己的见解，也不愿参与集体活动，当然没办法与陌生人正常交往，恋爱受挫、婚姻关系不牢固也就在所难免。

不当惩罚导致孩子性格乖舛叛逆

青少年心理比较稚嫩，自我肯定能力匮乏，正处在人生观世

第六章　严苛，摧残的不只是学习习性

界观形成阶段。有些孩子受到父母惩罚时，表面上点头认错，内心里却埋下怨恨的种子，从小人格分裂，长大后经常扮演"双面人"角色，人前斯斯文文，谦逊谨慎，强装笑脸；人后互相算计捣鼓，对人暗中使坏下黑手。

当孩子出现厌学情绪或总是与父母拧巴执拗对立时，我们是否有勇气问一下自己，孩子为什么这样，他们叛逆任性发飙的深层次原因究竟是什么？有一种困难型儿童，他们有明显的急躁焦虑倾向，适应新情况、新环境能力奇差，死板教条，对不符合自己意愿的见解主张常表现出强烈的排斥抵触情绪。如果父母总是以严厉的面孔对待孩子，这些孩子将变得更加消极，令家长、老师难以招架。

至于那些思想偏激的孩子，他们往往认为惩罚是家长小题大做，以大欺小，或认为是父母因其他问题迁怒自己，发泄情绪。或许会在很长的时间里产生思想困惑，用说谎来规避惩罚，导致行为乖舛，敏感多疑，性格随之变得古怪而不可思议，对父母失去永久性信任。

更为糟糕的是，这些在儿童时期受到粗暴对待的孩子，很容易产生神经质或其他心理障碍，当他们成年后又会用不良情绪对待自己的子女，形成恶性循环。天王巨星迈克尔·杰克逊之所以会养成孤僻而怪异的性格，就源于他有个不幸的童年，父亲独

让孩子爱上学习
从呼吸开始再造孩子的学习习性

断专行而充满暴力,这样特殊的家庭气氛成就了他的明星事业,也毁掉了他的人生快乐。所以,他无比憎恶自己那张与父亲相似的脸,在他成名后不断整容,试图拼命清除掉自己面容上父亲的痕迹。

经常喝斥惩罚容易造成孩子良知泯灭

有的家庭教育"严"字当头,孩子一点小过错就歇斯底里地大声嚷嚷,甚至破口大骂。表面上看,他们想把孩子引上正道,殊不知,孩子受到家长指责后,生闷气心情不好,内心平静被打破,半天无法进入学习状态。这样对孩子情感上的伤害以及思维专注力的影响无法估量,彻头彻尾地背离了教育的真本。

一些望子成龙、望女成凤心切的家长,发现孩子考试成绩上不去就开始急,习惯性地用训斥、拳头这些最方便的教育方式来解决问题,似乎骂几句、打两下孩子学习就刻苦认真了,成绩就上去了,真是荒唐到了极致。整天生活在婆婆妈妈的责备中,那些注意力本来就很不集中的孩子因为沮丧、诚惶诚恐,学习习性及思维更加混乱。学习成绩上不去事小,连性格也会变得越来越糟糕,受到一点委屈就焦躁不安,用极端的方式发泄心中的怨恨,容易恶化成为一种不受控制的爆炸性攻击情感,给家庭带来灭顶之灾。

第六章　严苛，摧残的不只是学习习性

案例："绩优生"为何弑母？

肖军，自小性格乖巧，勤奋好学，初中三年连续被评为三好学生，他一直用努力编织自己伟大的人生梦想。但是，谁也想象不到，这个优秀少年却在初中毕业后的某一天将自己的母亲活活杀死。

上初二开始，下岗在家的肖妈妈一直希望肖军能考上本县一中（示范高中），望子成龙心切，导致性格变得异常急躁，对儿子学习上的要求越来越苛刻，稍不顺心就大发雷霆。

初二期中考试过后，当肖妈妈看到儿子英语成绩只有72分时，不分青红皂白拿起皮带就对肖军抽打，肖军万分恼怒，认为母亲不讲理，自己不管怎么努力她都不会满意。从此，内心充满了怨恨，经常为学习感到焦虑，有时候人在教室，脑子不由自主地总在想其他乱七八糟的事。

为了鼓励肖军学习，肖妈妈省吃俭用买了一台电脑，供儿子上网学习。然而，每当肖军在坐在电脑前的时候，妈妈就像幽灵一样不声不响来到他身旁，按肖军的话说"像克格勃一样，高度警惕地监视我，生怕我被阶级敌人拉下水，搞得我兴致全无。"

肖军好交朋友，可有时候同学到家里来想约他出去玩一阵子，父母不但不允许，还当着同学的面把肖军训得狗血淋头，甚至以学习为名赶同学走，让肖军羞愧万分。

让孩子爱上学习
从呼吸开始再造孩子的学习习性

有一回,肖军和同学打架了,一回家就结结实实地挨了父母一顿揍。第二天,学校保卫处莫名其妙当着全班同学的面对肖军进行批评斥责,并和父母演"双簧戏"处1000元罚金,事后又悄悄把1000元罚款从学校取走。肖军了解真相后,十分沮丧地说:"这还是爸妈做的事吗!"

肖妈妈不但偷听儿子电话,还经常私下翻看肖军日记。肖军只好写两本日记,一本放在明处让妈妈"偷看",写给自己的放在暗处,如此变态的爱,压得这个纯真少年透不过气来。

面对学习和精神上的双重压力,肖军晚上一躺在床上就开始做噩梦,满脑子不是特务手里拿着枪在跟踪自己,就是正在接受警察的拷问,早晨醒来不知身在何方,被魔鬼折腾得浑身像散了架一样,心烦意乱,筋疲力竭。多数时候坐在教室或书桌旁心乱如麻,不由自主想其他事,埋怨父母对自己太过分,根本学不进去。学习成绩每况愈下,肖军每每想到此都伤心地独自流泪。

内心烦躁,导致学习热情锐减,成绩下滑不止,父母非但不从自身找原因,反倒认为肖军不好好学习,欠揍,三天两头对肖军进行"混合双打"。在肖军心目中,儿子不再是儿子,父母也不再是父母。

上初三后的一天,他和另外两个受到虐心的同学约定,拿了家里300元钱,偷偷跑到省城玩了三天。不用说,一回到家就遭

第六章　严苛，摧残的不只是学习习性

到了父母的教训。虽然受了点皮肉之苦，可是，繁华都市与暗无天日的家庭形成的对比，更加激起了这个热血男儿对自由的无限向往。从此，肖军开始逃学，从家里拿钱和几个同学结伴逃学野游，每次回到家就会遭受一顿"鞭刑"。

"道高一尺，魔高一丈。"父母管得越死，他越想逃跑，跑得越多，父母一次比一次打得厉害，对肖军的看管更加严格。平时外出，要严格遵守父母规定的时间和行走路线，稍有不从，就会受到肉体惩罚。初中毕业后只好上了一所艺术类中专。对肖军来说，总算可以摆脱父母的监控，拥有自己的一片天地，获得独立和自由。

但是，开学一个月后第一次回家过双休日，他再一次感受到了往日岁月那种紧张凝重气氛。那天早晨，肖军因没有按要求练字，受到父亲的严厉训斥，突如其来的刺激一下触动了肖军敏感而脆弱的神经，他万分恼怒，萌生了彻底了结与父母恩怨的念头。

午饭时，肖军说要出去见个同学，妈妈没有搭理他，自尊心受到极大地伤害。霎时，妈妈那张狰狞的面孔瞬间勾起了他过去许多痛苦的回忆，激起了他的恶念。吃罢饭，趁母亲回卧室休息之机，他到厨房拿出一把菜刀，进入母亲卧室，疯狂地向母亲身上一阵乱砍……

让孩子爱上学习
从呼吸开始再造孩子的学习习性

原本一个很有学习天赋的好苗子,却从一个绩优生沦落为杀人犯,原罪是那个可怜又可悲的母亲,她望子成龙心切,期望值太高,使孩子自尊心受到严重伤害,把平静的内心搅得支离破碎,学习习性荡然无存,乃至于精神崩溃。

这样的父母不乏其人,为了孩子未来能够上个好大学,眼睛只盯着分数和排名。如此贪心的家长,没有满足的时候,孩子永远得不到正面肯定和赏识,心里当然不爽,渐渐失去学习的热情和动力。假如没有达到父母的要求而受到惩罚,将会对孩子心灵造成致命的伤害。

我们不得不提醒年轻的父母,要树立自然教育观,遵循人才成长规律,理性看待孩子究竟是不是读书的料,对孩子学习能力进行科学评估,从而保持合理的期望值。谁忽视了这一点,谁将为自己的愚蠢行为买单。

早期的心理创伤可能会埋下仇杀的种子

奥地利著名心理学家弗洛伊德认为,幼儿早期的经历非常重要,很多人的心理和人格问题都可以追溯到童年早期所遭受的挫折或心理创伤。大量事实证明,幼年时期经常受到父母惩罚的孩子会对父母产生潜意识的攻击性感情——即敌意。但是,出于伦理道德的约束以及对长辈的尊重,孩子们往往把这种敌意压抑或

第六章　严苛，摧残的不只是学习习性

隐匿起来。然而，这种被压抑的敌意会产生强烈的不安全感和一种难以名状的恐惧感，久而久之，不良心境经过泛化变成潜意识的神经性焦虑，最后，演变成为对抗心理和困难型人格。伴随着成长，焦虑会渗透到他们的人际交往之中，不知道怎么用开放的方式与人打交道，更不善于用积极的心态去处理矛盾，生活中遇到突发性事件就不计后果地用侵略性或准暴力方式解决问题。

当今社会诚信严重缺失，人与人之间彼此难以信任，涉世不深的青少年非常容易走极端，不乏一些自我意识恶性膨胀的孩子，宁折不弯，往往把他人的意见主张拒之门外。假如父母一味地采取简单粗暴的教育方法，会使他们早期的生活充满不愉快的回忆，形成消极被动的生活态度和破坏性人格特征，成年时常常以极端的方式处理问题，避免焦虑。少数自尊心强的孩子还会因为一些鸡毛蒜皮的琐事，采用"强硬"和反社会的行为来维护自己的尊严，证明他们的存在。

罗伯特·K.雷斯勒在跟踪采访了"山姆之子""曼森家族""里根遇刺"等美国系列案件后认为，"一个人是不可能在某个时候突然由一个正常人变成魔鬼的，他们的凶残行为在很早之前就已经埋下了种子，随着时间的推移邪恶的种子在他们心里渐渐长大，才有了后来的杀戮，而这种子很可能要追溯到他们的童年。"

让孩子爱上学习
从呼吸开始再造孩子的学习习性

心理学研究也印证了罗伯特·K.雷斯勒的上述说法。即孩子暴力犯罪最初的年龄是0—7岁,当婴儿一出生展现在他眼前的是一个温馨愉悦的微笑世界,内心就会宁静有安全感,懂得用美好的情怀善待一切。

假如一睁眼看到的是一张张狰狞的面孔,面对的是吵闹的环境,冷漠的家庭气氛,长期得不到父母的关爱,感觉不到家庭的温暖,身心发育始终会处于紧张不安状态,潜意识中对世界留下争斗的印象。

这些悲惨的印记在他们心里埋下抱怨、仇恨的种子,成为他们往后杀人的原罪。而且无力抗拒这种幻想的诱惑,妨碍了他们正常的人际交往,无法像常人那样学会彼此珍惜,遇到不良刺激就会引爆罪恶的炸弹。

案例:谁是"灭门案"的始作俑者?

前两年,北京市曾发生过一起骇人听闻的"灭门案",李磊杀害了自己的父母、妹妹和妻儿全家六口人。然而,这起离奇的"灭门案"凶犯虽然是家中那个变态的忤逆之子,始作俑者却是脾气十分暴躁的李磊之父。

李磊,原本一个憨厚朴实、善良的青年,在家族中是长子长孙,父辈对他的期望较高。但识字不多的父母压根不了解青少年

第六章　严苛，摧残的不只是学习习性

的精神需求，只知道严格管理孩子今后才会更加出息。

由于父亲脾气暴躁，性格刚烈，童年时期的李磊被打骂体罚成了家常便饭。本来是需要阳光和雨露的幼苗却经常遭到雷电冰雹的袭击，正处于青春期的李磊心灵上留下了太多的伤痕和痛苦的回忆。

尽管李磊打小受尽了皮肉之苦，从不敢公开与父母顶撞，心灵却因为极度压抑开始扭曲。初中毕业后，李磊打工，很少回家，与父母心灵上的距离渐行渐远，父子感情更加淡漠。李磊与朋友合伙做生意，希望家里给点钱作为启动资金，父母虽然给了钱，却免不了要对他冷嘲热讽挖苦一番。父母的不理解乃至蔑视，极大地挫伤了李磊的自尊心，使他更加叛逆。

幼儿时期是孩子心理健康发展的第一个阶段，青春期则是他们能否健康成长的第二个关键时期。很多孩子尽管在儿童期遭受过心理创伤，但假如在青春期能够受到父母的关爱，爱的能力得到滋养，灵魂得到拯救和重塑，也可能使早期的伤痕得以修复，长大后尚能够与他人友好相处，可以避免出现暴力犯罪的倾向。显然，李磊没有这么幸运，童年时期所受的伤害不但没有得到恢复性治疗，青春期还继续遭受父母冷言冷语的抱怨和蔑视，即便到了成年走向社会，家人仍然不依不饶把他看得狗屎不如。

李磊狠下一条心要干出点名堂来，让他们今后不再小瞧自

让孩子爱上学习
从呼吸开始再造孩子的学习习性

己。先后与朋友开发廊、饭店,都做得像模像样,每年收入十余万元,并买了房子和车,在当时的同龄人中也算是个佼佼者。

然而,由于打小没有给父母留下太好的印象,无论他干得多么出色,苛刻的父母还是觉得眼下这个人怎么瞧怎么不顺眼,始终没有得到家人的认可。

哀莫大于心死。有些绝望的李磊只好一忍再忍,但是,在极度漠视和隐忍中,内心积怨越来越深,自我愈加膨胀,亲情逐渐流失,人性开始泯灭。他暗暗地产生报复的念头,终于在那个夜晚杀害了自己全家6口人。

缺少阳光滋养,饱受狂风暴雨摧残的树木难以避免夭折的厄运,同样的道理,一味地遭受责备打骂,长期得不到父母赏识赞许的孩子,就像久旱无雨的禾苗得不到浇灌,会失去向上的欲望和生长的动力。李磊杀人惨案虽然是个案,但它却暴露了一个在"严格"的幌子下粗暴型管教方式对一个青年心灵的蹂躏,反映了一个病态的家庭教育理念所造成的恶果,值得人们深思。

医学心理学研究证明,童年时期因为家教过于严厉,心灵经常受伤害的孩子,患有周期性抑郁症或长期性抑郁症的可能是普通人的两倍,而且,心理疏导和药物很难达到治疗效果。最近出版的《加拿大医学会刊》发表署名文章,研究发现,打孩子耳光

第六章 严苛，摧残的不只是学习习性

等体罚行为，不但可能使他们更加具有攻击性和反社会性，而且还会导致与智力测试相关区域的大脑灰质减少，直接损害儿童智力。事实上，很多家长心里都清楚，大凡不具备学习习性的孩子平常遭受到的打骂和体罚较别的孩子要频繁得多，越打越笨、越笨越打，聪明的孩子也会被打傻。但愿这些科学的研究结论能够对那些教育方法过于严苛的中国父母有所触动。

四、虎爸虎妈，乃人格不健全

曾几何时，美国耶鲁大学华裔女教授在其著作中，批评中国妈妈为"悍母"，引起了社会和媒体的广泛关注。在西方人的眼里，美国和中国教育儿童的最大区别是，中国妈妈最重要的元素是认为子女天生就有一颗"强大的内心"，因此，常常用批评斥责甚至威胁的方式对孩子进行施压。中国父母个个都是"虎爸""虎妈"，不像美国家长那样将孩子想象得"无比脆弱"、永远用支持和赞誉的口吻对待孩子，认为中国式教育方法过于恐怖。

对于西方教育专家的观点，早已司空见惯的国人包括知识阶层从不以为然。

在学界，也有一些人主张揍也是教育，曾大声疾呼对孩子要

让孩子爱上学习
从呼吸开始再造孩子的学习习性

严,不能心太软,更不能一味地退让,完全把孩子当作对手和修理的对象。并从历史的眼光和国际的视角阐述了"不打不成才"的道理,字里行间透出对孩子要"狠点"。如此生猛暴力,极端偏激,实在不敢苟同。

很多人都知道,儿童教育方式从大的方面讲可以分为鼓励和惩戒两种,正面表扬鼓励强化孩子优长,增强自信,激发上进心,所谓好孩子是夸出来的就这个理。意味着,以表扬鼓励为主的方式理所应当地成为儿童教育之根本方法。

从儿童心智成长的角度看,一个人夸多了、好话听腻了,大脑容易膨胀,沾沾自喜,找不着北;思维的深度和多样性随之降低,会变得肤浅,从而失去独立人格和独立精神。人生旅途中走得太过顺利经不起折腾,遇到挫折可能会犯傻抓瞎。所以,儿童在成长过程中他人有必要时常地给泼点凉水,或给违规者适当的惩戒,使他们受点委屈,体悟到犯错误是要付出代价的,从而冷静下来反思自己,以便保持那份镇静和理性。

如此看来,表扬好比一剂补药,为机体补虚壮阳;惩戒,味虽苦,但是一剂泻药,益于清火排毒,同为维系个体思想和行为平衡不可或缺的重要元素。从这个角度看,老祖宗"棍棒下面出孝子""三天不打,上房揭瓦"的教育理念有其合理的一面,那位教授对孩子凶狠点、"主张揍也是教育"的说法不是没有一点

第六章　严苛，摧残的不只是学习习性

道理。

尽管管教乃至惩戒可以作为一种辅助教育手段，我依然要郑重地拜托诸位老师和家长们，青少年的家庭教育仍然要以正面鼓励为主。惩戒，充其量是一种万不得已时的下策，绝不能夸大其作用乃至于泛化，更不能把它视为万全之策，爱对孩子怎样就怎样，否则看似教育，实际上则是对孩子心灵的伤害。心理学博士蒙台梭利的研究结论更为具体，她认为，赞赏与管教的比例应该为三比一。惩戒还能起多大作用，不言自明。

可悲的是，即便社会已经有了长足的进步，仍然有为数不少的父母在子女教育中盲目地运用"严是爱"这一荒谬的教育理念来对待孩子。只能说这些喜欢对孩子严加管束的人，或许自身人格尚不够健全，某种程度上患有控制他人的强迫症。每每打着爱的旗号在孩子面前摆出一副职业管教者的嘴脸，像对待犯人一样对未成年的孩子横眉冷对，丁点小事就勃然大怒，把孩子训得狗血淋头。孩子整天处于抑郁沮丧的心境，安静专注的学习习性根本无从谈起。

像我这样年龄的成人，孩提时代大都有一个挨打的历史。不同的是，我们的童年时代是在散养下长成，几近于玩大的一代。家长期望值不高，愁的滋味不是太深，挨了打，擦干眼泪继续玩，一玩起来挨打的痛苦早忘得一干二净。尽管那些年月吃不

让孩子爱上学习
从呼吸开始再造孩子的学习习性

饱、穿不暖，多数时候饥寒交迫，但从来不差精神营养。颇觉快乐多于痛苦，挨打一般不会留下特别深的伤痕，反倒对爹娘永远感恩不尽。

现今的孩子学习压力大，成长烦恼多，抱怨不断，出口民主平等，闭口法律人权，挨一次打就会跟你结一个怨，把仇恨积攒下来。感情上有了隔阂，父母的教育对他们来说就成了耳旁风，从此失去管教权威。

诚然，英国、新加坡等西方国家的孩子也难免受到老师或家长皮肉之苦，但是，批评、惩戒等在整个教育方式中所占比重越来越轻。比如，在我们传统文化中有"人前教子，背后教妻"的说法，瑞典等西方国家则秉承"人前也不教子"。他们平等地对待每一个人，更懂得尊重每个生命所特有的人格，从不会在大庭广众下说孩子的不是，灭他们的志气，让对方无地自容。人家对孩子提要求时一般都会"让孩子在父母提供的'大框架'下自由选择正确的方法或做法"，宽容之中显风度。不会非白即黑，非此即彼，独断专行，用成人的价值观强制孩子做这做那。

不可否认，洋人难免也有跟孩子急、对孩子动粗的时候，但他们也许能够理性地看待孩子的成长，知道如何尊重个体间的差异，绝非像中国父母，什么时候都那样急。他们的孩子自然也就没有当今中国小皇帝那样压抑，成长中受到褒奖多于惩戒，快乐

第六章　严苛，摧残的不只是学习习性

幸福指数远远高于中国的孩子。在这种宽松的环境下成长，父母老师揍两下一般不会有太大问题。

当今的中国孩子，几乎在母胎的时候就开始为升学而接受启蒙教育，从走进学校的第一天起就要与人比成绩、争名次，到了中学，天天有做不完的作业，月月考试排名，双休日、节假日到处补课。学校如同社会一样，等级分明，成绩差的学生老师冷嘲热讽、同学鄙视，回到家父母还要唠叨。很多学生心灵上时常会遭受社会功利这个皮鞭的无情抽打，委屈多，沮丧与之形影不离，再对这些在煎熬和挣扎中生存的孩子进行辱骂惩戒，无异于把他们向火坑里推。

绩差生不容易，绩优生一点也不轻松。这些旁人心目中的"佼佼者"为了保住胜利者的殊荣，不辜负老师和家长的期望，每每把压力内化，拼命地给自己加码，与他人较劲，丝毫不敢懈怠，鲜有真正轻松和快乐时候。父母以及老师很难理解他们内心的苦衷，给予精神上的关爱更是少之又少，在竞争接近白热化的情势下，很多人因为压力内化而心灵扭曲，青春期的烦躁、抑郁、愤怒、固执、叛逆非常明显。倘若家长无视孩子所承受的巨大压力，采用过于严厉的手段对他们进行惩罚，势必引起孩子的强烈反弹，一旦心灵脆弱的他们情绪失去控制，任何刺激都会引起他们不计后果的反抗和报复，引爆沉默已久的爆炸能量。

让孩子爱上学习

从呼吸开始再造孩子的学习习性

案例：一个巴掌毁掉两个家庭

小邓是东北某重点高中一名高三学生，成绩排在全年级的前50名，正常情况下考个重点大学绝对是十拿九稳。但是，眼看离高考还有不到半年的时间，不知道这孩子哪根神经短路，少言寡语，独来独往，时常光顾一下网吧。班主任吴老师就把这一情况告诉了小邓的父亲老邓，希望家长与学校一同做好小邓的工作。

俗话说，响鼓不用重锤。像小邓这样的好学生，当家长的要对孩子有个起码的信任。他们因为成绩不好而郁闷，或因为情感困扰沮丧，出现心理感冒，偶尔到网吧放松一下，完全没必要大惊小怪，不用理他，让他们玩一玩，放松一下，过两天保准一点事都没啦。即便一时转不过弯来，作父母的这个时候也只能心平气和地与孩子沟通，多给予关心、宽慰和精神上的支持，相信只要方法得当，一般聪明的孩子都是通情达理的。

喜欢对孩子严加管束的人，某种程度上患有控制他人的强迫症。小邓的父亲老邓显然是一个对孩子苛刻的主，与一个称职家长还有相当大的距离。当老师告知儿子玩游戏的事情后，这个有些狂躁的爸爸立马怒火攻心。等到小邓放学刚一进家门，劈头盖脸地就遭受到一顿掌掴，鼻子口里全是血。本来就郁闷的他自尊心再度受到伤害，一气之下便离家出走了。

谁都清楚，一个独生子、临近高考突然离家出走，仿佛天

第六章　严苛，摧残的不只是学习习性

崩地裂一般，老邓瞬间头晕目眩，眼前一团漆黑，紧接着大脑死机，精神崩溃，鬼迷心窍。认为班主任老师是儿子离家出走的导火索，于是，把所有的怨恨迁怒到吴老师头上。第二天早晨，这个完全失去理性的莽汉翻过围墙冲进学校，疯狂地用刀子把班主任老师在教室里活活捅死，制造了一起骇人听闻的血案，把两个家庭的希望全部毁灭。

这一血的教训再一次警示我们，当今正处在高考重压下的青少年，心灵像纸一样脆弱，不经意的一件事都可能把它撕得粉碎。作为一名家长应该有一颗包容的心，随时随地给孩子宽容和关爱，否则，可能会不顾后果地采取极端的报复行为。

"棍棒下面出孝子"是封建家长制的产物

今天的校园里，为什么跳楼、流血、欺凌、暴力事件频频发生，原本天真烂漫的少年儿童为什么一夜之间都变得如此粗鲁、乖戾、歹毒和残暴，除却社会的原因，与孩子们幼年时受到严苛的家庭教育方式脱不了干系。他们俨然成了一个学习的机器，兴趣爱好包括自由被剥夺、自尊心受到伤害，很可能产生不愉快的抗拒心理，从而导致悲剧发生。每个家长需要反思，社会和教育工作者更应该深思。

惩戒之所以在今天的家庭教育中大行其道，病根很大程度

上缘自于我们有些落后的传统文化。在我国几千年的封建传统教育理念中,有诸如"严是爱、松是害,不管不教要变坏""打是亲,骂是爱"等"至理名言"。乍一看,蛮有道理,严格管教的孩子,知礼节、守规矩,人生少走弯路,这是父母对孩子至高无上的爱。

遭受父母的打骂还是一种爱未免境界高尚得让人难以接受。相反,对孩子管教松一点,让儿童和青少年时期心性舒展,在宽松的环境下顺着天性自由自在地成长对他们是害,这是哪一门子理,彻头彻尾的强盗逻辑,真是弥天大谎。

顾名思义,严有严厉、严格之义。我国封建社会推崇"三纲(君为臣纲、父为子纲、夫为妻纲)五常(父义、母慈、兄友、弟恭、子孝)"等级制度。宣扬"严是爱",即处上位者对下位者进行严格管束,且居下者老老实实服从管束就可以避免道德的谴责乃至法律的制裁。才可能成为有德守纪的完人,以后才会有一个好的前途。表面上看是对处下者的恩惠,实际上是强者支配约束弱者、统治阶级愚弄百姓的一块"遮羞布"。

从历史的观点看,"棍棒下面出孝子"是封建家长制的产物,这一令人啼笑皆非的教育理念之所以被众多人顶礼膜拜,大抵由于封建社会落后的生产力,受教育者吃、住、行都必须依靠父母,离开家庭很难生存;旧的伦理道德"父为子纲",唯父独

第六章 严苛，摧残的不只是学习习性

尊，家长的权威至高无上，恭敬不如从命，即便大人说得不对也不能反抗，揍你两下更是天经地义，久而久之，受教育者也就习以为常，甚至在他们取得一定成就后还要谦虚地将其归因于父母的棍棒之功。

加之，我国长期以来闭关锁国，很多人对西方先进教育理念知之不多，祖祖辈辈从未亲身感受到真正的民主平等社会给人身心所带来的愉悦感受，便将"棍棒下面出孝子"奉为圭臬，下意识地认可了这种愚昧落后的教育方式，并一代代承袭下来，痛哉悲哉。

现代社会经济飞速发展，父母不再是维系孩子生存和成长的唯一，民主平等已经或正在成为文明社会的核心价值观，惩戒教育这种落后愚昧的教育方法既不符合儿童和青少年成长的规律，更有悖于人类文明发展的客观要求。

严格要求、严加管束，可以培养儿童遵规守纪意识，养成严谨细致的习惯，工作生活中少出差错、规避处罚有一定的现实意义。然而，"严是爱"单方面强调严格管控，的确压抑了人的精神，束缚了个体的思想、行为和原创意识。特别是有些家长严而无度、严而无方，难免以严格教育的名义给未成年的孩子造成心灵上的伤害，有悖于幼儿和青少年自由平等发展的天性，祸害学习习性的形成，与现代文明格格不如，"棍棒下面出孝子"的谬

让孩子爱上学习
从呼吸开始再造孩子的学习习性

论早该被扔进历史的垃圾堆。

案例：傅雷的忏悔和自我救赎

傅雷先生是我国著名文学家、翻译家，在学术上有着响当当的造诣。但是，这么一位泰斗级大师由于对封建落后文化缺乏应有的警惕，早年也曾对儿子傅聪存在着管教过于严厉苛刻的问题，以至后来常常为此自责并悔恨不已。比如，傅聪上小学时，有时候傅雷在楼上翻译作品，听到儿子在楼下练琴中间停顿时间稍长，他下来抓着儿子就打，令傅聪幼小的心灵遭受非人道的摧残，也使傅聪的母亲精神上受到很大伤害。

20世纪60年代，人到中年的傅雷在前苏联留学期间接受了西方先进的文化和教育理念，对早年教育傅聪时近似于粗野的管教方式悔恨不已。一次次地在家信中忏悔和自我救赎，他在家信中写道："儿子，昨晚一上床，我又把你的童年重温了一遍。可怜的孩子，你的童年怎么跟我那么相似？"

"我也知道，从小受到挫折对你的将来多少有些帮助。然而，爸爸毕竟犯了很大的错误，自问人生对朋友无愧，唯独对你和你母亲感到有愧良心，这是我近年来的心病，这些天它一直像噩梦一样在我脑海里徘徊。可怜我过了45岁，父性才真正觉醒。伴随着你痛苦的童年，度过的是我不懂父亲艺术的壮年，幸亏你

第六章　严苛，摧残的不只是学习习性

得天独厚，任何打击也摧毁不了你！"

"孩子，尽管我能够埋葬过去，却始终埋葬不了我的内疚和悔恨，孩子啊，孩子，我要怎样拥抱你才能弥补我对你的热爱！"

在对傅雷先生检讨自己、向儿子做出真诚忏悔的勇气深表敬仰的同时，每个为人父母者可能会不解地说，为什么即便像傅雷先生这样的名人也会做出这样的事，最后又悔恨自己呢？原来，人的思维之所以如此南辕北辙，坏情绪是最大的祸根。

当我们发现孩子的过错时，很多家长即刻气上心头，沮丧的情绪会一叶障目，对孩子的过错进行聚焦，往往把一桩区区小事无限放大，从而对孩子施以严厉惩罚。当我们平静下来的时候，少了坏情绪的发酵或唆使，思维回归理性，人们会发现事情原来并没有那么严重，完全没有必要如此大动干戈，于是，对自己愚蠢的举动懊悔不已。

五、急和愚蠢是孪生兄弟

一日，秋高气爽，一位身穿黄色连衣裙、白色统靴，秀发垂肩的少妇正陪着一个约4岁的小男孩在草坪上背诵儿歌，站在身旁的小保姆两只手拿着小花球、变形金刚、电子枪等玩具。看着貌

让孩子爱上学习
从呼吸开始再造孩子的学习习性

美如玉的少妇与宝宝开心、惬意地玩耍场面，你会不由自主地把眼前这位美丽的公主与大家闺秀、书香门弟联系起来。

然而，没过多久，宝宝不再专心儿歌，眼睛直勾勾地看着小阿姨手里的"变形金刚"，年轻妈妈却非要宝宝再背一首儿歌。兴趣已经转移的小宝宝，心思显然不在学习上，背出来儿歌东拉西扯牛头不对马尾。女主人见宝宝不再认真学习便失去了耐心，怒目圆睁，气急败坏地对宝宝进行呵斥。先前那种温柔优雅的印象霎时烟消云散，隐约感觉到眼前这个女人在华丽的外表下隐匿着一颗焦躁不安的心，随时有可能爆炸伤人。

单就"急"字而言它是一个人的气质秉性，本身无好坏之分。然而，一旦急与我们的行为习惯搅和在一起，会成为一个神不知鬼不觉的坏毛病。不管干什么事，只要不符合自己的意愿就发无名火，不经意间把一个人不健全的人格暴露无遗，使一个好端端的人严重失态，人格掉价，社会形象大打折扣，即使一个很成功的人也会因为性子太急而身价大跌。

案例：慢慢走也许还来得及

有一个农夫挑着一担橘子去卖。天色已晚，城门马上就要关了，而他还有二里地的路程。这时，迎面走来一个僧人，农夫焦急地赶上前问道："师傅，请问前面城门关了吗？"

第六章　严苛，摧残的不只是学习习性

"还没有，"僧人看了看他担中满满的橘子，问道，"你赶路进城卖橘子吗？"

"是啊，不知道还来得及吗。"

僧人答道，"你如果慢慢走，也许还来得及。"

农夫以为僧人故意和自己开玩笑，不满地嘀咕了两句，又匆忙上路了。他心中焦急，索性小跑起来，但还没跑出两步，脚下一滑，满筐橘子滚了一地。

僧人赶过来，一边帮他捡橘子，一边说："你看，不如脚步放稳一些吧。"

因此，说"急"是不易觉察的劣习和愚蠢行为的"元凶"一点不为过，至少在子女教育上，父母动不动对孩子大动肝火，纯是祸起"心急"。

话说至此，有人也许又要着急了："你站着说话不嫌腰疼，孩子不听话、学习不用功，当父母的能不着急吗？作为过来人，我完全可以理解家长的心情。"

不过，俗话说得好，心急吃不了热豆腐。孩子学习真的不好，再急也没有用，还是先冷静下来再说。医学理论告诉我们，人在着急的时候思维容易短路（气阻），大脑就失去灵光，智慧立即归零。很多因心理应激故意伤害犯罪者，事后都十分悔恨地说，当时气急败坏，大脑一片空白，根本没有想那么多……

让孩子爱上学习
从呼吸开始再造孩子的学习习性

当孩子学习成绩上不去、叛逆、麻烦不断时，家长犯急，一急当然想不出好的解决办法，也不会有好言语，脾气跟着坏情绪而发作，把事情搞得一团糟。而只有在平静愉快的时候大脑保持机敏，闪耀出智慧的火花，才会想出好的主意。

我们被自己的急性子骗了

曾经在微信上看到一个很有意思的帖子，让人忍俊不禁。

一个母亲的感言，"现在的孩子真是不得了！考试成绩不好，被我训斥了一顿。没想到这小子非但不认错悔过，还满脸不服。"孩子叹息道：'唉，这世界上有三种笨鸟，第一种是先飞的；第二种是嫌累不飞的；第三种……'我忙问：'第三种是啥样的？'孩子白了我一眼说道：'就属这第三种最讨厌，它自己飞不起来，就在窝里下蛋，把希望寄托在下一代……'气得我半天缓不过劲来。"

事实上，但凡有点常识的人都明白，孩子学习成绩的优劣，是否具备学习习性，遗传基因起着决定性作用。过分地苛求孩子难免自讨没趣。

即便日常行为上有这缺点、那"毛病"也完完全全是个体成长中再正常不过的现象，这本身不是问题，家长对待孩子的"毛病"采取何种态度，才是问题的关键所在。在这个过程中，家长

第六章　严苛，摧残的不只是学习习性

表现得急躁，或是耐心，往往成为对待孩子态度乃至采取何种教导方式的关键，也是衡量一个成人对孩子是否有真正爱心的试金石。

同样是学习和表现一般的孩子，气量大、性情温和、思想超脱的家长，能够坦然面对，一笑了之，从不把它当作问题。即使在一般人眼里看来不得了的问题，也会用积极的发展的眼光看待它，轻易不会拉下脸来与孩子较真。因为他们心里最清楚，发火不解决问题，只能使事态更加糟糕。而那些气量小、性格褊急的家长经常窝着一肚子鬼火，看到孩子身上有一点不顺眼的地方，心中就会腾腾地窜出火苗，对孩子臭骂一通，与其说是教育孩子，不如说是在发泻自己心中的怒火，结果激化矛盾，一桩小事，使孩子受到伤害，说白了是病态心理在作怪。

用严厉到接近于恐怖的方式教育子女，似乎意味着中国妈妈个个没有丝毫爱心，凶神恶煞，像一个蛮横无理的"恶魔"。难道中国妈妈果真在人性上出了问题吗？实在有些冤枉。世人皆知，饱受儒家思想浸润的东方女性一向以温柔善良富有爱心著称，大多数中国妈妈都享有贤妻良母之美誉，一直把孩子当作自己的心头肉。生活上体贴有加几近于溺爱的程度，每每看到孩子繁重的学习负担也心疼不已。而今为何又落下"悍母"的恶名呢？单一的价值取向无疑是头号元凶，一心想把孩子培养成未来

让孩子爱上学习
从呼吸开始再造孩子的学习习性

社会的精英，从而使很多本来温文尔雅的中国妈妈心急如焚，落下了"悍妇"的臭名声。

在今天的社会里，人们张口闭口只有"钱"和"官"俩字，挣多少钱、当多大官，成了衡量一个人成功与否的不二标准，收入多少、开什么车子、住多大房子、孩子上什么学校，是成年人见面或茶余饭后的热门话题。这样单一的价值取向使很多人眼睛老是往上看，总希望自己能比别人强，对自己已经拥有的一切不再珍惜，朝思暮想尚未得到的东西，而且嫌一步一步走得太慢，挖空心思找捷径，最好能够在较短的时间内得到自己想要得到的一切。

大家有意无意地患上了"攀比症"，好不容易聚在一起或参加同学会，发现别人的薪水比自己高，孩子学习比自家孩子成绩好，回来就开始沮丧。原来还觉得自己生活过得不错，跟别人一比发现差得老远，急得快要发疯，心似乎要从嗓子眼里蹦出来。在家急，出门更急，乘车、买东西不愿排队等待，管他红灯绿灯先闯过去再说，稍有风吹草动就不假思索地盲目跟风，炒盐、炒蒜、炒绿豆……风起云涌。说到底，我们被自己的急性子骗了。

最近，美国《福布斯》杂志载文：中国人在飞机上造反。作者亲眼目睹了一次因恶劣天气导致飞机航班延误后，中国乘客发

第六章　严苛，摧残的不只是学习习性

飙的场境。有的乘客从座位上站起来冲着乘务组大喊大叫："知道飞机要延误，为什么还这么蠢，让我们登机？""这简直疯了，你们总干这种事，从来没打算按时起飞，为什么不让我们待在候机室？"一位女乘客开始尖叫："你们撒谎！你们撒谎！你们撒谎！"这句话重复了10分钟。一名年轻旅客开始莫名其妙地用拳头击打舱壁，以此宣泄心中的愤怒。一名老年旅客还动手推一名空姐……直到飞机起飞，弥漫在机舱里的怒气才平息下来。作者感叹到，飞机延误是世界性的问题，是飞行旅途的一部分。倘若这种情况发生在美国，大家都会坦然面对，除了孩子的哭声外，大家读报、听音乐，一般不会有太强烈的反应，但在中国此类公众失控的事件司空见惯。

"急人"群体中，不乏很多人是年轻的爸爸妈妈，他们望子成龙、望女成凤的心结比历史上任何时候都要迫切。整天为房子、车子、票子以及物价飞涨内心焦虑，每每因为内心的复杂矛盾而郁郁寡欢，为了挣钱和升官大家玩命打拼，为了孩子能上个公立幼儿园、实验小学、重点中学，绞尽脑汁摆平各种关系，请客送礼，忙忙碌碌，鲜有轻松和悠闲的时候。

大家从早到晚急，情绪始终处在紧张状态，不懂得包容，急不可耐。一看到自己的孩子学习成绩没有人家的孩子好，感到脸上无光，不由自主地生气，一生气就用过激的语言对孩子横加指

让孩子爱上学习
从呼吸开始再造孩子的学习习性

责,进而大发雷霆,似乎发个火孩子的学习成绩就能够像坐电梯一样直线上升。

那些职场精英,总是像对待部下那样要求孩子,自己怎么想的,希望孩子立即就按照自己的想法怎么做,说一不二,不能有任何回旋的余地;期望每次考试成绩排名靠前,长大后能够把父母的成功延续下去。有的家长看到孩子迟迟达不到自己的要求,常常抱怨:"我把几百上千人的公司、厂子打理得井井有条,怎么就管不了你这个"兔崽子"。殊不知,是这些"虎爸""虎妈"的期望值太高,违背了教育的本真。孩子们打小生活在家长严苛的教育之下,欲速则不达,有多大的精神压力就会对父母产生多大的对立和反抗。

更有意思的是,还有很多普普通通的家长,他们总是把自己未能出人头地的原因归罪于学习不好,把人生的希望全部寄托在孩子身上,一厢情愿给他们提一些不切实际的目标。有时,尽管看到孩子每天背着沉重的书包、起早贪黑苦学,也心痛不已,但为了孩子在竞争中战胜对手,今后能生活得体面,他们别无选择,咬牙切齿给孩子施加压力,结果却是用他们自认为的一片好心使孩子稚嫩的心灵受到摧残。

第六章　严苛，摧残的不只是学习习性

案例：你说滚，咱就滚啦！

惠兰女士算得上一个很有爱心的妈妈，温柔贤惠，平时再大的委屈，从不轻易向姑娘英子发脾气。而且把所有心思、人生希望全部寄托在上初中的英子身上，整天盯着英子的学习，把"不吃苦中苦，难成人上人"当成口头禅现身说教，用夸大的事实无限放大竞争的残酷和无情的现实社会，以此激励英子奋发图强，勤学苦读。

人在精神压力过于沉重时往往会产生一些偏激的想法，对待别人也很苛刻，惠兰更不例外。英子刚上初中时，学习成绩在年级处于中上游水平，但自从惠兰下岗后，内心开始有些失衡，给英子学习上提出了进入年级前一百名的目标，只要达不到目标就会遭到妈妈的训斥。初二期末考试时英子排名滑到年级第150名，妈妈猝然急得不知如何是好，一气之下抽了英子两个耳光。因是平生第一次对英子动手，女儿哭，惠兰哭得更加伤心，边哭边诉说："妈就是因为没有好好读书才落到今天这个下场，我不愿再看到你走我的老路，不努力咋行啊？"

尽管英子在妈妈的督促下学习从不敢懈怠，但也许是压力太大的原因，上课时经常莫名其妙地走神，学习习性出现退化之势，中考前成绩自然很不理想。望女成凤的妈妈想与姑娘谈谈，可没想到刚谈两句，姑娘就很不耐烦地和妈妈顶了起来。正窝着

让孩子爱上学习
从呼吸开始再造孩子的学习习性

一肚子火没发出的惠兰不假思索地甩出一句:"这次考不好,你就滚,我不想再看到你了!"原本是一句气话,却大大刺痛了英子姑娘敏感的神经,她无奈地看着妈妈,流着伤心的泪水把自己关在房间里大哭了一场。次日上午,她偷偷地从爸爸存折上取出八千元现金,悄悄地离家走了。父母赶紧报警,好在胆小的英子还没有走远就被民警找了回来。

事后,从英子的日记里不难看出,英子妈妈脾气过于暴躁,在学习上给孩子的压力太大,让英子感到"很累"。"妈妈'考不好就滚出去'的话太狠、太伤人心,不知道活着还有啥意思。要不是看到有那么多的朋友,真想一死了之。"

六、世上没有绝对的对与错

在很多家长看来,之所以要对孩子严加管教,甚至责骂或惩罚,目的是要这些尚不完全知事的孩子弄清楚哪些是对,哪些是错,并把存在的不良行为习惯纠正过来,以便他们能够按照一定的社会规范行事,做一个堂堂正正的人。这样的想法只能说明我们的家长太在意事物的对错,大脑中非白即黑,没有灰色地带,这是教育理念出现了偏差,根本原因是当家长的心量偏小,容不下人,容不下事。

第六章 严苛，摧残的不只是学习习性

过错和优点同样是生活的组成部分

儿童是个体发展的一个特殊阶段，身体的快速发育导致他们独立意识增强，成人感飙升，希望摆脱父母的管束，更渴望得到家长和社会给予他们成人式的认可和尊重。美国心理学家霍林沃思把这一年龄段称为"心理上的断乳"期。这个时期的青少年身体发育相对于心理成长要快速得多，身心发育不平衡，中枢神经系统的兴奋性过强，自我意识急剧高涨，总想得到别人的赞美。

同时，因为有些愿望本身过于理想，与实际情况相差甚远，或因社会条件局限、自身经验不足，许多问题还不能依靠自己的力量去解决。但是，这些单纯而有些孤傲的孩子又不愿屈身父母或其他成人帮助，于是，他们常常陷入孤独的心境，不能很好地处理好与父母、老师、同学的关系。

很多青少年因为自己某些想法不能被现实接受而苦恼，产生对立情绪，有些会程度不同地出现叛逆倾向，习惯于挑剔对方。然而，这本身并不意味着他们成长过程中的人格出了问题，而是自主性发展的一个健康信号，是从不懂事的小屁孩儿向成熟靠近的萌动。此时最需要父母和身边的人多给予理解和同情，如果孩子感受到了父母的关爱，认识到自己的自主性是受成人欢迎的，自信心和创造力也会随之成长起来。

一些独立意识超强的孩子，他们有一颗不甘寂寞的内心，有

很强的成就伟大事业的冲动,家长一味地这不能干、那不允许,无疑是在为他们人生道路上设置障碍,有意断送他们的人生梦想和幸福。尽管其中绝大多数人成功的希望很渺茫,但是父母害怕犯错误连尝试的机会都不给,成功永远不会光顾他们,这本身是很要命的。

退一万步讲,即使他们真的不具备成功的先天素质,但有些性格执着的孩子,让他们试一试未尝不可(成本或风险太大另当别论)。不成功,或受点挫折,这些教训可能会成为他们人生成长中的最宝贵财富,并能够从中增长见识。因之,家长不妨超脱一点,放开手脚让孩子自由地飞翔,相信让孩子按照自己的想法走,过一段时间,或许碰碰壁他们就明白了到底孰是孰非。

世间所发生的很多事都有其无人知晓的原因,很多事情并没有绝对的对与错,也没必要打破砂锅问到底。一个智慧的家长都会以包容心先接受下来,有些问题或许正是老天赐给他们成功的信号,同样是孩子成长过程中的宝贵财富。古代伟大圣人庄子在《齐物论》里早就提醒过后人,"不要过分追求对错,什么东西都有对错,何必一定要知道那么清楚。"在他看来,一切知道对错的想法都是学识不够,修养不足所至。

胡适先生则以其非凡气度对庄子的这一思想进行了发展:"当你见识多了,视野开阔了,就会发现是非、对错、好坏、差

第六章　严苛，摧残的不只是学习习性

异都不存在了。"他认为，"放弃是非的争执，无论是'是'还是'非'都是合理的，宇宙间的一切都有它存在的合理性。"这些富有真知灼见的思想启示我们，青少年身上的各种行为包括那些所谓的"错误"纯属人的本能使然，和他们的优点一样同为成长的组成部分，没准一些坏事往后可能变成好事。

与中国古典哲学思想一脉相承的还有西方哲学家罗曼·罗兰，他曾经说过一句意味深长的话："累累的创伤就是生命给你最好的东西。人生应当做点错事，做错事，就是长知识。"这样的事随处可见，有些顽皮孩子喜欢恶搞，做一些成年人认为非常荒唐的事，可在他们看来只不过是好玩而已，毫无恶意，按照成功学的看法，这种习性的孩子大多好奇心强、想象力丰富，具有探究精神，成人后会表现出很强的创造力。

相反，那些所谓听话的乖孩子，中规中矩，不但很难成就大事业，由于他们在儿童和青少年时期没有摔过跟头，成年时，一旦跌倒就很难再爬得起来。

但是，许多做父母的总喜欢用成人的价值观或是非标准对孩子进行评判，认为爱捣蛋、喜欢出洋相是孩子的毛病，给它们贴上错误的标签，如果从小不及时纠正，久而久之会养成一些不良习性，长大可能违法犯罪，正所谓"小洞不补大洞尺五"。于是，孩子一生下来就开始严加管束，用自己都做不到的要求规定

让孩子爱上学习
从呼吸开始再造孩子的学习习性

这不准、那不能,稍有看不顺眼的地方就批评指责,芝麻大点事就认为不得了。

这样可能直接导致孩子们因怕承担责任而不思进取,不愿担当,更不敢尝试,等于把孩子的秉赋特别是想象力和创造力乃至学习习性抹杀在襁褓之中。

案例:从捣蛋鬼到创新工厂

李开复小学时成绩一直拔尖,但有上课说话、出洋相的毛病,老师当着同学的面用白胶布封上了他的嘴;他爱逞能,说自己有特异功能,还当场向全班同学表演吃桌子、铅笔芯的功能;他举报班主任侵占班费,让班主任老师十分难堪……学校提醒家长,李开复喜欢耍小聪明,希望家长严格管教。他母亲知道后,并没有特别在意,反倒认为这种张扬的个性和率真的"英雄壮举"是人的天性使然,或正义之举,没什么不好,也就没有对李开复的"恶作剧"板着面孔训斥指责。

有一次,一个邻居夸海口说他家小鱼塘有一百多条鱼,李开复认为没那么多,两人常为此事争执不下。有一天,他趁主人外出,约了几个同伴费尽了洪荒之力一桶桶把水舀干,发现只有几十条鱼,李开复得意地认为自己赢了,并戳穿了邻居的谎言。这一折腾把很多鱼弄死了,邻居气急败坏地到李开复家理论,李开

第六章　严苛，摧残的不只是学习习性

复妈妈不停地给人家道歉、赔不是。

李开复妈妈知道这件事后认为这是小孩子顽皮本性使然，给人家赔了钱、道完歉后，一笑了之，没有对他进行任何惩罚。后来，他在书中写道，"母亲的大度和宽容培养了自己做事认真执着的精神。"

尽管开复学习成绩拔尖，但偶尔考试成绩也会波动。一次，他测试考砸了，怕回家后遭受母亲训斥，便耍小聪明在试卷上做了"手脚"，想把成绩78分改成98，瞒天过海。结果做贼心虚，手一哆嗦把7改9时拖了一个长长的尾巴，知道母亲最不能容忍的就是撒谎，回家的路上越想越害怕，只好心一横把试卷扔到了水沟里。

幸运的是，回家后母亲并没有问他的考试情况，但他心里一直忐忑不安，只好鼓足勇气向母亲坦白了错误，准备接受惩罚。没想到，一向包容的母亲摸着他的头笑着说："知道错就好了，希望今后做一个诚实的孩子。"

小学四年级时，他看到学校门口卖卡通画的地摊生意很火，便突发奇想，从父亲抽屉里"借了"几千日元萌生和一个同学合伙做点地摊生意的想法，但没想到亏了个一干二净。事情败露后，心想一定会受到父亲的皮肉之苦，但结果并非想象的那样，向来严厉冷峻的父亲把他叫到面前只说了一句："希望你以后不

让孩子爱上学习
从呼吸开始再造孩子的学习习性

要自己让自己失望。"然后就走了。

父母的宽容和殷切希望让开复愧疚到了极点,鞭策他不断完善自己,也点燃了他自立、自强的激情。后来,在《世界因你不同》的书中,他说:"那突如其来的自卑和悔恨让我感到如此失落,从此之后,我时刻铭记着这句话,让我内心的城堡有了一个守望者,绝对不会再让自己失望。"在他的《做最好的自我》一书中,谈到自己成功时,他感慨万分地说:"也许灵感就来自于这一伟大的瞬间。"

分析李开复幼年时的"坏毛病",不难发现,上课爱说话是思想活跃、思维敏捷的表现;爱逞能说明开复表现欲望强,有自信、有活力和创新精神;举报班主任经济问题证明开复爱憎分明有社会责任感,是正义之举;把邻居家鱼塘里水放干,搞清楚鱼的尾数是追求真理的科学态度,这些天真无邪的秉性正是文明社会所倡导的求是精神。

想想看,我们今天社会上出现的虚报数据、统计变成估计、把假话说得像真话一样自然,贪污受贿、化公为私,而且从上至下明哲保身,见多不怪,难道与我们落后的教育理念没有一点关系吗?至于,开复把低分改成高分,正好说明孩子具有追求上进、不甘落后的积极心态,与那些不思进取,只知道在家"啃老"、破罐子破摔的孩子相比这是多么大的优点。

第六章　严苛，摧残的不只是学习习性

　　正是由于李开复的父母宽容、开明，从小给他创造宽松自然的成长环境，使他能够自由自在、随心所欲地生活成长，一路走来，更多的是甜蜜美好的回忆，让李开复的奇思妙想得到很好的滋养，并不断地开花结果。

　　留学美国后，踏上了一个充满宽松自由、平等快乐的国度，也为他爱出风头、想成为"大侠""伟人"的品性提供了肥沃的土壤。在美国读高中时，精力旺盛、喜欢抛头露面的他"纠合"两名死党创办一份搞笑校刊。

　　自筹资金买来打字机，自己设计版面，调动方方面面的智慧，专门搜集学校的奇闻轶事和民间笑话，内容包括嘲笑学校不合理制度、讽刺校园内迂腐气息的文章；某某老师犯了最低级的学术错误等。还刊登一些漫画，风趣幽默，令人捧腹。为解决经费问题，他们还设想盈利模式，广告招商，拉一些小客户到刊物上做广告。通过办校刊，李开复增加了人气，知名度大大提高，同时，也收获了信心，赢得了信任。

　　有了这样切身的创业经验，高中十一年级时，他参加美国教育部门组织的"高中学生创业尝试"课程，在商业志愿者的指导下创办了一个工艺加工公司，专门制作一些雕有花纹的装饰环，他被推选为主管市场的副总裁，负责销售。

　　次年他又第二次参与JA组织的"高中学生创业尝试"，勇敢

让孩子爱上学习
从呼吸开始再造孩子的学习习性

地站出来竞选总裁，用"自己的产品一定要富有创意，不能坐那里用恳求的目光等着顾客以施舍的心情来购买，而是带着激动的眼神、惊喜的心情来购买我们的产品"的理念，加工一种青年学生十分流行的T恤衫，推行先进的生产和销售模式，建立了规范的财务制度。年底，使每个股东都收获了不错的红利，公司因此获得全美第一名。这样的收获让李开复体会到了意想不到的成就感，增加了追求新生活的勇气和信心。

后来，他放弃"一辈子写废纸的学术论文"的职业，加入了"改变世界"的队伍，先后任苹果公司研发集团ATG语音组经理、总公司最年轻的副总裁。之后，又怀着父亲"中华之恋"的情结，背负父亲的理想不顾劝阻回到中国创建了微软中国研究院（后更名为微软亚洲研究院），任微软公司全球副总裁。2009年9月，他创办了致力于早期阶段投资并提供全方位创业培育的投资机构的创新工场。

七、针灸与月牙刀

针灸是用一种特制的针具对人体的经络穴位进行刺激，以达到防治疾病的目的。但是针灸术防治疾病的功能十分有限，不具有普遍的治疗功效，只对一些特殊疾病有一定疗效。月牙刀是古

第六章　严苛，摧残的不只是学习习性

代一种杀人的重武器，挥动此利器，即刻人头落地，一命呜呼。同为利器，针灸医病救人，月牙刀屠杀生命。

批评要想真正成为帮助人去除思想病症的武器，万万不能像古代莽汉手中的月牙刀，乱舞滥砍，草菅人命，以免滥杀无辜。科学的批评应该像针灸术一样，一般疾病轻易不用，特殊症状使用时，务必在弄清病源的前提下，摸准经络和穴位，用轻巧精确的手法对穴位进行点刺，方能达到治病救人的目的，还使患者免遭皮肉之苦。

因此，使用"批评"这一武器时，首先要判明帮助的对象是否适合采取批评这一方式。一般来说，对于性格开朗、屡教屡错的孩子，施以批评让他们冷静下来反思自己的过错是非常必要的，而对于低自尊和敏感多疑的孩子尽可能的少用或不用。在批评的方法上要做到对事不对人，分清主客观原因，不要感情用事把过错归咎于孩子的主观意图或个人品质，并根据孩子的承受力，有选择地确定批评的严厉程度，避免小题大做。批评时最好就事论事，防止"新账""老账"一起算，切忌揭伤疤，往伤口上撒盐。批评过程中要管控好自己的情绪，切忌使用尖刻甚至侮辱性语言，更不要在大庭广众之下批评孩子，以免他们的自尊心受到伤害。

让孩子爱上学习
从呼吸开始再造孩子的学习习性

孰敲打，孰不敲打

儿童期是人生最重要的塑型阶段，和小树成长一样需要适时地帮助修剪枝芽，撑扶矫正，但是，越俎代庖、矫枉过正都会带来不良后果。因此，对儿童的培养教育家长应该更加超脱一些，要学会放手，让孩子自我成长，关键时候帮扶一把足矣。在策略上要有次第之分。

下策：一招一式按家长说得办，试图把他们培养成自己想要的那种人。

次下策：不管不问，任其发展。

中策：做一个旁观者，必要时提醒一下，不存在任何想控制他们的企图。

上策：若即若离，点到为止，让孩子做他们最想做的事，适度为他们成长创造条件。

反对教育方式过于严厉，对惩戒说"不"，防止矫枉过正，提倡给孩子创造宽松的成长环境，并不等于纵容和对孩子放任不管，谁该敲打、谁不可以动粗，要把握一个合适的度，方法上要拿捏得当。

一般来说，对一些孩子的失范行为要理直气壮地严加管教，这一点不容置疑。尤其是以下几种情况采取必要的惩戒措施完全可以理解，但是，前提是要保证孩子身心不受伤害。

第六章　严苛，摧残的不只是学习习性

（1）12岁以下的孩子自控能力差、自尊心不是特别强，适当地敲打惩罚一下他们一般不会记仇，严格管教还是很有必要的。

（2）对那些性格外向、心理承受能力强、容易型以及与父母关系随和融洽的孩子，他们心胸开阔，不太计较，更不会与父母结仇结怨。气头上骂两句、敲打两下，一点问题没有。

（3）对正在看书、做作业的孩子要严格管教，这对培养他们思维的专注力以及良好的学习习性很有帮助，这方面要求严厉一点，必要时予以处罚，孩子也明白是为他们好，通常不把父母的过火行为放在心上。

需要提醒的是，家庭教育没有一成不变的教育方法和固定的模式，永远要因人而异，因材施教，每一个父母都要把握好这个度，即便那些可以打骂的孩子，也要防止把惩戒与粗野的肉体和语言暴力划等号，惩罚过后，还要尽可能地让孩子认识到受惩罚的责任在于自己。

从人本主义的角度讲，改变一个人的观念，需要用温和谦卑的态度慢慢地融化之，对好的行为强化（奖励）、塑造之，惩戒只是一种威慑和警示作用，尽可能地慎用少用。惩戒泛化，言语过于伤人，出手太重，势必伤害孩子自尊心，失去教育本真。尤其是以下情况严禁采取粗暴的管教方式。

（1）对于通情达理的孩子，偶尔犯了错误尽可能地采取平和

让孩子爱上学习
从呼吸开始再造孩子的学习习性

的管教方式，这样，孩子就可能感受到父母的要求是经过深思熟虑的，而非感情用事，更有利于孩子认识和改正自己的不足，不至于引起内心反感。

（2）对于性格内向、敏感性气质以与父母感情不是很好的孩子，尽量不要动粗。他们由于自尊心较强、承受挫折能力差、应激阈限低，越打关系越僵，越打越逆反对立，因此，需要给予更多的呵护而不是刺激和惩戒。

（3）12岁以上的女孩坚决不能动粗。正值青春期的她们心理压力大、敏感且多疑，往往把他人的惩罚与虐待混为一谈从而产生性别式自卑。

（4）对那些经常酗酒、社会失意、脾气暴躁、不能管理自己情绪的家长，请务必要管住自己的嘴和手，轻易不要对孩子动手施暴。实在手痒无处发飙不妨先抽自己两下，待自己清醒冷静下来再去教育孩子，否则难免因为自己情绪失控而酿成悲剧，一失手成千古恨，给家庭带来灭顶之灾，悔之晚矣。

同时，对孩子身上的一般性问题，尽可能就事论事，万万不能因为某一方面的问题而出现"恶魔效应"，最忌讳学习成绩好就一好百好，成绩差就一差事事差，因为一点小事，把孩子损得一无是处。

第六章 严苛，摧残的不只是学习习性

家有顽童，善为教诲

顽劣孩子的不良习性不是一时半会儿养成的，当然也不可能一天两天就能矫正过来。只能从孩子的秉性习惯和接受能力出发，采取温和婉约的方式加以启发诱导，用爱心和良好的示范进行感化。

同时，要保持足够的耐心慢慢地重塑，允许他们反复，必要时还要有条件地做出让步。欲速则不达，采取急风暴雨式的管教方法，非但不能帮助他们纠正不良行为习惯，还会使孩子的自尊心受伤害。一味地讲大道理或训斥，无法触及心灵，只能拉大与孩子的心理距离，引起他们的反感，同样难以达到应有的教育效果。

为人父母者都有这样的体会，有时候，孩子身上一些不良行为习惯，经过耐心开导有所改进，但是，过一阵子老毛病又会复发。于是，很多家长认为先礼后兵，气头上的时候免不了要"教训"一下，让他们长点记性。

体罚无可厚非，不过，要从根本上矫治这些自制力差的孩子身上的毛病，还要采取温柔的智慧的办法来解决问题，引导孩子认识到这些毛病发展下去，可能会葬送他今后的幸福，在孩子有所醒悟的前提下与之签订一个规范行为的合约，并让孩子参与合约制定过程，有意强化他们改进不良思维习惯和行为方式的自觉性。

让孩子爱上学习
从呼吸开始再造孩子的学习习性

英国电视连续剧《保姆119》有这样的情节,有一个家庭养育了五个子女,这些淘气鬼每天为争抢玩具打得不可开交,经常为完成作业、挑剔衣服跟家长讨价还价。到了睡觉时间还想玩游戏、看电视……动不动对妈妈无礼、说脏话,妈妈天天感到像打仗一样紧张。被几个淘气鬼折磨得疲惫不堪,每每为此伤心落泪,只好拨打了"保姆(幼教老师)119"。

保姆刚进家门时,有一个孩子大喊,"我们不喜欢你,出去。"另一个孩子也接着大叫,"我要把你(保姆)打成肉饼。"此时,保姆和女主人只是理性地制止,从不生气,把英国人的绅士风度表现得淋漓尽致。接着保姆经过一整天的观察,为女主人提出了解决孩子不良习惯的方案,认为她们家最缺少的是一个家规。

然后,帮助他们制定了家规,比如,要互相尊重、感恩父母、吃饭时必须围坐在饭桌前、睡觉前不能看电视、玩电脑(防止电磁辐射、影响睡眠)……凡违反家规的第一次口头警告,第二次犯类似问题要出局,接受惩罚。即,在客厅的墙边小椅子上静坐4分钟,并看着桌子上的计时钟。经过一段时间矫正,妈妈在孩子心目中管理权威得到提升,孩子们也开始变得听话、有礼貌、守规矩,有些做法独具特色,具有很强的实用性。

——父母带头遵守家规。电视剧中,保姆召集家长和孩子

第六章　严苛，摧残的不只是学习习性

一起制定了家规，比如要尊重对方。孩子的爸妈首先带头执行这一规定，不管孩子怎么闹、多么无礼，他们总是十分耐心地讲道理，轻易不对孩子动粗。这样理性而平和的管教方式，一般不会激怒孩子，能够使他们在心情平静的状态下认识到自己的过错，乐于接受父母的劝导。在中国，父母一般是家规的制订者，也是破坏者，所以有没有家规其实一样。

——惩罚方式有讲究。惩罚总体上是一种带有变相侵犯人权或限制人身自由的行为，每个人都不希望自己受到惩罚，但使用得当真还有教育人改造人的功用。剧中，保姆和家长对违反家规的孩子采取了"出局（在规定的地方进行3—5分钟的静坐）"的惩罚方式，这一方式从词性看中性，不贬损人格，也不使人的肉体和自尊心受到伤害。只是暂时限制了孩子的人身自由，可以让他们烦躁的情绪冷静下来，既婉约，还不至于激化矛盾，无疑是一种非常文明而有效的惩罚方式。

相比较在中国的家庭教育中，当孩子有了过错，家长即刻火冒三丈进行批评、打骂来惩戒，过于严厉的方式使孩子自尊心受到伤害，产生负面情绪，正在气头上的他们非但不能理性地认识自己的过错，反倒对父母产生忌恨。

——坚持并有耐心，让规矩成为习惯。很多家庭规矩立了不少，父母也都中规中矩，但有些孩子照样我行我素，关键是坚持

不够好,规矩没有成为习惯。《保姆119》在对孩子惩罚时,一开始,有个孩子违规"出局"后不愿接受惩罚,家长一边讲道理,一边不依不饶地拉他过来静坐,接受处罚;有个孩子静坐时间不到就跑了,妈妈绝不迁就纵容,硬把孩子拽回来按下计时器重新静坐,犯错的孩子自知理亏,屈于妈妈的坚持和威严只好接受处罚,并变得老实了几分。

但其中一个孩子非常顽皮,甚至有多动症的迹象,妈妈多次把他拽回来摁在座位上,刚一转身这个调皮鬼又跑了,嘻嘻哈哈瞎闹腾,坐不住,惩罚失去意义。保姆老师看到这样的游戏场面走到小孩子身边,用轻柔的话语告诉小朋友先乖乖坐下,然后非常耐心地说,我数数看你能坐多久,1、2、3、4……10,孩子注意力马上集中在数数上,心情渐渐平静了下来,老实了许多,达到了惩罚的目的。渐渐地孩子们开始镇静了下来,不再那么任性。

而我们有的家长,当孩子有了过错,或拒绝执行父母合理主张时,耐心解释和劝导不够,很多人不分青红皂白地予以诟骂。孩子受到刺激后即刻大吵大闹进行抗争示威。有的父母看到孩子委曲的样子,心软了,改变注意妥协让步,顺其自然。从此,孩子摸准了家长的脾气,得寸进尺,常常采用闹腾的方式与父母讨价还价,父母在孩子面前威信扫地,从此教育不再有任何权威

第六章　严苛，摧残的不只是学习习性

可言。

——让孩子从惩罚中受到教育。惩罚本身不是目的，惩罚过后让孩子认识到自己错在什么地方，并产生悔改的动机和愿望，才算达到真正的目的。《保姆119》片中有这样一个情节，当调皮捣蛋的孩子老实地接受静坐的惩罚后，保姆并没有就此了事，而是趁着孩子受到处罚后的内疚心情亲切地问道："宝宝，知道您刚才为什么出局吗？""我说脏话，打了妹妹。"看到孩子开始认错，保姆一下子把小男孩楼在怀里高兴地说："宝宝真乖，今后一定会成为一个好孩子。"受到夸赞的小男孩表现得更加可爱，立即进行忏悔"我以后再不说脏话、也不打妹妹了。"

第七章　无障碍沟通，让学习习性健康成长

经常听到有的家长抱怨，现在的孩子不知道中了哪门邪，根本不把他人放在眼里，说不得，碰不得，即便是父母善意的提醒劝导都不屑一顾。倘若要指出他们身上一点毛病，立马爆炸，噼里啪啦全给你顶回去，很多时候任性得像一头犟驴。有些父母担心说教孩子会点燃导火索，制造不愉快，破坏家庭和谐，只好忍气吞声，缄默不语，家庭气氛异常紧张。

还有一些家长叫苦连天地说，现在的孩子真像"小皇帝"一样，在家里他们是大爷，当父母的倒成了孙子似的，对父母也爱搭不理。一点小事，还没说两句话，他先跟你急，全是他的道理，不是我们教育他，而是他在教育我们。真不知道怎么跟这些"小祖宗"相处。

对于这样的问题应该辩证地来看，一般来说，处于青春期的孩子都渴望就一些人生困惑与他人交流，得到父母引导。同时，儿童心理稚嫩，或因为学习压力太大，每每处在焦虑状态，感情脆弱，心智不很健全，耐受性较差，难免对父母的不同意见和主

让孩子爱上学习
从呼吸开始再造孩子的学习习性

张听着逆耳，产生抵触情绪。有些孩子回应父母话语所表达的观点和愿望，乍一听是情绪化的发泄，仔细琢磨起来，这些个性化的主张很多是他们成人化过程中思想独立、敢于担当的内心独白，不是没有一点道理。

当然，不排除一些父母不注重接受新事物，知识更新慢，教育观念有些落伍，提出的主张不符合孩子们的胃口，容易引起他们的反感，甚至产生逆反心理而发火。

特别是伴随着互联网长大的孩子，接受新生事物快，见识多广，民主平等意识超强，"歪歪理"挺多，有一部分人崇拜自己，鄙视权威，轻易不肯接受成人的说教，巴不得一生下来就能摆脱家庭约束，从而对家庭教育提出了前所未有的考验。

教育的一项重要任务是启发孩子们的创造性思维，而不是造就单单听话顺从的乖孩子。摒弃过时的教育观念，改变与孩子交流的传统模式，提高沟通艺术是每个家长必须面对的崭新课题。

一、遇事多沟通，有话好好说

沟通是在平等和相互尊重的条件下通过积极协商主动消除误会解决矛盾的方式。它具有如下特点：一是双方思想开明，本着平等和相互尊重的原则，放下好胜心，不把观念强加给别人，以

第七章　无障碍沟通，让学习习性健康成长

积极友善的态度理性地解决问题。

二是以聆听为主，先把固有的主观意见放在一边，细心聆听对方的表述。不过早地对对方的表述做出是与非、善与恶的判断。然后，彼此坦诚地说出事情原委，说出各自的主张，相互启发，赢得对方更多地理解和支持。

三是沟通是在友好的气氛下进行的，包容性强，方能有利于消除误解，求同存异，相互启迪、相互认同，有效地避免矛盾激化和对立，不断增进友谊，从而实现"双赢"目的。

沟通是一种平等而友善的情感互动方式

沟通是人与人、组织与组织之间的一种平等而友善的情感互动方式，无愧是现代社会一个文明智慧的消除分歧解决争端的模式。

一般说来，当人们受到委屈或不公平的对待时自然会感到沮丧和愤怒，思想平衡瞬间被打破，从而产生消极对抗心理。不少人要么压抑自己，忍气吞声无原则地屈从，要么阳奉阴违形成心结，貌和神离，或互相批评攻击甚至是报复对方，搞对立、老死不相往来，造成两败俱伤。

心胸开阔、性格平和、遇事镇定自若是沟通顺利进行的生理基础。一个善于沟通辩论的个体思想开明，懂得从别人身上吸收思想精华、积累经验、生活智慧和积攒金钱一样重要，都是人生

让孩子爱上学习
从呼吸开始再造孩子的学习习性

必不可少的财富,这样的人具有强大的坚韧不拔的生命活力。

在一个家庭,采取沟通辩论为主的教育方式,家庭成员借助思想碰撞,实现无障碍沟通,反思纠正认知上的偏差,形成共识,挑战陈规陋习,或许能够形成温馨的家庭氛围,对孩子学习习性的培养大有裨益。有这样文化底蕴的家庭,便于孩子从小把自己想要说的话大胆说出来,帮助他们塑造独立的人格特质,适时理性地校正人生航线,建构起让世界听到我声音的勇气和自信,成人后他们都会有比较好的人脉。

某种意义上说,能否进行心平气和地沟通辩论,是衡量一个家庭成员性格是否平和、家庭气氛是否民主和睦重要标志。毫不夸张地说,一个遇到矛盾和分歧问题能够平和沟通辩论的家庭,当然是一个和睦恩爱并有良好家风的家庭。父辈身上成功的经验和失败教训是一本活教材,某种意义上讲,经常友好沟通既是一个凝聚家庭合力的过程,把家庭世代沉淀下来的优良文化基因和精神财富传承下去,也能够以老一辈走过的路为人生教材和参照物,扬长避短,少走弯路,从更高起点上迈步。那些不能与父母很好沟通的孩子,只能误打误撞,人生很长一段时间都在迷茫中探索。同样,一个善于沟通辩论的民族一定是一个具有凝聚力和无限生命力的民族。

第七章　无障碍沟通，让学习习性健康成长

肢体语言决定着沟通的成败和质量

沟通与批评看起来都是两者之间的话语交流，但最大的不同点在于平等性。沟通，二者处于平等地位。批评，双方则完全处于不平等地位，批评者自认为代表真理的一方，居高临下，绝对具有话语权；被批评者理亏或错误方，理应虚心认错，接受批评者的教诲。同时，由于二者表现方式不同，最终结果也有天壤之别，主要体现在三个方面。

一是表情。父母的表情在很大程度上决定了孩子的性格。如果父母每时每刻都能以轻松的心态面带笑容地出现在孩子面前，一定会给孩子带来愉悦的心情。长此以往，他们就会把这种欢快的心情固化成乐观随和的性格，孩子心情愉悦当然愿意把内心的想法说给你听，也乐于接受你的主张。相反，如果父母总是一副严肃沮丧的面孔，多数时候带着沉重和不满耷拉着脸走进家门，这种负面的情绪在不觉中制造出一种紧张而凝重的家庭气氛，孩子的心情总是被阴云笼罩，内心必然充满担忧和恐惧，慢慢会形成困难型人格，超级自我，对他人主张一概排斥。即便父母教育孩子的出发点都是善意的，但因为耷拉着脸引起孩子不满而产生负面对立情绪。

父母的表情不但影响着孩子的性格成长，也决定着沟通的成败和质量。当一个人高兴的时候，机体器官和各种生理组织完全

让孩子爱上学习
从呼吸开始再造孩子的学习习性

放松，心胸开阔，精神愉悦，会激发出愉快的想法和记忆，自然会表现出轻松友好的态度，善待他人，乐意按照他人富有建设性的建议去做，以积极的心态暗示自己、修正过错。当家长经常以轻松自然温和的表情出现在孩子面前时，友好的眼神所展现出的善意，容易获得孩子的好感，产生接受父母主张的意愿。同时，心情喜悦的时候，思维机敏，考虑问题周全，可以把自己的想法智慧地表达出来，给孩子以启发和思考，便于他们做出让步，达到很好的沟通效果。

批评常常以长者或权威人士自居，表情严肃，怒目冷眉，只管自己滔滔不绝地说，压根不把对方放在眼里。有些精神抑郁的成年人，试图用凶神恶煞的强悍气势咄咄逼人压倒他人，或凭借父母的所具有的伦理权威和冰冷傲慢的气势令孩子屈服。结果却引起了对方的反感，对你的批评意见采取抵制或蔑视的态度。这些情绪化的批评使孩子的自尊心受到伤害，既便你说得再有道理，一旦伤了和气，对方很难心悦诚服，还会与你形成对立，场面非常尴尬，很多时候不欢而散。

二是语气。研究发现，声音能够显著地影响我们的神经系统，语言越温和真诚甜美越能让对方感受到话语本身所蕴含的爱的力量。所以，温和中庸的品性是古典美之核心，而人的精神和谐首先要让神经系统平静下来，语气轻柔或粗暴，坦诚或闪烁其

第七章　无障碍沟通，让学习习性健康成长

辞，直接反映了一个人此时内心世界是平和或躁郁、率真或矛盾、随顺或乖戾。

说话的语气很大程度上反映了一个人的人格。话不投机半句多，很多吵架不是因为争执的内容，而是语气。语气温和不但是修养好的体现，而且是自信和积极心态的流露，能够给人好感，激发对方善意和良知。很显然，沟通时语气平和，语调和语速适中，这种谦卑的品格和良好的语言修养便于双方互相认可接纳，达成一致意见。

由于沟通是在某个大框架下进行的松散式交流，谈话内容或带有不可预知性，倡导的主张绝非一成不变，要达到的目标要求也不是铁板一块。因此，在与孩子沟通时，语气婉约甜美便于唤醒他们的良善愿望，在不断倾听父母陈述的前提下适度调整自己的主张，或做出改变。

批评者往往摆出一副居高临下的姿态，认为自己所倡导的主张是绝对真理，或具有一定权威，一言九鼎，千真万确；并试图居高临下，用高亢强硬的语调来形成一种气场，强制对方接受，结果被批评者认为你是感情用事，从而产生反感对立情绪。所以，沟通时，说话要轻柔甜美，防止制造噪音造成神经系统紊乱，产生生理性抵触情绪，引起孩子反感或据理力争对抗到底。

三是内容。很多时候，矛盾的双方争议的焦点很难说谁是绝

让孩子爱上学习
从呼吸开始再造孩子的学习习性

对正确,各自站在不同角度公说公有理,婆说婆有理。就事件本身而言,谁也不认输,谁也说服不了谁。

如果采用沟通的方式处理问题,双方处在平和的状态,思想有弹性,一般有可能放下或部分放下自我,互相妥协让步,容易形成共识。假如采取批评的方式,批评者则总认为自己千真万确理由充足,希望被批评者顺从自己。人都有一个独立的自我,都这样想,谁也别想说服对方,问题永远无法解决。

心理学研究显示,一个人要说服另外一个人,依靠内容的可信度占7%,语言语气占38%,最重要的55%靠肢体语言,包括表情、姿势等。这样的数据告诉我们,人是感情动物,人与人之间沟通交流的内容不见得就那么重要,是表情和语气最终主导着沟通的成败。人总体上都是积极向善的,希望得到别人智力上的支持。在家庭教育中,沟通时以和蔼可亲的态度,真诚地说明情况,把自己的主张和理念告诉孩子,进行正面导引,如此友好的气氛可以提高孩子对你的信任度,并听从你的教化而自觉做出蜕变。

沟通时,如何对待意见分歧是决定沟通成败的关键,特别是当遇到孩子抵触或无理反驳时,往往是对父母修为的一种考验。一般来说,沟通过程中对待孩子的抵触或无理反驳有四种表现形式。一是冷面恶言,有的家长因为本身满腔怒火或争斗心太盛。

第七章　无障碍沟通，让学习习性健康成长

认为孩子抵触甚至反驳，胡搅蛮缠，便恶言相加，一副不服不行的样子，试图以长者的身份和威严降服这些忤逆之子，沟通过程中不能管控好情绪，爆粗口，出言不逊，名为沟通实为争执，结果搞得不欢而散。

二是面嗔不语，有些家长懂得愈争愈黑的道理，对于孩子的抵触或反驳时，虽然能够冷静的停下来，以静止争，但是表情还是有些愤怒，对他们的拙劣表现非常失望，痛恨无比，无法达到沟通的目的。

三是面悦心怒，面对孩子抵触或无理反驳时，尚能强装淡定，压住内心的不满，即便沟通虽然没有进展，但没有伤和气，还可以继续沟通。

四是和言悦色，只有那些虚怀若谷的家长，把自己看得比道理低，从不介意孩子抵触或反驳，以冷静轻松的心态对孩子的失礼行为表示宽容，相信能够以隐忍稳健和真诚使孩子回归理性，这才是真正的智者达人。

批评则与家长不良情绪夹杂在一起，以指责发泄、提出强制性指令为主，孩子除了感受轻蔑和羞辱之外，很难从中得到有益的启发性提示，当然很难达到教育目的。由此可见，用虔诚温和的语调与孩子交流，是家长提高沟通说服力的一个重要秘诀。

应该说，家长在对孩子提出的批评意见和要求大多都是合理

让孩子爱上学习
从呼吸开始再造孩子的学习习性

而善意的,出发点是为孩子好。但是,每个人都是有血有肉有情感的动物,当听到父母指责时,出于本能反应,会出现心理紧张情况,总想保全面子,掩饰过错,推卸责任。假如,此时再受到言辞激烈的批评时,就会产生负面情绪而使心理失去平衡,容易把父母的善意的提醒当作跟自己过意不去,而产生抵触情绪甚至是逆反心理,竭力为自己的错误辩护,失去理性的他们会蛮横无礼地与对方较劲。

人性的弱点提醒每个父母在处理与孩子关系时,不但要以平等的姿态对待孩子,还应该看到语气柔和富有美感、幽默感,本身所具有的人格魅力。在阐述自己的观点时要有亲和力,以此让孩子产生心理愉悦感,唤醒善意,从内心里认识到"父母的教导是为了自己好",积极主动地吸取其中有益的成份,培养起超越自己、尊重他人的公正精神,才能把父母的教诲变成他们战胜困难的决心和行动。

沟通质量是衡量一个家庭和睦幸福的"风向标"

现实社会不难看出,贫寒与富有的家庭一个显著区别是,家庭成员之间的亲和力以及家庭和睦程度的差异。前者家庭成员关系紧张,父母与子女间基本没有思想上的沟通交流。各行其事,有了分歧就争吵,谁也不服谁,关键时候各吹各的调,各行各的道,形不成合力,贫穷也就理所当然。后者,家庭有很强的亲和

第七章　无障碍沟通，让学习习性健康成长

力，成员之间能够平和沟通，相互借鉴对方身上有益的东西为我所用，遇到分歧通过沟通各自做出妥协让步，大家齐心协力朝着同一个方向努力，合力走向幸福。

对孩子们来说，还有另外一层意义，大多数未成年人在沟通中从父辈的生活哲学中积累了难得的人生经验，学到了很多处理复杂问题的本领，走向社会后能够游刃有余解决好各种现实困难。那些听父母说话就心烦，和父母水火不容的孩子，从来不把父母说教当回事，等于缺失了社会经验这门课，遇到棘手问题很难拿出理性而合理的解决办法，在社会上必然处处碰壁。

20世纪80年代，我军校毕业后去基层部队带兵，发现，大多数城镇兵，虽然吃苦心、纪律性较差，干工作喜欢讨价还价，还时常调皮捣蛋。但性格活泼圆润、快言快语，很有亲和力。他们父母来队探亲时，一家人其乐融融，饭桌上有说不完的亲热话，看得出家庭充满亲情。

相反，不少偏远山区来的战士普遍服从管理、吃苦耐劳，但他们不善言辞，动不动与领导或战友死磕。离开家乡两三年的时间，父母好不容易来一次部队，彼此见了面简单地打个招呼，一家人在一起时，呆呆地看着对方感到关系生疏气氛凝重，没多少话要说，好像有些冷漠，看不出一点亲热劲。

后来，我从一个农村娃变成了城里人终于明白，但凡城市

让孩子爱上学习
从呼吸开始再造孩子的学习习性

生活条件优越的家庭，孩子一出生，父母都会不停地跟孩子找话说，心灵的沟通比较早。孩子不慎违反了家庭规矩、把东西摔坏、有了哪方面的不是，家长很有很强的包容心，不会过于较真，多数时候都能通过耐心讲道理，启发他们建立良好习惯。当孩子辩解时，父母以理服人，不过分地进行压制，使孩子的语言、思维系统在生活中得到很好开发，从小自信心受到保护和培养，做事很有弹性，与人发生分歧或遇到挫折时能够选择柔和的解决办法。

尤其是一些知识分子家庭从小给孩子讲故事，像朋友一样谈论文艺、体育、时事政治等问题，与孩子交流时能够耐心地回答孩子的问题，这样平和地沟通交流从小就启发孩子的辩证思维能力，使他们的智力潜能得到充分的挖掘。

家庭沟通交流不畅，无意间挫伤了孩子的自信心。当他们说出有哲理的话语时，难以引起父母的肯定赏识，思维原创性得不到有效刺激。孩子在家不能自如地表达自己的思想，更加复杂的语言能力得不到发展，由此错失了语言系统发展的最佳时机，上学课堂上即便知道也不敢大胆发言；走向社会后大庭公众之下一说话脸红得张飞一样，语无伦次、打结巴，不乏一些人走向了领导岗位在公众面前没有稿子不能讲话，经常搞得场面很尴尬，埋没了他们的领导才华。

第七章　无障碍沟通，让学习习性健康成长

如果说沟通有什么技巧的话，那就是既不能用偏颇的观点歪曲孩子的初衷，也不要刻意迎合他们，而是用朴素的语言真诚地表达自己的思想。沟通不是一味地指出孩子的错误，把他们损得一无是处，而是引导孩子一起思考，让他自己发现错在哪里。

一个温馨和睦的家庭，成员间通过平和交流，无形中会营造一个流畅而灵动的语言环境，孩子的语言系统得到充分的刺激和开发，词汇量丰富，善于用语言来表述复杂的内心世界，从而形成灵活辩证的思维方式，有利于促进情感的健康发展。遇突发性困难和突发性事件有耐心，游刃有余，在纷繁复杂的社会竞争中才能够展现出成熟而美好的自我。

理发师给人刮脸时，要用热毛巾把脸敷热润湿，并抹上香皂沫，可以减少刮脸的疼痛。同样的道理，假如我们要借助沟通来纠正孩子身上某些毛病和问题时，不妨先客观地赞美孩子两句，待有了轻松的气氛，再用平和关切的语言点出他们的问题，这样也许对方容易接受一些。

话不投机半句多。沟通中，难免出现争执，或者会说一些过头的话，争执常常会演变成争吵，长时间地争吵，以争止争，结果越争越黑，以至于事态恶化甚至发展到失控的地步。避免沟通中出现争执、争吵的最好办法是，家长平时要注重培养自己稳健的性格，任何时候都要镇定自若，永远对孩子保持乐观态度，用

让孩子爱上学习
从呼吸开始再造孩子的学习习性

积极的态度去影响孩子。

当孩子出现厌恶情绪,提出非分要求或蛮不讲理时,父母首先要控制好自己的情绪,保持极大的耐心和宽容,尽可能避免使用过激的语言来刺激孩子,停止不愉快的争执,待自己和孩子都冷静下来,把情绪调整好以后再择机进行沟通交流。

案例:暂停沟通,不让坏脾气继续发作

美国匹兹堡大学原语言教授斯托夫人,一个了不起的伟大妈妈。宝宝小维尼芙雷特刚一懂事就开始对她进行科学的启蒙教育,细心挖掘孩子的潜能,小维尼芙雷特4岁时创作出美国第一部世界语剧,5岁在刊物上发表诗歌和散文,8岁时熟练使用12国语言,创造了一个又一个奇迹。在她的早期教育理论中,她认为,与孩子交流时,说错了一定要大大方方地纠正过来,没必要担心面子,因为是自己的孩子,不必去争那口气。有一次,斯托夫人看见维尼芙雷特在房间里摆弄玩具,于是就问她:"我给你布置的作业做完了吗?"

"完成了。"女儿回答说。

"琴练了吗?"

"没有。"

"没练琴不能玩玩具,快去练琴。"斯托夫人严肃地对女

第七章　无障碍沟通，让学习习性健康成长

儿说。

"等一会儿再练。"

"我知道你就是不想练琴，如果你这么讨厌练琴，干脆不要再练了。"尽管斯托夫人算得上一个和善婉约的妈妈，但那阵子因其他事内心有些郁闷，看到孩子玩性太大把作业丢在一旁时顿然着急上，说了这句不该说的话。

"好，我不学了。"女儿听了妈妈的话觉得很不舒服。

气头上的斯托夫人，并没有意识到不良的情绪正在不知不觉中促使自己采取一个又一个错误的行动，她气急败坏地冲过去夺走了女儿手中的玩具，强行把她拉到钢琴前坐下。女儿坐在琴前乱七八糟地弹了一阵发泄自己的不满情绪，又停了下来。

看到女儿心情糟糕，不再像往常那样认真练琴，斯托夫人很快意识到了自己做得有些过分，深深地调整了自己呼吸，尽力让有些沮丧的情绪平静下来，稍顷弯下腰，和蔼可亲地对女儿说，"哦，宝贝，实在有些抱歉，妈妈刚才有些失态，对不起，好孩子，我们重新开始说这件事好吗？"维尼夫雷特看着妈妈又恢复了往日温柔的表情，心情渐渐地好了起来。

斯托夫人用平和的语气问女儿："好孩子，妈妈只是不希望你把太多的时间用在玩具上，你玩多久了？"

"我刚开始玩。"

"那你打算玩多久?"

"一会儿。我本打算玩一会儿就开始练琴的。"女儿委屈地说。

"那就去玩一会吧,然后开始练琴好吗?"

"好的。"女儿哭丧的脸又出现了笑容。

这样的故事在中国屡见不鲜,但斯托夫人了不起的地方是,当她与女儿的争执不下怒火中烧时,能够很冷静地停下来,不让坏脾气继续发作,也避免因负面情绪而使学习习性受到伤害。然后让愤怒的心情平静下来,再转为积极地关怀,待双方情绪稳定下来以后重新回到原来的起点,通过商谈达成君子协议。这种惊人的自我调整能力,正是斯托夫人这位伟大母亲的不寻常之处。而不像大多数中国妈妈,当孩子情绪激动犯浑发火时,家长的火气同时被点燃,彼此谁不让谁,任凭不良情绪将彼此的火气完全点燃,使母女间的争吵达到白热化。不冷静的举动非但解决不了问题,产生的不愉快情绪,会对孩子的学习习性和心灵成长造成致命的伤害。

二、拿出平等而真诚的姿态来

沟通是在人格平等的前提下进行的坦诚交流,无高低、主次

第七章　无障碍沟通，让学习习性健康成长

之分。在我们传统文化里，很多东西的确落后得让人笑掉大牙，比如，我们单一地强调尊重长辈、领导，而忽视了对晚辈和下级的尊重。过于分明的等级制度使我们的社会乃至于家庭没有真正的人格平等，更谈不上推心置腹地沟通交流，人与人之间缺乏平等和友善，社会难以和谐。

传统的封建家长式教育方式在当今相当多的成年人身上打下了深深的烙印。很多家长与孩子交流中会有意无意地以大佬自居，"你是我生我养的，理所应当地听我的。""我是人大毕业的，比你知道的多，必须按我说的做。"习惯于以呵斥的口气指令孩子按照自己的主张行事。可能很小的孩子屈于父母的权威不得不服从，等到孩子稍大一点的时候，父母的权威就会受到挑战，家长"老大"的强势心理必然带来父（母）子间势不两立，更谈不上真正地沟通。

以朋友的身份替代家长角色

现代社会青少年的平等意识出奇地强烈，与孩子沟通客观上要求当父母的首先要忘记自己的"家长"角色，放下长辈的架子，弯下腰，屈下身来，以朋友的身份与孩子进行平等交流。没有了居高临下的架子，拉近与孩子心灵上的距离，孩子被你的善意打动才乐意向你掏心窝子，自觉接受你的主张。即便沟通中一时难以消除意见分歧，至少不会因此感到压抑，或对你的主张产

让孩子爱上学习
从呼吸开始再造孩子的学习习性

生反感情绪。

在西方的幼儿教育中，绝大多数家庭倡导一对一的互动，而反对让孩子被动地接受外来信息，连看电视的时间通常都会受到严格控制。在与孩子相处中常常会"蹲下身来"用"如果你这样做，爸爸和妈妈都会感到高兴"的口吻与孩子平等交流，如此设身处地维护孩子的自尊，从一点一滴中培养了他们的自信心。

弯下腰、屈下身子只是姿态上的平等，真正的平等是思想和人格的平等。做到这一点，聪明的父母都会站在孩子的立场，多听少说，全神贯注地倾听孩子的陈述，鼓励他们提出问题，对其所说的话题保持兴趣，让他们受到应有的尊重。自己一个人在那里滔滔不绝地说个没完没了，不管观点正确与否都希望孩子一股脑地接受，这样看似在沟通，实际上是以父母的身份压制孩子，早已失去了沟通的意义，对解决问题不会有任何帮助，只能让孩子讨厌你，想方设法躲着你。

沟通是思想的互相碰撞，更是欣赏、鼓舞和鞭策对方，不是说服对方，更不是强制别人接受你的意见。真诚沟通不是一句空话，沟通中能否不耻下问、主动接受孩子正确的主张是衡量家长是否真诚的重要标准，也是考验家长民主修养的试金石。有些家长嘴上认可支持孩子的想法，内心里却放不下"家长"的架子，总认为孩子"嘴上没毛，说话不牢"，对他们合理的建议不屑一

第七章　无障碍沟通，让学习习性健康成长

顾，这样表里不一的行为是造成家长在孩子面前没有威信的不可忽视的原因，也为孩子拒绝与家长沟通埋下了祸根。

每个家长受知识和经验的限制，沟通中难免有认知上的误区和错误，需要崇尚真理，谁对听谁的。善于向孩子学习绝不是说说而已，家长理所应当地在行动上而不是口头上吸纳他们的独创性见解，并为孩子能够大胆地发表建设性意见而感到欣慰。真诚不啻体现在有认输的心量，假如我们说错了话、做错了事，要勇于认错并修正错误；对自己因为不良情绪、过激的言行冤枉委屈了孩子，要向他们表达歉意。这样真诚地对待孩子，孩子从小受到尊重，在家里少碰钉子，能够客观公正地看待问题，长大后在社会上才能少挨闷棍，吃得开、玩得转。

以开放的心态看待孩子的想法

没有平等，就没有真正意义上的沟通。每个人尤其是成年人都知道民主平等是个好东西，也许我们的确无力让自己在工作和生活的环境中享受到真正的民主和平等，但是，我们完全可以让自己的家庭民主平等起来。不妨从我们自己做起，从宝宝来到世间的第一天起，就要有意放低身架，在家营造一种平等讨论的气氛，多给孩子说话表演的机会，让他们在平和的生活氛围里自由地表达思想。当然，做到这一点的前提是，家长要以开放的心态看待孩子们的想法，只要不是极端言语都要给予正面的肯定和鼓

让孩子爱上学习
从呼吸开始再造孩子的学习习性

励,从小培养他们的自信心。童子功练好了,可以激发他们的上进心和责任感,并从挑战父母、超越家长的信心中,树立起让世界听到自己声音的勇气。

不排除有人会担心,家庭太民主,沟通多了,在孩子面前没有一点魄力会影响家长的威信,这是天大的谬论。威信是靠人品、才学、亲和力树立起来的,自己无品相,靠长辈身份得来的是伪威信。有品有才无亲和力,经常对孩子颐指气使,看起来很威严,只能让孩子敬而远之,我惹不起你,还躲不起你,时间一长,父子之间心理上形成了难以逾越的鸿沟。征服一个人容易,征服一个人的心很难。只有品才兼优,亲和力齐备,你说的话有哲理,才投缘,孩子方能够把你瞧在眼里,把你的建议和主张记在心上。

三、靠什么打动孩子

有人说,我给孩子讲的道理一招一式都是从书上和专家那里学来的,但是,我们家那个主,简直就是一个"滚刀肉",特别执拗,怎么说都听不进去,该咋办?

通常要说服一个人有两种途径。一种是依据家长在沟通时所阐述的观点是否能够打动孩子做出改变自己态度的决定,称之为

第七章　无障碍沟通，让学习习性健康成长

中心路径；一种是不用过多地对家长提供的信息正确与否进行琢磨，而是依据孩子平时对家长的信任程度非理性地决定顺从或拒绝，称之为外周路径。

应该承认，大多数时候人都是理性的，追求积极而美好的东西，很注重学习借鉴他人富有哲理的说教为我所用。人又是感情动物，很多时候容易感情用事。比如，有些顽皮固执的孩子，尽管你讲的东西很有道理，但如果是用命令式的口气跟他说话，或者与孩子交流时居高临下，或跟他急，孩子自尊心受到伤害，口服心不服，可能把你的话当成耳旁风，让你干着急。

儿童的早期，对事物的认知感情色彩较浓，沟通时基本不会过多地考虑父母提供信息的科学性合理性，仅仅依据直接感受，不管娘还是老子，谁对我好，谁在我心目中威信高，就对谁言听计从。即便你是专家教授，假如平时给他们留下很糟糕的印象，你讲得天花乱坠，说得再有理，他们不听你的，一点脾气没有。

人格魅力是最硬的道理

2008年四川汶川地震后，国家有关部门组织心理专家和文体明星来到灾区，对因地震受伤或亲人离去而精神痛苦的灾区群众进行慰问和心理疏导干预。尽管很多文体明星特别诸如桑兰等伤残运动员，并不具备心理学方面的专业知识，但他们凭借卓越的成就早已成为老百姓特别是青少年心目中的英雄和偶像。灾区

让孩子爱上学习
从呼吸开始再造孩子的学习习性

群众见到这些平时在电视上才能看到的大明星突然出现在他们眼前，由衷地高兴和自豪，兴奋的心情一下忘掉了地震造成的痛苦和悲伤。明星们一句普通的话语以及在通往成功的道路上攻坚克难的动人故事，都会像注入体内的兴奋剂一样使他们深受鼓舞，并帮助那些有轻微心理障碍的人扫除心理阴霾，以坚定的信心战胜眼前的困难。

脚踏实地的行动永远胜过任何漂亮话语。明星、名人之所以容易打动人，会产生如此大的社会效应，靠的是他们通过勤奋努力和智慧取得的无与伦比的成就，靠的是他们头上成功者的光环，他比任何动听的话语管用得多。

在我国传统文化中有身教重于言教之理念，说明了外周路径的莫大魅力。

案例：无言之教

相传古代有位老禅师，一日晚上在禅院里散步，看见院墙边有一张椅子，他立即明白了有位出家人违反寺规翻墙出去了。老禅师也不声张，静静地走到墙边，挪开椅子，就地蹲下。不到半个时辰，果真听到墙外一阵响动。少顷，一位小和尚翻墙而入，黑暗中踩着老禅师的脊背跳进了院子。当他双脚着地时，发觉刚才自己踏上的不是椅子，而是自己的师傅。小和尚顿时惊慌

第七章　无障碍沟通，让学习习性健康成长

失措，张口结舌，只得站在原地，等待师傅的责备和处罚。出乎小和尚意料的是，师傅并没有厉声责备他，而是非常淡定地说："夜深天凉，快去多穿一件衣服。"老禅师的良苦用心想必再顽劣的弟子也会受到感化。

我们的先辈大都没有太多的文化，更谈不上有教育学方面的专业知识，但他们任劳任怨，谦逊良善，用无私和大爱在孩子心目中树立了一块高大的丰碑，用不屈的脊梁告诉孩子们什么叫坚毅，何谓奋斗。凭借这些谨言善行形成的特有气场，深深地影响感化着自己的儿女，在孩子面前不怒自威，孩子们从内心里敬畏父母，对父母的教育牢记在心，一般不会和父母直接顶撞。

相比之下，今天一些年轻父母，尽管学历很高，也积累了不少教育子女的专业知识，但脾气和学问一样大，在孩子面前像个警察一样，动不动大吼大叫，吓得孩子不知所措。闲暇时没有看书的习惯，吃喝玩乐，连自己都管不了，反倒对孩子学习成绩格外在意。即便偶尔与孩子沟通，也总是依仗父母的权威对孩子颐指气使，常常弄得不欢而散。这种严苛的管教方式显然是失败的，唯一的结果是让孩子产生不满和对立情绪，破坏学习习性的健康成长。

到了儿童后期，孩子们渐渐有了独立的思维，对教育者的素

让孩子爱上学习
从呼吸开始再造孩子的学习习性

质更加挑剔，父母要想与他们进行有效沟通，除了自身的人格魅力外，沟通时提供的信息还要新颖、让他们感到是那么回事，才愿意接受。也就是说只有"中心途径"和"外周路径"同时满足他们的要求时，孩子们才有可能接受你的主张，逐渐改变原有的态度和行为。反之，父母整天牢骚满腹，不注意知识的更新，沟通时说的话老生常谈，简单乏味，孩子觉得腻，当然不会信服。

所以，当你想让孩子在沟通时接受你的见解，首先要使孩子从内心里愿意听你的，感到按照你说的那样做对他们有利、使他们获得好处。现在有很多年轻知性父母，十分重视青少年教育知识的积累，尽可能多地吸收现代教育理念，同时也很注重自己的一举一动，在与孩子沟通交流前都会认真准备一个谈话提纲，把要表达的思想及主要观点罗列清楚，以提高沟通的说服力、感染力。

我还发现一个有趣的现象，一些年轻爸爸，很注重在儿女面前的形象，平时抽烟喝酒、说脏话，但他不管在外面怎么样，一回到家，当着孩子面，立马会一本正经，变得彬彬有礼，似乎要跟孩子比，看咱爷俩到底谁乖？这当然很好。但是，只在孩子面前绅士、彬彬有礼远远不够，还要表里如一，人前人后一个样。因为总有一天原形毕露，孩子可能把你看扁了，你的形象在孩子心目中会大打折扣，说话就不再灵啦。

第七章　无障碍沟通，让学习习性健康成长

由于儿童成人感增强，自我意识高涨，容易出现自我评价虚高、盲目自信的倾向，有时排斥对方，听不进别人意见。不过，你千万不用着急，只要当父母在与孩子沟通中，提供的信息确实有一定建设性意义，能够让孩子设身处地觉得是为他们好，相信，这些桀骜不驯的晚生们一般都会通情达理地接受你的主张。

沟通需要合理的期望值

多数情况下家长都是带着一定目标和期望与孩子沟通的，这本身没有问题。不过需要注意的是，如何确定沟通的期望值却很有讲究，不少完美型家长习惯于按照自己理想的标准确定与孩子沟通的目标，结果往往事与愿违。一般来说，确定沟通要达到的期望值是以孩子为主，因孩子的能力素质而定，而不是以父母的理想为主。孩子本身素质好、上进心和接受能力强，标准可以适当定得高一点，反之亦然。实践中，以孩子做适当努力能达到目的为标准，俗称"跳一跳够得着"，而不能让他们费了很大劲仍然难以实现目标，反倒压力增大，失去沟通的意义。

现在，学界推广一种"爬楼梯技巧"，通俗地说就是"小步快跑"，积小成于大成，值得推广。"爬楼梯技巧"第一步先向孩子提出一个简单的小要求，等达到这一目标之后，及时给予肯定表扬；抓住机会再提出一个小目标，通过连续不断地实现小目标，增强自信心。孩子可能会因为实现了第一步的要求而获得愉

让孩子爱上学习
从呼吸开始再造孩子的学习习性

快的体验,并以此满怀信心地去实现第二步、第三步目标……

我曾经听一个家长介绍他如何在学习中让孩子"小步快跑"的经验。首先要根据孩子的基础,每次考试前只要求孩子提高一两名,一旦孩子实现目标,就及时给予鼓励,让孩子们看到自己的潜力;偶尔成绩出现下滑,由于与目标差距不是太大,孩子也不至于产生太强烈的心理落差,家长及时帮助正确归因,进行安慰鼓劲,孩子没有了心理压力,轻装上阵,每天都在父母的鼓舞鞭策中学习,大多数时候都能实现目标,以此信心大增,越学越有劲,经常有小进步。三年高中下来,年级排名提高60多名。

采用沟通的模式校正孩子不良的思维和行为习惯,像锻造优质钢材一样,不可能一蹴而就,需要千锤百炼。很多家长认可沟通这种方式,但苦于自身心性修炼不够,沟通开始时能够放下身段,心平气和地与孩子交流。但当自己的见解不被孩子理会,或遇到孩子反驳时,容易失去耐心,使沟通变味。有些家长急于求成,指望一次沟通就说服对方,把事情搞定,想办法强行让孩子们接受自己的主张,欲速则不达,这些都违背了沟通的根本。

四、用合作双赢的态度对待卷入太深的孩子

百人百性百脾气。孩子性格上的差异永远比我们想象得要

第七章　无障碍沟通，让学习习性健康成长

大得多，怎样与那些性格叛逆、脾气暴躁、容易走极端的孩子和谐相处，是对家长容忍度和智慧的最大考验。经常听到一些成年人苦恼地说，不知道我上辈子作了什么孽呀，我家那个小祖宗整天麻烦不断，跟我们像仇人一样，苦口婆心给他把道理讲了几百上千遍，半个字都听不进去。分明他不对，但还强词夺理进行诡辩，或干脆不再搭理你。有些孩子只要一指出他的毛病，就暴跳如雷跟父母急，家长拿他没有一点办法，真不知如何是好。

心理学上把不承认自己认知上的错误且顽固不化地坚持自己过错的现象称之为卷入太深。换个角度看，也说明孩子已经对家长老生常谈的东西形成了自身免疫，通俗地说叫耳朵起了茧子，相当多的家长在这些性格古怪的孩子面前束手无策，不得不采取一些消极的应对方式。

A. 强压型

一部分家长利用父母的权威对坚持错误、不知悔改的孩子进行压制、冷嘲热讽，让他们强行接受自己的观点。那些性格刚烈的家长，一味地信奉"棍棒下面出孝子"的理念，以打为教，殊不知，此种低劣的教育方法会对青少年心灵成长造成难以估量的潜在性危害。有些孩子表面上不直接反抗，但他们内心与父母形成对立，苦于生气的能量不能正常发泄，只好把精神寄托在诸如游戏、网络中。有的孩子在家无立足之地，哪一天彻底死了心干

脆离家出走,到外面去寻找属于自己的生活空间。

B. 放纵型

有一些家庭,孩子拒绝接受教诲,父母干脆撒手不管了,爱怎么办就怎么办。孩子觉得父母漠视自己的存在,放任自由,从此破罐子破摔、混迹社会,走向堕落。这样没有社会责任感的行为对孩子很不公平。当然不排除有的孩子会通过冷静的反思觉悟,以积极的心态重新认识自我。

卡耐基在《人性的弱点》一书中指出,"一个可以停止争论、消解怨恨、制造好感,让人们能够倾听你说话的好办法是从一开始,就对别人这样说:'我丝毫不会责怪你所做的一切,如果换做是我,也会做出这样的决定'。世界上再狡猾固执的人听了这样的话,也会立即不再强硬,但说这句话时必须是真诚的。"对待卷入较深的孩子的最好办法是,家长首先要认识到孩子的另类脾气性格是由遗传和不良成长环境造成的,父母有着不可推卸的责任,应该真诚地从感情上对他们的错误理念和戾气同情,从而不断改变对待孩子固有的思维方式和习惯做法。

其次、用合作双赢的姿态进行换位思考。家长要承认自己在知识上的缺陷,在不断探索和自我完善中建立符合孩子自身特点的教育方法,当看到孩子的问题时,换个角度想想我们比孩子年长、经历了那么多挫折,生活阅历、人生经验如此丰富,尚且有

第七章　无障碍沟通，让学习习性健康成长

这样或那样的毛病，孩子的缺陷就再正常不过了，并多站在孩子的角度思考问题，尊重孩子的内心需要，以包容的心态看待他们的过错，努力把他们高尚的动机激发出来。

从满足需要出发，创造一个让人们愿意改变态度的情境需要产生动机，动机主导行动。自身利益需要的满足是让一个人心甘情愿做某件事的最根本的动机。卷入太深的孩子不同程度地有认知失调的问题，若要改变他们的行为方式，单方面提要求，对他们的行为做出限制，只能招惹他们反感。最有效的办法是从满足需要出发，创造一个让他们愿意改变态度的情境。

有一个男子和他的儿子想把一头小牛赶进牛棚，他和一般人一样，只想达到自己目的，而没有看小牛是否愿意。于是，儿子在前面拉，父亲在后面推，小牛则死死地站在草地上坚决不移半步。有一个很了解牲畜习性的农妇知道小牛需要什么，看到这一情景时走了过去，把自己的食指放进牛的嘴里让它吮吸，小牛乖乖地跟着走进了牛棚。

亨利·福特曾经说过："能够站在对方的立场，从对方的角度去考虑事情，就如同你为自己所想一样，这便是成功的秘诀。"如果家长能够使孩子们感悟到按照父母意思去作对他们有利，可以使自己得到实际好处，孩子们自然会减少抗拒心理，逐渐改变自己的对立态度，接受父母的主张。

让孩子爱上学习
从呼吸开始再造孩子的学习习性

案例：为孩子提供自我教育的情境

有一个3岁小男孩，祖宗四代单传，被爷爷奶奶视为掌上明珠，由于生活上过分娇惯，小男孩养成了挑食的坏毛病，不好好吃饭，面黄肌瘦。父母着急又是买营养品，又给他讲一大堆道理，孩子怎么也听不进去，每次吃饭父母都要费很大劲。有一天孩子怒气冲冲地回来告状说，邻居那个大个子小朋友又霸占他的自行车，对方个子大，阻止不了，生气不知如何是好。父亲灵机一动，晚上吃饭的时候对淘气的儿子说："多吃点饭，个子长得高一点，身体强壮一些，别的小朋友就不会再霸占你的自行车了。"儿子一想是那么回事，从此，不再挑食，让他少吃一点他都不干。

这一招之所以管用，是父亲站在孩子立场，迎合了孩子的心理需求，为他提供了自我教育的情境。

美国作家弗格森认为，"谁也无法说服他人改变。我们每个人都守着一扇只能从内开启的改变之门，不论动之以情或晓之以理我们都不能替别人开门。"心理学家研究发现，自己寻找说服自己的理由比家长老师等他人的说教更为有效。因此，父母可以给孩子推荐一些有建设性启示的书籍让他们去阅读，鼓励他们在阅读进行自我觉醒，增强自我说服的参与感，力求在观念上有所

第七章　无障碍沟通，让学习习性健康成长

感悟，心灵上得到升华。

另一位心理学家西蒙也认为，"人们是不可能被他人说服的，除非他人愿意改变自己的态度。"一般情况下，人们都不希望自己的主张被否定，更不情愿自己的理念和行为方式受到限制和阻挠。那些油盐不入固执己见的孩子，很多人已经部分或全部失去自我调节的功能，当外部力量强行要求他们改变原有认知或价值观时，他们会采取对抗的方式保护自己的自由，甚或出现反叛。

用心灵感应传达伟大思想

我国儒家圣贤有"千古传心"之传统，自尧、舜、禹、汤、文、武至孔、孟之间都崇尚"非传圣人之道，传其心也。"意即，古代的圣贤之间不是用语言文字传递其治国理政之道，而是用心灵感应来传达其伟大思想，是前一个灵魂对后一个生命的照耀，后一个生命对前一个灵魂的深度接纳和再现。

当孩子顽固地坚持其消极思想时，埋怨、絮叨不起一点作用，惩罚，不解决问题还会激化矛盾，放弃更是不负责任的办法。作为家长要改变一种观念，在尊重孩子内心需要的前提下，啥话都甭说，一如既往地给予关爱，用行动把你对孩子的希望和要求告诉他，靠自身行为来感化他，以此激发他们的高尚动机，使之内心产生自觉放弃错误观念的念头，萌生积极的动机和

行为。

我国禅宗倡导"不立文字,以心传心",用精神使弟子得到启迪和蜕变。

案例:趁年轻力壮的时候留个好名声

有一个老禅师毕生参禅,积德行善,从未懈怠过一天,在乡里乡亲中留下很好的口碑。但他老家有个侄子,游手好闲,赌博成性,几近于倾家荡产,老乡带口信让他回去劝劝这个浪子早点回头,重新做人。

禅师为乡情亲情所感动,起身回到家乡,叔侄久别重逢,心情当然高兴,当晚住在侄儿家里除了坐禅,只字未提侄儿毁业败家的不良行为。第二天早晨起床时,老禅师把侄子叫到床前,颤颤微微地说:"孩子,我老了,手脚也不灵便啦,能不能帮我把草鞋带系上?"

侄子二话没说,赶忙帮大爷系好了鞋带。禅师慈祥地看着晚生说道:"谢谢你了,孩子,你看,人老如朽木,步步近死地,你要好好保重自己,趁年轻力壮的时候,多做对社会有意义的事情,做个好人,留下个好名声。"说完头也未回就上路了。看着大爷远去的身影,这个浪荡公子流下了悔恨的泪水。

禅师简单的举动和短短数语,让这个不良青年明白了生命

第七章　无障碍沟通，让学习习性健康成长

的短暂和可贵，感悟到人生的真正意义，从那天起，他下定决心痛改前非，重新树立起积极心态，告别浪荡生活，走上了人间正道。

对于那些穷尽一切办法仍然我行我素的孩子，只要他不干违法乱纪的事，可以给他一段没有干预、自由自在成长的时间，放开手脚让他们走自己的路，相信总有一天他会自我觉醒的。即便摔点跟头也是成长中的一笔财富，而且早摔比晚摔要好，早点摔倒还有爬起来的机会，摔得晚了恐怕会一蹶不振。

绝望的尽头是希望的肇端

冬天下雪的时候，地面上精致的小雕塑、花坛、垃圾堆等统统被大雪覆盖变成了雪堆。房屋和其他设施除了形状参差不齐外，完全没有好坏之分，连路边停放的汽车也没有太大区别。这个时候很多人会产生一种幻觉，好像世界上一切事物原本大同小异，没有两样。当太阳出来冰雪融化，万事万物恢复本来面目，生活又重新回归原来那个真实的世界。

现实生活中，不少年轻的父母一直活在虚幻的世界里，习惯于雾里看花，把理想建立在不真实的基础之上。当雄心勃勃的理想被无情的现实击得支离破碎的时候，希望化为泡影，幻觉崩溃了，他们才真正开始觉醒，重新回到原本那个真实的世界，明白

什么是真正的生活。从此,他们不再要求完美无缺,知道实实在在地寻找自己的立足点,重新确立对孩子的期望值,引导孩子们理性地选择真正属于自己的人生发展方向。

作为成年人,如果你不幸摊上一个顽劣不堪的孩子,父母首先需要做的是保持冷静,不要急,也用不着生气。然后,理性地分析孩子学业困难的深层次原因,是因为父母的期望值太高、教育方法出了问题,或语言刻薄使孩子自尊心受到伤害从而产生抵触情绪、亦或是他们想做的事没有做成对自己失去信心,或是迫不得已而为之。只有将这些事情弄明白了,父母首先做出改变,并一如既往地给他们关爱,以此唤醒孩子的本性,激活善良愿望,他们一定能够慢慢地觉醒,并逐步改过自新。

我们常说,上帝关上这一扇门,一定会为你打开另一扇窗。一个不具备学习习性学不进去的孩子,老天不让他吃知识这碗饭,他一定会在生活的迷宫中找到另一扇窗户,同样让他奔向幸福的金光大道。纵然他们有这样、那样的不良行为,也算不上什么大不了的问题,就算有身体缺陷,太阳照出不误,天也塌不下来。只要我们家长精神不倒,勇气和信念依然坚挺,就没有过不去的火焰山。相信,生活的道路上一定会有无数新的、未曾意料到的机遇在等待着我们,再糟糕的局面都会发生积极的改变。

第八章 鼓励，为学习习性成长注入活力

植物需要合适的土壤、适度的水分、新鲜的空气、充足的阳光这些均衡的营养才能结出丰硕的果实。一个人成长过程中既需要粮食、蔬菜、肉类等物质营养品，当然，更需要他人的肯定和赞赏这些精神鼓励，才能形成健康的人格和良好的学习习性。

一、受赞赏鼓励是人类天性中最为迫切的心理需求

心理学专家杜威说："受尊重感是人类的一种潜在欲望，是人类天性中最为迫切的心理需求。"每个成年人都有这样的体会，当我们得到上司或者同事的赏识赞许时，心里即刻产生一种美滋滋、甜丝丝的幸福感觉。此时此刻，对任何事情都会抱着美好的愿景，随之以谦和积极的心态接人待物，以饱满的热情去处理各种事务，做事的热情油然而生，事情一般都会有比较好的结局。

心智不成熟是儿童和青少年的共同特点，他们时而郁郁寡

让孩子爱上学习
从呼吸开始再造孩子的学习习性

欢、无所事事,时而浮想联翩、异想天开,很难把主要精力用在学习上;人生价值观常常处于模糊、摇摆不定的状态,很多时候会抱着怀疑的态度试探性地对待生活。然而,有些家长可能忽视了孩子的这些特点,成长过程中,心理上需求往往因为家长的大意而被忽视,批评、责备多于理解、赞赏和表扬。不少孩子看起来体格健康,但因为精神压抑,性格抑郁或叛逆孤僻,内心总有太多的不满,稍微受点委屈或因为一个偶发性事件就一蹶不振,学习习性也在低迷的心境下渐渐泯灭。

部分家长长期情绪低迷,精神压力大,心情沮丧,整天憋着一肚子气,内心冷得像冰窟一样,自己都快乐不起来,自然对别人说不出赏识、夸奖的话。现在很多人性格怪僻、脾气暴躁,聪明才智没有得到很好的发挥,与成长过程中缺乏鼓励不能说没有一点关系。

有一个风和太阳比威力的寓言故事,风对太阳说,我的威力比你大,我能让前面那个小伙子立即把外衣脱掉,说着他就刮起了十级大风,可风刮得越大,小伙子却把风衣裹得越紧,最后只好停了下来。

这时太阳从云朵后面微微露出了笑脸,阳光温柔地晒在小伙子的身上,没过多久,小伙子浑身是汗,只好将身上的风衣脱下。太阳和风的故事告诉我们,愤怒和暴力永远都比不上温柔和

第八章 鼓励,为学习习性成长注入活力

善的力量。

人都是感情动物,得到赏识、鼓励和肯定比听到批评心里要舒服得多,可以把内心的善良愿望激发出来,并培养安静专注的学习习性。所以,每个正常人都希望被人赞赏鼓励,儿童和青少年更不例外。

17世纪哲学家休谟、霍布斯等认为,人类一切行为的根本都在于追求快乐和避免痛苦。如果家长和老师经常不断地鼓励孩子,他们体内的细胞就会被激活变成无穷向上的能量,心中沉睡的巨人逐渐被唤醒,人生一个个美好冲动和愿景就可能成为现实。纵使成长道路上曾经遭受挫折、走了弯路,真诚地鼓励和支持,完全可能帮助孩子重新找回自信,振作起来,不断向好的方向发展。

因此,要使孩子的学习习性得到开发和培养,一个有效的方法是父母时时刻刻把鼓励的话语挂在嘴边、体现在行动上,用平常的鼓励给孩子送去最珍贵的礼物,让他们在认同和赞赏的气氛中形成独立的人格,产生积极向上的动力,使人生的目标一步步变成现实。

二、谁最需要鼓励

鼓励可以是向对方的某一举动或表现表达一个微笑、竖一

让孩子爱上学习
从呼吸开始再造孩子的学习习性

下大拇指或说一句鼓舞人心的话,从而给人以同情、赏识、支持和赞许等,当属人格动因的一大要素。好比给人注入了一剂兴奋剂,可以激活个体快乐美好的因子,增强自信,以此把机体的内在活力激发出来。即使那些雄心勃勃有所追求的人,倘若缺乏必要的鼓励也会因为偶然的波折而失去向上的激情。

大凡正常人都需要鼓励,只不过,不同的个体对鼓励的需求不一样,鼓励所起的作用也相差甚远,因此,可把鼓励分为普通型鼓励、智慧型鼓励和大爱型鼓励。

普通型鼓励

对学习习性和学习成绩好、各方面表现优秀的孩子进行赞赏鼓励,一般老师、父母都能做得到,皆因人性使然。相反,面对优秀的孩子无动于衷,不知道微笑首肯,那绝对是人格感情的不健全。不过,对优秀学生的赏识鼓励无异于肥肉上贴膘,树立正面导向的作用远远超过鼓励本身,只能算作是再普通不过的一般性赞赏。原因再简单不过,大凡优秀的学生都具有内心强大、才华出众、积极上进这样的特点。独立意识、自信心超强的他们更多地从自身取得的巨大成就中自励自乐,有的学生优秀已经成为习惯,对外界评价一般都不十分在意,不用扬鞭自奋蹄,鼓励与否他们都会做得很好,鼓励的作用不是十分明显。

第八章　鼓励，为学习习性成长注入活力

智慧型鼓励

相比而言，对那些学习习性和成绩"中不溜"、各方面表现很一般的学生进行赏识鼓励，的确有一定难度，非一般人所能。然而，如果有幸遇到聪明的父母、智慧的教师，能够客观地评估孩子的智力水平，设身处地理解孩子短板的先天因素，以发展的眼光、极大的包容心接纳孩子的不良习惯和智力缺陷，对他们微不足道的进步大加赞赏，相信，孩子一定会在真挚的赞赏鼓励中树立起积极的人生态度，克服自身缺点，努力奋发向上。

意大利医学博士马利亚·蒙太梭利认为："儿童有一种与生俱来的'内在生命力'，这种生命力是一种积极的、活动的、发展着的存在，它具有无穷无尽的力量亟需心灵的激励。"儿童时期，是人的心灵发育的关键期，像一个含苞欲放的花蕾离不开阳光雨露的滋养。每个家长在满足孩子物质需要的同时，还要不失时机地给他们以精神营养，这样就能够激励和促进他们"内在潜力"的发展，帮助孩子打开智慧的天窗。

对于那些学习习性及智力、能力水平一般，且麻烦不断的孩子，成长中的很多时候都处于左右摇摆不定的状态，每每在人生的十字路口徘徊。假如父母和老师能够对他们平庸表现中的闪光点进行赏识鼓励，他们就会表现出积极的心态和健康向上的发展趋势。否则，在困难和挫折面前就会知难而退，在遇到不良诱因

让孩子爱上学习
从呼吸开始再造孩子的学习习性

可能会走向歧途。

在这个问题上,有的家长可能会说,我们知道赞赏鼓励很重要,关键是孩子学习成绩和各方面表现都很一般,当家长的真的不知道赞赏他们什么,怎么去鼓励他们。平时心里想赞赏几句,但嘴上确实说不出口。对此,爱默生老先生做了很好地回答,他说:"凡是我遇见的人,他们身上都有值得我学习的地方。再捣蛋的孩子身上同样有很多优点,关键在于家长能否用宽容和爱心发现他们的闪光点。"

案例:陶行知"四颗糖的故事"

陶行知当校长的时候,有过一个"四颗糖的故事",那才叫智慧。有一天,陶行知看到一个男生用砖头砸同学,便将其制止并叫他到校长办公室去。当陶行知回到办公室时,打人的学生已经等在那里了。富有爱心的陶老先生掏出一颗糖给这位同学:"这是奖励你的,因为你比我先到办公室。"接着他又掏出一颗糖,说:"这也是给你的,我不让你打同学,你立即住手了,说明你尊重我。"男孩将信将疑地接过第二颗糖。

陶行知又说道:"据我所知,你打的那位同学是因为他欺负别的女同学,说明你很有正义感,我再奖励你一颗糖。"

这时,男孩感动得哭了,说:"校长,我错了,同学再不

第八章　鼓励，为学习习性成长注入活力

对，我也不能采取这种方式。"陶行知于是又掏出一颗糖："你已认错了，我再奖励你一块。我的糖发完了，我们的谈话也结束了。"

生活中，很多孩子却没有这样幸运，家长或老师发现他们欺负殴打弟弟妹妹或其他同学，一般都会对打人的"坏孩子"进行严厉的批评教育。正在气头上的孩子受到批评后不服气，强词夺理把错误往对方头上推，结果双方各执一词、谁也不服谁。孩子打了人但又受到家长、老师的指责，想不通、更委屈，被坏情绪牵头鼻子走，还想再去报复，似乎这样才能找到心里的平衡点，结果使情绪变得更加糟糕。

比这还要糊涂的家长喜欢拿已经或正在进步的孩子与更优秀的孩子比，总觉得自己的孩子没有别人的孩子优秀，没有达到自己期望的目标，压根不值得鼓励和表扬。孩子考试成绩进步了，家长却认为努力不够，与成绩优秀的同学比还有很大差距，等达到优秀成绩后再去表扬。结果让孩子觉得永远满足不了家长的要求，当然也就很难得到鼓励。得不到父母的肯定赏识，感受不到学习和生活的快乐，内在潜能始终激发不出来，学习习性的培养只能成为一种奢望。这样的父母已经到了必须反思的时候了，一定要消除贪婪心理，并在观念上明白，孩子因鼓励而优秀，并不

是等到优秀了才去赞赏鼓励。

客观地说,每个孩子身上都有不少可圈可点的长处,关键在于我们成年人是否具有发现孩子优点的眼光,有些问题看起来是缺点,但换个角度则是优点。只要我们调整好自己的心态,对孩子身上的闪光点表示积极的关注和认可,有一点进步就不失时机地进行表扬鼓励,他们潜在的智力水平就可能得到更好地挖掘。从而专注于中心意志,学习习性自然能够培养起来,知道用主要精力勤学苦读,一定能够在学习上不断进步,成为一个综合素质全面的优秀学生。

大爱型鼓励

在一般人看来,鼓励以及表扬是那些表现优秀、取得骄人业绩者才有资格享有的专利。其实不然,就未成年人这个群体而言,真正渴望鼓励且最有鼓励价值的往往是那些不具备学习习性、学业困难、各方面表现平庸、有这样那样缺陷或心理纠结的"特殊少年",也包括经常惹事生非、麻烦不断的"问题孩子"。他们常常因为各种困惑而信心缺失、感到迷茫,特别在意别人的看法。外界的同情接纳和支持帮助无疑是疗伤止痛的灵丹妙药,是他们自强自立的精神支柱,一旦缺少他人的关爱和支持,力薄势单的他们可能因此精神颓废失去向上的动力。

美国哈佛大学著名教授威利姆·詹姆说:"普通人在生活工

第八章　鼓励，为学习习性成长注入活力

作中只使用了自己1/10的潜能……在我们身心之内，尚有很多有待开发的潜能，只是我们习惯性地不加以利用。"一般来说，人的智力和机体能量都隐藏在生命的最深处，那些后进学生，特别是有注意力障碍的孩子，他们智力系统不同程度地受到生理性破坏，自我修复能力低下，其内在潜力很难通过自己的努力激发出来，务必需要超常的爱心和生理要素修复相结合，方能够把他们机体内沉睡的潜能挖掘出来。

在一个文明的国度里，几乎每个成人都有一颗赤诚的护犊之心，像爱护幼苗一样爱护每一个晚生。不管孩子智力能力多差，不管别人多么看不起，总有那么多家长、老师始终如一地给这些无辜的孩子以同情和人文关怀，对他们身上微不足道的亮点或进步给予赏识鼓励，帮助他们唤醒体内潜在的能量，树立自强不息的信心，从而保持奋发向上的动力。这是鼓励的最高境界，体现的是人类至高无上的爱心，弥足珍贵。

案例：老师相信你是最好的

美国电影《师生情》有这样的情节，优秀的白人教师在课堂上对一位长期受到种族歧视的黑人学生说："孩子，老师相信你是天下最好的学生，是顶天立地的男子汉！你不要紧张，仔细数数老师这只手有几个手指头？"

让孩子爱上学习
从呼吸开始再造孩子的学习习性

那孩子慢慢地抬起头,涨红了脸,盯着老师的5个手指,数了半天,终于鼓足勇气开口说"3只"。

老师满怀激情地说:"太好了,你已经有了很大进步,一共只少了两只。"使这个一向在别人眼里低人一等的孩子受到了尊重和莫大的鼓励。

在我们的身边,不乏有各种先天性生理缺陷的孩子,绝大多数父母都不离不弃,无怨无悔地接受这样残酷的现实,竭尽全力地奉献出自己的爱心,帮助孩子克服生理和心理上的各种障碍,重新建构起信心,创造了一个又一个生命奇迹。

案例:常识老爸周弘

浙江一位普通工人,女儿1岁半时因发高烧误用庆大霉素针剂,成了聋哑人。从此,他带着女儿走上了一条与命运抗争的路,跑遍北京、天津、上海、西安等几十家全国有名的医院,进行康复治疗。同时,夫妇俩还把医学治疗与爱心唤醒结合在一起,日复一日地教孩子从最简单的喊"爸爸""妈妈""鼻子""饼干"……学起,一遍、二遍、十遍、二十遍……当女儿婷婷终于喊出含糊不清的"爸爸""妈妈"时,夫妇俩都异常高兴地翘起大拇指鼓励道:"婷婷,你真行,我女儿就是聪明。"

第八章　鼓励，为学习习性成长注入活力

父母的赞赏，使女儿意识到口语交流的意义，开始主动用说话表达自己的愿望。有一天，失语女儿嘴里突然蹦出了"希刀（鸡蛋）""布多（苹果）""倒滴滴（巧克力）"。父母听到哑巴女儿终于说话了，兴奋地高喊："婷婷，你真聪明，我们的女儿太了不起啦！"

经过长期坚持不懈地治疗和爱心唤醒，终于使女儿婷婷机体内沉睡的细胞重新有了活力，从一个双耳全聋的哑巴成为中国第一位聋人少年大学生，留美硕士，他本人也被美誉为"赏识老爸"。他总结并倡导的赏识孩子的做法对有生理缺陷儿童的家庭教育提供了有益的借鉴，受到学界的认可和高度关注。这一桩桩、一件件爱的故事，似乎揭示出这样一个真谛，赞赏鼓励的本质是给低能弱势者心灵上注入的一剂兴奋剂。

三、鼓励是爱的流露

曾经听到一个家长说，我们家的孩子上小学时表扬一下高兴好几天，打上了高中不再吃这一套，表扬鼓励起不了丝毫的作用，无异于"对牛弹琴"。真不知道如何赏识鼓励才能使这个铁石心肠的孩子得到感化。

不妨听听美国星星监狱长劳斯怎么说："我发现，犯人们在

让孩子爱上学习
从呼吸开始再造孩子的学习习性

受到适度的表彰后，更愿意和我们合作，表扬比严厉的惩罚和责备有效得多，而且有助于恢复他们的人格。"他还说，"想要制服一个骗子或强盗，只有一种方法，那就是像对待一位体面的绅士一样对待他，把他看作一个行为规矩的正人君子，这样，他会因为觉得有人相信他而感到温暖和自豪。"

毫无疑问，没有哪一个家长承认自己的孩子连一个犯人都不如，这只能说明我们的家长缺乏对孩子真正的爱心，很大程度上是鼓励流于形式，变成了一种敷衍或浅薄的奉承。

鼓励需要极大包容和真诚

鼓励的确需要极大地包容，更需要真诚，唯有真心诚意触动孩子情感、引起他们内心共鸣时才能激发出他们善良的愿望和积极进取精神。也就是说，任何形式的鼓励都是建立在真心诚意爱的基础之上，爱的愈深，愈显诚意，愈能够打动孩子的心灵。因此即便口头赞扬两句也要发自内心，合乎事实恰如其分。同时，说出的话要以有利于对方为目的，假若以自我为中心，任何听起来华丽漂亮的鼓励都很难真正打动他人。大而化之忽悠、夸大事实的吹捧，不但达不到鼓励的目的，还会引起孩子的反感，鼓励从此失去意义。

鼓励不单是口头表扬两句，更需要一如既往地支持，用行动帮助他们树立战胜困难的决心。

第八章　鼓励，为学习习性成长注入活力

案例：从伤痛和绝望中走出的科学巨匠

铃木镇一是日本著名的小提琴家、音乐教育家，日本才能教育研究会会长。早年在德国学习小提琴时，生活和学习上的困难几乎让他到了绝望的地步，甚至产生过自暴自弃的念头。所幸的是，一个偶然的机会他结识了爱因斯坦先生，这个后来享誉世界的科学巨匠，用其独特的视角发现了眼前这个貌不惊人的小伙子的音乐潜质，从此，对铃木先生关怀备至，使他鼓足勇气重新扬起了理想的风帆。

一次，爱因斯坦专门买票邀请铃木镇一同去听音乐会，并约好在公共汽车站见面。有意思地是，尽管铃木镇一先生每次都能够准时到达，但爱因斯坦总是提前等候在那里。作为一个异乡游子，他被爱因斯坦的真诚鼓励深深打动，暗暗地下决心，一定要更加努力学习来答谢爱因斯坦先生的厚爱。

在一次朋友举办的家庭音乐会上，参加宴会的每位来宾都表演了精彩的节目，他们也让这位来自东方的留学生演奏一个曲子。初来乍到的铃木镇一先生非常紧张，有些技不如人的感觉，但又不便推辞，只好用朴素的手法演奏了一曲自认为最拿手的《布勒夫兹奏鸣曲》。

铃木镇一先生演奏完毕后，大家开始喝茶聊天，这时宾客中一位70多岁的老太太问爱因斯坦先生："你觉得铃木先生的演奏

让孩子爱上学习
从呼吸开始再造孩子的学习习性

怎么样?"

爱因斯坦回答说:"他演奏的非常成功,这样美妙的旋律,让我仿佛听到了地地道道的德国《布勒夫兹奏鸣曲》。"

"难道你不觉得奇怪吗?教授。"老太太好奇地问道。

爱因斯坦不解地说:"我很想知道有什么让您这样奇怪,夫人。"

"恕我直言,铃木镇一先生是日本人,是在与我们完全不同的文化中长大的,他果真能拉出这样高的水平吗?我表示怀疑。"

爱因斯坦先生脸上顿时露出了孩子般纯真的笑容,他慢慢地说道:"世间的人们都是一样的啊!包括我本人在内的每个人都需要鼓励,我们原本没有什么不同。"身旁的铃木镇一先生听到后,感动得眼眶都有些湿润了。

爱因斯坦非常懂得此时此刻铃木镇一先生所处的尴尬境地,转过身来拍着他的肩膀说:"铃木镇一先生,好样的,你真棒,我的童年比你糟糕多了。"接着,他回忆起了自己的童年往事,一下拉近了与铃木镇一的距离。

原来,这个大名鼎鼎的科学家4岁才会说话,上学后,每次考试都是倒数第一名,那时满分是5分,他多数时候只能拿1分,偶尔能考2分。邻居都认为他智力有点问题,老师和校长也都断

第八章　鼓励，为学习习性成长注入活力

言，"这孩子将来肯定不会有什么出息"，连爱因斯坦也认为自己比别人笨多了。所以经常感到惶恐和沮丧，对自己的前途失去信心，甚至产生了退学念头。幸运的是，他有一个世界上最了不起的父亲，不管别人怎么看不起爱因斯坦，他却从来没有指责、抱怨过自己的孩子，时时处处鼓励爱因斯坦，使他慢慢有了信心。

有一天，爱因斯坦的父亲给儿子买回一盒积木让他玩，每搭好一层，他的父母亲就在旁边鼓掌，大声喝彩："搭得多好，太棒了！"再搭好一层，耳边又传来"真是个能干的好孩子！"的夸赞声。父亲真诚的鼓励，让他开始感觉到自己并不比别人差多少，其他孩子能做到的自己也能做得很好。

随后，爱因斯坦开始跟随父亲学习小提琴，渐渐从美妙的音乐中体验到了从未有过的震撼力，让他从伤痛和绝望中看到希望，使接近颓废的人生充满朝气。伴随着音乐的节拍，他暗淡的人生重新焕发出生机和活力。也许缘于父亲以及更多像爱因斯坦父亲那样的人赏识鼓励，才能使一个智力平平的人能够带着无限的激情沉浸到科学的海洋，并最终成为一个举世瞩目的科学巨匠。

四、鼓励的艺术

鼓励更多的时候是雪中送炭,而不是锦上添花,越是表现不好的平庸孩子越需要鼓励,这已是不争的事实。然而,要真心诚意地对一个智力一般、经常麻烦不断的孩子进行夸赞鼓励的确有些违背常理,强人所难。有时,我也听到一些家长说:"看到我们家那个不争气的东西,我的气就不打一处来。"显然,这不是一个有责任的家长。

平庸的甚至存在生理缺陷的孩子他是一个有血有肉的活生命,不是个东西,好的留下,不好就扔掉。有时老天真跟我们开了一个不大不小的玩笑,把一个并不完美的孩子塞给我们,谁也没有丝毫的理由去拒绝,只好认命,接受这样的事实。再说了,孩子是咱们生、咱们养的,做父母的不去心疼还有谁疼。我们不但要疼,还要真心实意、快快乐乐地疼,自己给自己找乐子。一旦有了乐,心里亮堂了,思想快活起来,逐渐能够用炙热的双手去温暖孩子冷漠的心灵,以积极心态去看待那些看似不好的东西,用轻松愉悦的艺术化语言把父母的爱心传递给孩子。相信,心里有了爱,一定能够感动上苍,化平庸为神奇。

从这个意义上说,鼓励不单是对优秀孩子的赏识和表扬,

第八章　鼓励，为学习习性成长注入活力

更是送给生活中有各种困惑、遇到挫折亟需帮助的学生的最佳补品。

案例：只有你欣赏我

有一篇短文，记述了一位母亲在参加学校家长会后与孩子的精彩的对话，值得人们仔细品味。

第一次参加幼儿园家长会，老师说："你的儿子有多动症，在板凳上连三分钟都坐不了，你最好带他去医院看一看。"回家的路上，儿子问她老师都说了些什么，她鼻子一酸，差点流下泪来。因为全班30位小朋友，唯有他表现最差；唯有对他，老师表现出不屑。然而她还是告诉她的儿子："老师表扬你了，说宝宝原来在板凳上坐不了一分钟，现在能坐三分钟。其他妈妈都非常羡慕妈妈，因为全班只有宝宝进步了。"那天晚上，儿子破天荒吃了两碗米饭，并且没让她喂。

儿子上小学了。家长会上，老师说："这次数学考试，全班50名同学，你儿子排第40名，我们怀疑他智力上有些障碍，您最好能带他去医院查一查。"回去的路上，她默默地流下了泪水。然而，她绝不把愁容带回家里。进门后，她面带微笑地对儿子说："老师对你充满信心。他说了，你并不是个笨孩子，只要能细心些，会超过你的同桌，这次你的同桌排在第21名。"说这话

让孩子爱上学习
从呼吸开始再造孩子的学习习性

时,儿子一向黯淡的眼神瞬间闪烁出一道亮光,沮丧的脸也一下子舒展开来。她甚至发现,儿子温顺得让她吃惊,好像长大了许多。第二天上学,起得比平时都要早。

孩子上了初中,又一次家长会。她坐在教室里,等着老师点她儿子的名字,因为每次家长会,她儿子的名字在差生的行列中总是被点到。然而,出乎她预料的是直到结束,她都没有听到。她有些不习惯,临别去问老师,老师告诉她:"按你儿子现在的成绩,考重点高中有点危险。"她怀着惊喜的心情走出校门,此时她发现儿子在等她。路上她扶着儿子的肩膀,心里有一种说不出的甜蜜,告诉儿子:"班主任对你非常满意,他说了,只要你努力,很有希望考上重点高中。"

高中毕业了。第一批大学录取通知书下达时,学校打电话让她儿子到学校去一趟。她有一种预感,儿子被清华录取了,因为在报考时,她给儿子说过,相信他能考取这所大学。儿子从学校回来,把一封印有清华大学招生办公室的特快专递交到妈妈手里,突然转身跑到自己的房间里大哭起来,边哭边说:"妈妈,我知道我不是个聪明的孩子,可是,这个世界上只有你能欣赏我……"这时,她悲喜交加,再也按捺不住十几年来凝聚在心中的泪水,任它打在手中的信封上……

第八章 鼓励，为学习习性成长注入活力

乍一看，家长没有如实地反馈老师对孩子的看法，细细琢磨起来不难看出，这个妈妈对孩子的爱字里行间都充满了智慧，她完完全全读懂了孩子的心，知晓孩子从小因为成绩不尽人意时所受到的压抑，渴望从老师那里得到什么。于是，她用宽阔的胸襟和极大的爱心接纳了孩子智商不高这个残酷的现实，用发展的眼光在没有歪曲夸大事实的前提下，对老师的见解进行了艺术化的加工，使老师消极的结论性评价变成了正面的积极期待，最终用善意的"谎言"把老师的真实意图传达给了孩子，使这个智商不是很高的孩子受到鼓舞，增添了无穷的力量。

五、鼓励，贵在坚持

矫正孩子的不良行为习惯甚至是生理缺陷需要一个漫长的过程，期间会出现多次反复，有的家长对孩子鼓励一两次后，发现没有发生实质性变化，认为孩子朽木不可雕也，从此便把鼓励扔在一边，这是非常不负责任的行为。有学习障碍和生理缺陷、表现一般的孩子，普遍缺乏内在精神动力，鼓励是他们心灵的维他命。只有持续不断地给予鼓励，帮助他们建构起自信心，自身有了造血功能，培养起优秀的习惯后，他们才能够从内心产生向上的动力。

让孩子爱上学习
从呼吸开始再造孩子的学习习性

案例：别人不能做到的你也能做到

有"赏识老爸"美誉之称的周弘，通过赏识教育把一个聋哑孩子培养成为一名大学生，并留学美国获得硕士学位。

婷婷8岁那年，周爸爸向女儿提出了背诵圆周率小数点后面1000位挑战，婷婷欣然表示同意。婷婷爸把圆周率小数点后面的1000位编成一个个荒诞离奇的故事，让她每天背100位，结果10天的时间就完成了这一奇迹，创造了一项世界之最。看到女儿出色的表现，婷婷爸激动地说："太了不起啦，别人能做到的，你能做到，别人不能做到的，你也能做到。"相信，任何人受到这样真诚的鼓励，都会焕发出积极的内在活力。

写作文几乎是每个小学生面临的一个共同难题，婷婷也不例外。可周爸爸硬是用一张蜜甜的嘴帮助女儿培养起了写作文的兴趣。每次看完儿的作文后，他都要用红笔在优美的句子下面画上红色波浪线，让婷婷把作文朗诵给大家听。不管孩子写得怎么样他都会饱含热情地对女儿说道："简直太好了，小小年级能写出这么优美的句子，比爸爸小时候强多了，我和你妈妈很想听听你写作文有什么经验？"婷婷一板一眼地说自己的体会，越说越来劲，而且语言新颖，很有文采，口语表达也渐渐流利起来，作文的水平有了很大提高，10岁时就与父亲共同出版了《从哑女到

第八章　鼓励，为学习习性成长注入活力

神童》，后来单独写了6万字的科幻小说。

三年级的时候，婷婷的珠算是全班最慢的，每次打百子就发怵犯愁。婷婷爸非常自信地对女儿说："爸爸相信不远的将来你打算盘一定是全班最快的。"

女儿不解地问"为什么？"

"想想看，别的小朋友小的时候都受过一系列的手工训练，而你小的时候从未被训练过，但与他们的差距不是很大，只要我们练上一阵子很快就会超过他们。"婷婷点点头表示同意父亲的说法。

婷婷爸有意从简单的数练起，婷婷打得虽然很慢，但每次答案都正确。每加十位，爸爸就在旁边欢呼，"完全正确，棒极了，我小的时候练五六遍还常常出错，急得我满头大汗。"婷婷在父亲的鼓励下很快在珠算练习中找到了自己的乐趣。

后来，女儿打百子，婷婷爸给看时间，第二天比头一天快些了，第三天更快了，一个多月的时间居然从20分钟提高到1分30秒。婷婷爸高兴地对女儿说："我的女儿真是聪明，任何事情不干则已，一干就非常出色。"

偶尔有一次打慢了，他也会善意地撒个谎："这次稍慢一点，但也快了1秒种。"

女儿天真地说："爸爸，我原以为这次肯定不能达标了。"

让孩子爱上学习
从呼吸开始再造孩子的学习习性

"多棒啊,你认为发挥得不好的时候都快了1秒钟,感觉好的时候不知要快多少。"夸得女儿心里美滋滋地,打一遍还想再"玩"一遍,有时到了吃饭的时候还不愿停下来。

成为情绪调动高手

由于考试成绩不佳而沮丧纠结,因为情绪不好而灰心泄气,没完没了的忧虑使许多儿童出现注意力障碍,学习习性出现问题,学习的兴趣、学习动力下降,成绩下滑,烦恼增多,这几乎成了很多青春期孩子最头疼的问题,有时对于鼓励也会感到有些麻木。

聪明的家长遇到这样的情况一般都会帮助孩子找准烦恼源,给他们减轻压力,分担忧愁,创造快感,并与孩子一起分享快乐。让他们把心结打开,让内心安静平和,思想杂念减少,使学习习性复活,重新找到学习的乐趣。

周弘先生无疑是个调动情绪的高手。每当女儿心情不好或考试前情绪紧张的时候,他就会与孩子一起回忆快乐幸福的往事,比如,受到表彰奖励、与同学拜干姐妹、游戏获胜时刻的好心情。有时这个老"活宝"还模仿电影里风趣幽默的滑稽人物,做鬼脸、找乐子,全家人乐成一团。婷婷更是笑得前仰后合,心中密布的忧郁随之烟消云散,甩掉包袱,把头脑清空,以轻松愉悦

第八章　鼓励，为学习习性成长注入活力

的心情进入学习状态。

有一次，婷婷语文考了75分，一连几天心情不好，抱怨"上学太苦，童年没有意思。"婷婷爸一边帮助孩子塑造乐观的开朗的性格，一边带女儿散步聊天说："你从一个聋哑孩子到学会说话、上普通小学、跳级、拿第一，说明你比一个健全人还要优秀。偶尔没考好，并不等于你不行，即使永远考不好，你都是爸爸妈妈心目中最棒的孩子。我们为你自豪，永远爱你！"婷婷受到鼓励感到豁然开朗，心情逐渐好转起来，重新燃起了学习的激情，进入学习的佳境。

第九章　教子需要负责的文化行为

在社会生活中成年人开车要有驾驶证，当律师要有律师资格证，教书要有教师资格证，行医要有执业医师证……所有这些证书的获得须经专门培训和严格考试后才能获得。以此保证当事人按照一定规范驾驶车辆、参与诉讼辩护、教书育人、治病救人。假如未获得相应的资格证书，你的技能未达到其资质要求，非法从事上述活动，势必打乱行业规范，带来不良的社会危害，整个社会必然乱成一锅粥。

儿童的家庭教育是一个很特别的例外，人类社会繁衍生息，当家长从来不需要经过严格培训考试，也不需要什么证书，青年男女把爱情的结晶孕育成可爱的宝宝很自然就荣升为家长。至于你自身素质优劣，是否具备当家长的资格，无人问津，用何种方式教育子女也没有人跟你较真。

所以，古时候起我们对儿童教育基本上是无师自通，方式可谓五花八门，导致很多不具备教育资格的家长总是用自认为正确的方法错误地教导孩子，结果辛辛苦苦把娃娃教偏带歪，不少孩

让孩子爱上学习
从呼吸开始再造孩子的学习习性

子包括一些很有天赋的好苗子只能庸碌一世，这是对生命极端地不负责任。

到了现代，即便开始有了家长课堂，开设了儿童教育专门课程，但在很多家长看来，孩子是我生我养的，教育理所当然地是我的权利，想怎么教育"老子""老娘"说了算，与别人无关。于是，大多数时候父母的素质基本决定了孩子的命运，便出现了"龙生龙、凤生凤，老鼠的后代会打洞"这么一种怪圈。父亲是银行家的就按照银行家的职业风格影响塑造孩子，子女长大后行为举止会显现出很多银行家的元素；父亲是医生的就会把医生的文化元素灌输给孩子；父亲是木匠的就按照木匠的习性和价值观调教孩子，子女未来大都会打下明显的木匠烙印；父亲是个好吃懒做的赌徒或惯偷，儿子成年后可能也会养成游手好闲的恶习……

一、儿童教育的两个误区

在独生子女时代，用想当然的方法教育培养未成年子女，从根本上讲还是个观念问题，明显地存在着两大误区。一种人，崇尚"教育万能论"思想，不管孩子是否具备学习能力，过分迷信后天的教育。在他们看来，只要让孩子上个好学校，平时管的严

第九章　教子需要负责的文化行为

一点,狠一点,他们未来都能够考上理想的大学。

不少青年男女从走进婚姻殿堂的那天起,就把宝宝的未来教育列入重要的人生规划,如何胎教、营养,宝宝降生后怎样制定0-3岁方案,科学进行早教,每天像猎鹰一样捕捉子女教育的信息。今天从广告上看到吃什么增高素可以增加孩子的身高,不管是真是假,就稀里糊涂买回来给孩子吃;明天听人说剑桥英语对儿童口语很有帮助,不管孩子愿不愿意,先报个班再说,把孩子关在教室里玩命地学;后天看到电视上正在热播那个所谓的"国际记忆大师"口水乱溅高谈阔论记单词的要诀,心动不如行动,立即拿起电话订购正在打折的光碟。希图拿来在孩子身上复制,东一招、西一招,家长、小孩忙得云山雾水,最终多数都难以达到想要的那样结果。

另一种人,主张儿童养育自然天成。认为种瓜得瓜,种豆得豆,娃娃的学习是天生的,成龙成凤或成虫老天自有安排,谁也无力改变,对孩子的教育撒手不管。即便认可后天教育的作用和有效性,也把教育看成是学校的事、老师的事,家长无能为力。结果,许多有天赋的孩子因缺少良好家庭教育环境的刺激,其潜能没有得到很好地开发,最终成了一个平庸无能之辈,抱憾终生。

儿童的学习能力究竟是先天遗传或是后天习得?哪个起主

让孩子爱上学习
从呼吸开始再造孩子的学习习性

导作用？一直是学术界争论的焦点。不过，把人的智力发展看作是遗传（天性）与环境（养育）共同作用的结果，且两者缺一不可，似乎不会有太多的争议。每个青少年不管多么有天赋，如果忽视了后天的教育，其内在潜能没有很好地挖掘出来，最终也不会有大的作为。同样，一个自身天赋不是很好，希冀后天优越的教育环境让他们在学业上取得巨大成就，也不是很现实。

英国心理学家戴·冯塔纳在所著的《教师心理学》指出：有着相同遗传基因的儿童如果生长在环境刺激分别是非常丰富和非常贫乏的情况下，他们成熟时似乎可以存在25个IQ（智力）分值上的差异。比如，一个4岁时具有95这样平均水平IQ的儿童，如果在成长中接受了适宜的环境刺激，在他离开学校时智力水平可以达到100—105的范围，如果没有接受良好的环境刺激，他的智力会下降到80—85的范围。这样的研究成果得到遗传学家和心理学家的高度认可，说明遗传基因是决定一个人智力优劣不可忽视的根本原因，同时，任何孩子不管天赋优劣，只要后天教育方法得当，其智力水平都会得到相应提高和改善。

二、优化儿童教育"四大要诀"

儿童的家庭教育非但不可或缺，还是一门很有现实意义的

第九章　教子需要负责的文化行为

人文科学，任何过分夸大遗传因素或后天教育作用都是片面的幼稚的。从而，提醒每个家长在对未成年子女教育时务必要有一个负责的文化行为，也就是说家长的教导方式当然要经得起时间的考验，不但要为眼下的学习考量，更要为他的一生幸福负责。同时，所倡导的理念切实可行，自己尚且身体力行，倘若你自己都不能做到，当然无法在孩子身上复制。它包含了四个要素。

树立以孩子为主导的自然教育观

一家知名鞋业老板娘，每次新款上市就给自己的姑娘带一双新鞋回去，但多数时候姑娘都不满意地扔在一旁，并对母亲说，"今后再不要给我买鞋了。"母亲一听万分懊恼，好心好意给你买一双流行新款，非但听不到一句感谢的话，还不停地抱怨。孩子硬生生地甩了一句，"是我穿还是你穿，合不合脚你说了算还是我说了算。"母亲无语，只好无奈地离去。

适合自己的才是最好的。每个孩子作为不同的教育主体，气质秉性、心理特征和智力水平千差万别，唯有符合孩子心智特点的家庭教育方式才能被他们所接受，并使孩子性格、认知上的不良习惯和缺陷得到很好地矫治，促使人的智力和情感得到更好发展。同时，唯有确立与孩子智力水平相匹配的教养方式和目标，才能够对他们发育和成长起到正面的激励作用，唤醒内在潜能，最终使他们的综合素质得到相应的提高。

让孩子爱上学习
从呼吸开始再造孩子的学习习性

父母之爱,天地可鉴。每对父母所作的一切都是为孩子好,这一点毋庸置疑。然而,倘若无视儿童成长规律,也不去考虑孩子内心的所想所需,盲目借鉴别人的教养方式,想当然地对孩子进行所谓的智力开发,很难达到预期目的。特别是在学习上给孩子提出过急过高的要求,不惜一切代价让智力水平一般的孩子去考大学,或削足适履,让他们去干他们不愿干的事。如此有悖于青少年成长规律的行为无疑是对人性的极大摧残,只能给儿童的身心成长造成更大伤害。

优生学创始人高尔顿有一句名言:"自然的力量远大于培养的力量。"它告诉人们,一个称职的父母的确很有必要对孩子的心智情况和智力水平有一个全面客观的了解,并按照他们的脾气秉性和个人喜好,选择与其相匹配的教育模式因材施教。相反,压根不了解孩子的心理和智力特征,一味地按照自己的思维习惯确定家庭教育的方式,以成人的价值观替代孩子选择发展方向,除了证明家长对教育的无知别无他用。

比如,有些孩子存在程度不同的注意力障碍,思维散乱,坐不住,智力平平,上个中不溜的学校足矣,但父母非要花大钱或利用自己手中的权力让孩子读重点学校,希望在高水平学校和名师的指导下使孩子成绩能够立竿见影得到提升。岂不知,孩子不具备相当的学习能力,理解接受能力差,跟不上趟,坐在教室里

第九章　教子需要负责的文化行为

像听天书一样，得到的只有精神压抑受折磨的感觉。如此花钱买罪受，不但对提高学习成绩没有丝毫帮助，还会因为孩子感受不到学习的乐趣而产生厌学情绪，连自信心都会受到挫伤。

再比如，有的孩子感情和想象力很丰富，具有艺术创造性天赋，父母非要让他去学习热门的经济学、法律和计算机，毕业后从政经商挣大钱。表面看，如此想法契合了时代发展之大势，但不符合孩子意愿，让他们去学习本来不喜欢的专业，势必压抑孩子的天性和创造力。这样有悖于孩子智力发展规律的愚蠢举动，唯一的结果是引发儿童对学习的焦虑，学无所获事小，对生命意义及人生未来产生困惑事大。

培养宽泛的竞争能力

不管从成功学角度或生命的意义而言，教育的本质是培养健全的人格，它有三层含义，一是培养孩子积极而理性的生活态度，愈是成就大事业，愈需要有健康独立的人格。二是引导孩子发现他们的兴趣爱好，把机体内潜在的能量挖掘出来，使生命价值最大化。三是帮助孩子了解自己的个性特点，弥补心智短板，提高宽泛的竞争能力。

今天，相当一部分学校，视升学率为教育领域的GDP，老师家长则把考试分数、排名当成衡量学生优劣和教育成败的唯一标准。

让孩子爱上学习

从呼吸开始再造孩子的学习习性

梭罗指出:"一个人若生活得诚恳,他一定是生活在一个遥远的地方。"这一至理名言昭告人们,一个科学的教育理念必定要与当下世俗的潮流保持相当距离,而不能盲目地随大流。学生学习成绩好就一好百好,至于理想、道德、健康人格、人生价值观等则完全忽略不计,对生活技能的培养更是不屑一顾,这是一种极其短视甚至愚蠢的教育观,必然造成能力上的缺陷和素质的短板。没有健康的人格追求,知识再多也是白搭,学历越高对社会的危害越大。

理念决定未来,有什么样的人格就有什么样的价值观,尽而产生不同的思维和行为方式。也就是说,现代社会一个称职的家长,应该有更加长远的眼光,尽可能引导孩子树立正确的人生理想和追求,从小确立事本位而非利本位思想。同时,还要注重培养积极心理,让他们学会选择,懂得超越和升华自我力量,使人的生命充满活力。

兴趣是人们心理上对某一事物油然而生的积极趋向于它的一种特殊感情,一旦与其联系在一起就能忘我地投入其中并产生惬意欣快的感觉。孩子的兴趣爱好在学理上叫秉性,家庭教育很重要的一项任务是通过引导孩子参与更加开放的社会活动,让他们的禀赋冒出来,从而塑造和建立自己探究性学习情感准备,力求在学习中感受到成长的快乐。一旦把人生追求定格在发展自己

第九章　教子需要负责的文化行为

的兴趣爱好上，就可以最大限度地把生命的潜能发挥出来，步入社会后方能走得更远，使生命更有意义。当然，这样做的家长只是少数，很多现实主义家长不考虑孩子的"性向"，只为了眼下能上个好学校，让孩子硬着头皮去学他们本来不感兴趣的东西，严重背离了儿童成长规律，"爱之反而害之"是对孩子天性的抹杀。

俗话说"良田千顷，不如一技在身"。科学实验早已发现，让孩子多干家务，不但有利于促进大脑发育，增进心灵成长，还可以提高孩子动手能力和自立生活能力。走向社会后多一种选择，多一条谋生的路子和生存方式，这样的道理相信大多数家长不言自明，只不过有时过于感性，不忍心让自己的独苗吃苦受累，也许是我们打不开的心结。

犹太人重教育世界闻名，但是，他们不读死书，鼓励创新，提倡将学到的知识转变成智慧、经验或者财富，尤为重视生存技能的学习。通常犹太家庭的孩子长到10多岁的时候，父母一定会让他们学习一门手艺，如木工、厨艺或者园艺等，以便在遭遇变故时，即便失去财富也能找到一条生存道路。这样智慧的教育理念令人敬服，值得我们学习、反思和借鉴。

从孩子一生来说，学习成绩只是儿童教育多个要素之一，提高他们的实践能力任何时候都比眼睛只盯着学习成绩不知重要

让孩子爱上学习
从呼吸开始再造孩子的学习习性

多少倍。因此,一个立志把孩子培养成未来社会精英的家长,在期望孩子拿高分数、考好成绩的同时,别忘记动手能力、沟通能力、承受挫折的能力等培养,创造条件不断提高与人交往的能力以及处理各种困难的能力。这样,在挖掘生命最大潜能造福大众的同时,培养孩子宽泛的竞争能力,使他们在激烈的社会竞争中活得更有尊严。

心智成长胜过智力开发

《大学》讲,"自天子以至于庶人,皆以修身为本"。可见,养身修心锤炼心智是做人之根本。心智,是人们各项思维能力的总和,在感受、观察、理解、判断、选择、记忆、想象、假设、推理的基础上指导其行为。乔治·博瑞博士认为,心智主要包括获得知识、应用知识、抽象推理三个方面的能力。

对于有心智的人来说知识是肌肉,对于无心智的人来说知识是脂肪。专注、宽容、理性、自信是心智成熟的重要标志。对于绩优生来说,专注无疑是他们人生最大的无形资本。但是,我不得不给这些智力超群的孩子一个善意忠告,对一部分学生而言,思维过于专注,视野狭窄,不够大度很可能是他们的致命短板。对于这些高智商、低情商的孩子,帮助他们进行心智建设,开阔视野,拓展胸襟,学会宽容,则是每个家庭成员提高修养和学习教育终生的必修课。

第九章　教子需要负责的文化行为

古今中外，这样的故事不乏其例，林林总总显赫的家庭，祖祖辈辈致力于修心养静，塑造孩子谦逊、达观、优雅的气质。家庭中的每个成员都不遗余力地营造一种大海般品质，习惯于把身段、语调放低，多看他人身上的长处，用开阔的视野去发现世界的精彩，理性接纳多元的生活方式和不同见解，逐渐使孩子的心胸变得豁达而厚实，提升适应社会的能力，以此促进家庭基因的优化改良。

对于另外一些家庭，如果发现孩子学习上已经努力了，但成绩依然上不去，此时，盲目地给他们报各种补习班、请家教，或一味责怪他们学习不认真不刻苦，只能使情况越发糟糕。一个行之有效的办法是用爱心去营造一个温馨的家庭氛围，从培养孩子平和专注的气质入手，让他们的心首先安静下来，以此建构优质的心理硬件。假以时日，就可能使他们在学习习性得到滋养的同时，产生读书的内在渴望。今天，在一些发达的地区，有各式各样的读书会像雨后春笋般兴起。不少年轻家长，业余时间以书为伴，把阅读学习当作生活的重要组成部分，与孩子建立了共同的兴趣爱好，说在一起，玩在一起，家庭充满了浓浓书味，这样的家庭压根不会为孩子的学习犯愁。

世间任何事情说来容易做来难。致力于孩子健康的心智情感培养，首先是对父母思维方式、教子观念的一个挑战。事实上，

让孩子爱上学习

从呼吸开始再造孩子的学习习性

今天有越来越多的年轻父母特别是有海外留学背景的家长，他们借助练冥想、呼吸练习，习练太极内家拳，专注内修，强健脏腑，修炼静功，驯服精神，培养定力，在浮躁而功利的社会环境中保持了一份淡定。正因为有了这种超然物外的独立人格，他们不为孩子的分数而恐慌，也不为上什么学校去奔忙，一切按照儿童的习性自然成长，活得有滋有味，什么也没耽误。

此奠基工程或许眼下对提高孩子的分数看不出什么实际作用，没有教孩子背几首儿歌、唐诗、说几句半生不熟的英语得到眼前一点实惠。但它却实实在在地帮助孩子奠定了良好的生理和心理基础，一点一滴地培养起纯正的学习习性，从根本上优化孩子的思维品质，在日后学习中能够学有所成。还可能避免亦步亦趋错误地把"提前"教育当成早期教育，让幼儿学习小学的知识、小学学习中学的课程，使孩子们在沉重的压力下过早地对学习失去信心，产生悲观厌学情绪。

教育是用一颗树摇动另一棵树

雅斯贝尔斯在《什么是教育》一书中有一段很精彩的论述，"教育是人的灵魂的教育，而非理性知识的堆积。教育本身就意味着一棵树摇动另外一棵树，一朵云推动另一朵云，一个灵魂唤醒另一个灵魂。有灵魂的教育意味着追求无限广阔的精神生活，追求人类永恒的精神价值：智慧、美、真、公正、自由、希望和

第九章　教子需要负责的文化行为

爱,以及建立与此有关的信仰。真正的教育理应成为负载人类终极关怀的有信仰的教育,它的使命是给予并塑造学生的终极价值,使他们成为有灵魂、有信仰的人,而不只是热爱学习和具有特长的准职业者。"他还指出:"所谓教育,不过是人对人的主体间灵肉交流活动(尤其是老一代对年轻一代),包括知识内容的传授、生命内涵的领悟、意志行为的规范、并通过文化传递功能,将文化遗产教给年轻一代,使他们自由地生,并启迪其自由天性。"

幼儿来到世间,对生活及其周围世界的认识和了解比较肤浅,即便是青少年仍然缺少较复杂的认知能力,他们内心有太多太多的未知数,对世界充满疑惑和好奇,成长过程中亟待从成人身上寻找答案。加之年幼的儿童是孩子习性和行为形成的启蒙阶段,他们以具体形象思维为主,父母与他们朝夕相处,一言一行成为他们生活模仿的对象,一直以来,学界或坊间都有父母是孩子的"第一任老师"之说。

进入儿童中期这个人生价值观形成的关键阶段,天真烂漫的孩子们在接受学校教育的同时,父母的思维方式、生活习惯、行为举止都将会对他们今后的成长产生深远的影响。成人所倡导的教育理念与自己的行为相契合,自然就会得到孩子的认可和仿效,孩子身上就可能明显地打下父母的烙印。

让孩子爱上学习
从呼吸开始再造孩子的学习习性

倘若，父母嘴上说的和行动不一致，口口声声要孩子靠读书立身立业、靠真本事吃饭、创天下，而自己却沉溺于吃喝玩乐，终日游戏人生，平时灌输的崇高思想就无法成为他们的价值取向，更不可能变为实际行动。有些孩子内心难免因此出现疑惑，或许会透过社会的不良现象产生"既然玩关系、投机钻营同样能够获得成功，又何必再去寒窗苦读"的想法，没准会形成及时行乐的人生价值观，哪有心思去静心读书，学习上稍微出现一点困难时就会懈怠退缩。

伴随着网游、微信长大的一代，民主平等的理念从他们懂事的第一天起就开始进入其血液，甚至深入其骨髓，超级自我意识造就了超强的自我独立思想。他们唯我独尊，轻易不愿意接受别人的说教，除非你的本事、成就和社会名望让他们佩服得五体投地，否则天王老子的话他们都不当回事。

现在，有太多的家长时不常抱怨孩子不听话、思想叛逆，习惯与父母顶嘴唱反调。抛开他们接受信息渠道广、成熟得较早以及学习压力大导致有些执拗先不说，很大程度上是我们成人不能知行合一，所倡导的理念自己都无法做到，又怎么苛求孩子按照高尚理念行事。因此，一个称职的家长单说得好不行，还要有一个好的修为，所作所为让孩子心悦诚服。

客观地说，一个人要改变自己的不良习惯不是一件容易的

第九章　教子需要负责的文化行为

事,如果真想把孩子培养教育成你所期望的那样优秀,实现你的夙愿,那只有一种方式,即用自身的活力、乐观、幽默、勤勉好学等最有价值的东西唤醒对方身上有生命力的潜能,这才是教育的最高境界。比如,当阅读成为我们生活的重要组成部分时,孩子不学习就会感到内疚,从而慢慢地产生读书欲望,迫使自己潜心于读书。

有一位朋友,儿子上中学时,学习不踏实,坐不住,怎么说都不管用,有时说多了还与父母爆粗口,朋友一点招没有。后来经人指点,朋友下班后不再参加社会应酬,回到家也不看电视,晚饭一吃就开始看书,家里顿时幽静了很多。没过多久,孩子内心也开始变得沉静,不再那么浮躁,坐在那里安安静静看书学习的时间越来越长,成绩也发生明显变化。

假如孩子并不那样优秀,且个性超强,对我们的教导存在着明显的抵触情绪,时不常与父母冷战。此时,所有的说教、抱怨、惩戒都是徒劳,唯一的办法是先学会驾驭自己的情绪,把做一个不轻易对犯错误的孩子长久生气的人作为人格修养的努力方向。相信,当我们自己发生改变后,等于用肢体语言而非单纯讲大道理把这些理念和人生价值观灌输给了孩子,他们才有改变提高的可能。

第十章 打破"盛不过三代"的魔咒

在我童年的记忆里,上世纪六七十年代,农村人住的房子大都低矮潮湿,破旧不堪,唯独村头有一户人家却新修了五间上下八(房高和深度各八尺)的大瓦房。好气魄、好眨眼,有鹤立鸡群之感,按现今的说法叫作地标性建筑。后来听村里人说,他们家有人在林业局当头儿,可以搞到便宜木材,乃不折不扣的土豪。

三十多年过去了,每次回老家探亲,看到当年那"五间大瓦房"渐渐在周围漂亮楼房的簇拥下变成了贫民窟,让人感到有一丝凄惨和惆怅。有道是"三十年河东,三十年河西"。听说当年大瓦房的建造者早已故去,"地标"现在的主人也由"富二代"沦为地道的贫农,隐约有一种难以名状的酸楚。也许这就是中国人"君子之泽,五世而斩""盛不过三代"的真实写照。

自古以来,一个家庭的贫穷与富贵和读书受教育情况有着极为密切的关系,"教育兴,则家族旺"的理念,早已经融入到中国人的血液之中。也就是说,家庭教育问题过去和现在一直被看

作是一个家庭兴旺和衰败的关键。

西方人卢比·佩耐把贫穷分为两类：一类是世代贫困，贫困的主要原因是文化行为决定的，很难有翻身之日，会永远贫困下去；一类则是境遇性贫困，多半是突发性天灾人祸（家人得了绝症、火灾、车祸）造成人亡家败，这类贫穷是暂时性的。

按照这样的理论，富贵也可分为两类，一类是一夜暴富，一代人凭借不错的时运或有贵人相助，在短时间内事业发达，快速致富。但无内涵，富根扎得不深，吸收大地的营养有限，富根没有得到滋养，后劲不足，遇到意外情况容易被外力摧毁，悖入者悖出，当然会陷入"盛不过三代"的怪圈。

另一类是智慧性富贵，靠知识经济的底蕴和德行积攒，一步一个脚印走向富裕，改变家族的命运，德厚路长，这样的家庭当然能够世代长久富贵，世代发达。

"盛不过三代"表面上看是中国人富贵与贫穷交替变化的社会现象，实质上反映了一个家庭的价值观取向，以及持何种生活观、教育观的问题，这种现象与每个家庭中起核心作用的父母的文化行为息息相关。

第十章 打破"盛不过三代"的魔咒

一、愚人之教

父母是一个家庭兴旺发达的领航员,在未成年人的成长教育中一直扮演着一个重要角色,父母的价值取向以及文化行为如何直接决定了一个家庭的贫富走向。如果作为家庭中坚力量的父母崇尚人生在世及时行乐的价值观,整天游手好闲,好过一天算一天,只能算作愚人,这些像白痴一样活着的人,必然落个白痴的下场。从现实看,此类人大都程度不同地有些智力方面的缺陷,当然无力引领家庭走向兴盛,更谈不上子女的培养教育,这样的家庭除了贫穷别无选择,永远摆脱不了社会底层的厄运。

当然,不排除一些家庭,父辈尸位素餐,苟活一生。儿女则具有截然不同的价值观,能够从穷则思变的觉醒中奋起,默默耕耘,绝地反弹,用自己的勤勉和智慧甩掉祖辈留下的贫穷帽子。

二、俗人之教

在我们这个农业社会里,有一部分成年人虽然忠诚厚老实,勤勤恳恳,里里外外朴实无华,终年日出而作,日落而息。但目光短浅,眼睛只盯着自己的一亩三分地,整天为眼前的蝇头小利忙碌,拣了芝麻,漏掉西瓜,家庭建设缺少长远规划和顶层

让孩子爱上学习
从呼吸开始再造孩子的学习习性

设计。

在子女的教育培养方面他们最大的误区是，儿女教育自然天成，父母无能为力。在他们眼中，父母的责任就是为娃儿挣得足够的学费，给他们盖好新房子，让他们讨上媳妇，姑且尽到了父母的责任和义务，至于学习教育问题一切都听天由命。由于思想观念和价值追求出奇的弱智，最终决定了他们的家庭虽然温饱没有问题，但会长期游走于社会底层，这样的父母不妨称他们为俗人。

自古以来，家庭贫穷对儿童成长非但不是包袱，某种程度上它还是人生成长的一笔宝贵财富。东西方社会中，不少政界名人、商界精英都出生在简陋的茅屋就是最好的例证。

父母的怀抱是儿童成长的避风港

心理学上有这样一个实验，有三具动物模型，前两具是猴妈妈，其中，一具是用铁丝编成的猴妈妈模具，上面挂有小猴喜爱的食品；一具是用树枝和树叶编成的猴妈妈模具，上面什么也没有；另一个是棉花和绒布做成的羊妈妈。工作人员经过长时间观察发现，聪明的小猴每当饥饿时，就跑到铁丝猴妈妈身边，用模具上的食品填饱肚子后立即离开冰冷坚硬的铁丝妈妈，跑到温柔的树叶猴妈妈身边，而且每天绝大部分时间都依偎在树叶猴妈妈怀抱里安心睡觉，醒来后总是围着树叶妈妈磨蹭，翻滚，撒娇，

第十章 打破"盛不过三代"的魔咒

上蹿下跳,非常开心。尽管用棉花和绒布做的羊妈妈近在咫尺,但却很少看到小猴往羊妈妈身边走,永远对羊妈妈敬而远之,从未跟它有过亲密接触。

同时,小猴长大后通常只有肚子饿的时候才会想起猴妈妈,而平时在两个猴妈妈模具身边看看就走了。这一实验告诉我们,幼小动物除了食物的需要,对妈妈有一种天然的依附感,而且只有呆在温顺柔美的妈妈身边才会感到踏实和满足。相比而言,成年猴的独立意识就强多了,它们只顾自个玩,很少再去黏着自己的妈妈。

低级动物如此,人类也不离外。儿童时期,生理发育快,心理发育慢,身心非平衡状态导致他们在心理和情感上对父母有过多的依赖,成长过程中不能脱离父母而单独进行。这一时期,也是学习兴趣培养、健康情绪和人格形成的重要阶段,留守儿童长期得不到父母的呵护和家庭温暖,容易产生孤僻倔强、自卑冷漠等不良心理和性格缺陷,出现厌学情绪,导致抑郁。同时,因为长期缺乏母(父)爱,感情饥渴,出现早恋现象的概率非常高,当他们发生情感危机时,得不到亲人精神上的安抚疏导,常常会发生离家出走或自杀等极端行为。

亲情分离是儿童成长的潜在危险

对于儿童的成长教育,真正的危险不是物质的贫乏,而是亲

让孩子爱上学习
从呼吸开始再造孩子的学习习性

情过早分离,情感的野蛮断裂。尤其是在一个秩序混乱、很不规范又充满竞争的年代,它的危险性不能低估。眼下,在我国广大农村,留守儿童问题已经成为一个令人不安的社会隐痛。越来越多的年轻父母为了尽快脱贫致富,背井离乡,不惜把年幼的儿女交给爷爷奶奶或其他亲戚代管,任凭这些"没娘的孩子"自我发展、自生自灭。

很多留守儿童因为缺少父母的关爱和滋养,亲情割裂,情感营养不良,精神呵护严重缺失,难免导致心灵扭曲,或疏于家庭的教育管理,形成畸形人格。走向社会后不能与人正常交往,生活中出现挫折只会用极端的方式来解决。有的甚至在不良社会的诱惑下走向犯罪的深渊,导致人财两空的社会悲剧频频发生。这些重生育、轻关爱、放弃教养的短视行为是作父母的严重失职,缺少起码应该有的人伦道德和社会责任。

《中国2010年第六次人口普查资料》样本数据推算,全国有农村留守儿童6102.55万,占农村儿童37.7%,占全国儿童21.88%。与2005年全国1%抽样调查估算数据相比,5年间全国农村留守儿童增加约242万。57.2%的留守儿童是父母一方外出,42.8%的留守儿童是父母同时外出。留守儿童中的79.7%由爷爷、奶奶或外公、外婆抚养,13%的孩子被托付给亲戚、朋友,7.3%为不确定或无人监护。

第十章　打破"盛不过三代"的魔咒

数字的背后是冰冷残酷的现实，大量的留守儿童长期与父（母）异地生活，感情隔离而性格孤僻乖戾，与人交往容易走极端。或因缺少父母管教，养成了很多不良的行为习惯，随意旷课、小偷小摸、抽烟、酗酒等，甚至走上了违法犯罪的道路。

案例：只为了那片刻报复的快感

"从懵懂到学步，你不在我身边，我不怪你；从稚嫩到青春，你不曾关注，我不怪你；从校园到社会，你不理解，我不怪你……我追随你的脚步来到这个陌生的城市，直到那一天，站在墙内，看到你的痛苦，我淡然这一切，只为那片刻报复的快感。"这是一个未成年劳教人员的日记。

2009年12月初，重庆市涪陵区警方破获一个盗窃团伙，平均年龄竟然只有14岁，年龄最大的不满18岁，最小的仅11岁，团伙中的老大年仅13岁，他们一个月入室盗窃30余起，最多一晚上盗窃七家店铺。

这11名嫌疑人中基本上都是留守儿童，由于父母常年在外打工家庭教育缺失，他们从小辍学，在社会上漂泊、流浪，平时聚集于网吧，一有机会就进行盗窃和持刀抢劫，每次作案所得钱财按照"劳动"强度和所付出的大小就地分赃，然后用于网吧上网以及日常生活，他们经常酗酒，抽云烟、玉溪等中高档烟，开支

出手十分大方,令人惊诧。

"愚人"和"俗人"一样,他们的贫穷首先是思想观念的贫穷,在知识经济时代,因为缺少负责的文化行为,在家庭建设上缺乏长远规划,急功近利,只知道满足生活和生存的欲望,无视未成年子女天然的情感饥渴,把爱的呵护和养育责任无情地丢在一旁,使父母与儿女之情严重割裂,无法培养儿童健全的人格,甚或导致人性变态。这样的家庭很难有翻身之日,绝大部分人会世代贫穷下去。除非他们幡然醒悟,有与命运抗争的勇气,能够与陈旧落后的思想观念和生活方式彻底切割,推迟欲望的满足。

相信,忍住了一时穷,把钱看得淡一点,不为眼前的利益和享受所迷惑,多留点时间陪陪孩子,尽一切可能为孩子的感情成长多浇点水,用真挚的爱心给他们提供必要的智力滋养,甩掉贫穷帽子的理想才能变成现实。

三、能人之教

真正的成功无不是经历无数次煎熬和阵痛,能够长期坚持不懈地努力,并在一次次失败又一次次艰难地站起来才最终走向辉煌。大千世界那么多有抱负有追求充满活力的人,他们本领、

第十章　打破"盛不过三代"的魔咒

魄力过人。遗憾的是，他们的价值追求过于单一，生活理念现实得有些狭隘。把获得优渥的生活条件和至尊地位当作成功的唯一标志，只为个人名利算计，朝思暮想造福子孙后代，光宗耀祖，一个偶然的机遇也许能够发迹，把事业做得风生水起。但是，许多能人由于涵养不够、富根不深，福报来也匆匆，去也匆匆，同样难逃"盛不过三代"的噩运。这些弄潮儿充其量是昙花一现的"能人"。

拼爹等于剥夺了子女的成长机会

能人，这些无所不能的人大都与精明联系在一起，缺乏文化内涵，只有个人理想，没有社会责任和担当，典型的现实主义者。在成败论英雄、金钱主导一切的今天，包括我在内的很多穷怕了的成年人，错误地把追求生活优越当作成功，看到别人发了财，生怕自己落伍被人看不起，升迁、赚钱的欲望比任何时候都来得强烈和急迫。拼命打造眼前的幸福，不择手段地积攒财富，陶醉于一种虚假的价值感中。他们相信只要自己有了相当地位和足够多的钱财，就可以为儿女创造一个优越的成长环境，孩子就可以把自己的成功延续下去，获得家庭世代幸福。

问题是，父母在打拼创造财富、满足孩子的物质需求，处心积虑地为他们打造优越的硬环境的时候，却忽视了孩子灵魂的塑造，更忽视了自己所作所为对孩子人格和价值观形成所带来的负

面影响，大部分孩子们除去继承了父母功利的价值观和可观的物质财富外，对父母艰苦创业的奋斗史不屑一顾。

值得一提的是，多数能人事业走向辉煌爬上金子塔顶端的同时，也剥夺了孩子的成长空间。这些养尊处优的孩子除了特别自我，特别能够吃喝奢侈之外，很少学到成人低调谦逊的品质。缺少了父辈身上艰苦创业精神的传承，爹妈辛辛苦苦一辈子给孩子积攒的财富到头来很可能成为他们成长的包袱，导致价值观和信仰严重扭曲。

尤其是当今社会的"富二代""星二代""官二代"，这些在钱堆里、酒桌上泡大的不安生的公子哥、千金小姐，过早地染指了社会的光怪陆离，错把高傲、放肆当个性。生活奢侈，性格张扬，蔑视传统，好高骛远，目空一切，非但无法活出自己的精彩，还频频爆出一桩桩丑闻，成为天下笑柄。

一个家庭的变化如果仅仅停留在经济富有和生活奢华，而没有家庭文化的进步，实际上只是贫穷落后的重复。如此悲剧昭告我们，父母事业再成功，家庭再富有都无法弥补孩子教育失败所带来的遗憾。

能人片面追求金钱物质和地位，希冀个人或家庭发达，充其量只有家庭责任感，缺少社会乃国家责任感。但是，这样扭曲的价值观必然造就畸形的家庭文化，导致子女形成追求物质享受单

第十章 打破"盛不过三代"的魔咒

一的价值观,很难保证家庭持续发达和幸福。

案例:无精神内涵的富有会带来灾难性后果

我们正处在一个爱财如命的年代,很大一部分人看到别人发了财,按捺不住激动的心、颤抖的手,而把子女教育撇在一边,加入了致富的行列。结果,荷包鼓了、小汽车有了、别墅住上了,孩子也被耽误了,最后连家道也败得一干二净,悲哉痛哉。

浙江72岁的何老先生,一位颇有名望的老企业家,改革开放之初就下海办企业捞得了第一桶金,曾经是天津一家市场的创始人,二十多年来经过苦心经营积攒了上千万元家业。但是何老先生早年忙于生意,全部精力用在创业上,忽视了对儿子教育导引,公子哥好吃懒做赌博成性。婚后少爷依然游手好闲,赌博成性,家里6辆车子先后被这个败家子全部输掉。老先生苦口婆心地劝导儿子干点正事,并将一家企业交给他打理,结果这个败家子不但赌完了所有积蓄,还把一个厂子卖掉去还赌债。

2009年6月的一天,他们唯一栖身的住宅也被儿子和媳妇私下卖掉,眼睁睁地看着儿子把一个好好的家给败了。老两口老泪纵横,痛心疾首,一气之下把儿子和儿媳告上法庭,请求法院判决儿子变卖自己的房屋无效。事后,老先生还写了13万字书稿,诉说自己失败的育儿教训,警示天下父母不要重蹈覆辙。

让孩子爱上学习
从呼吸开始再造孩子的学习习性

所以,有人说今天的名人和部分能人正在用自己的勤奋和汗水培养"败家子",这么说一点也不过分。

在孩子最需要陪伴和关爱的成长阶段,那些事业上春风得意的父母长时间早出晚归地工作应酬,牺牲休息时间和与家人的团聚,每天都在拼搏、铆足劲与人竞争,透支身体,把压力积累在自己的身体里,希冀在权利、财富、名望上得到回报。

结果有了显赫的地位和用不尽的财富,却由于很少有时间倾听孩子的心灵诉说,更没有闲心坐下来与他们沟通和交流,彼此成了熟悉的陌生人。一些家长带着竞争的惯性思维与家人斤斤计较,孩子从此失去了普通家庭应该有的呵护和温情,对父母敬而远之,父子间形成了难以逾越的鸿沟,得到的只是一种虚假的价值满足。有的家庭由于条件过于优越,孩子沉浸于吃喝享乐之中,缺少艰苦生活的锤炼,变得不可一世,脱离了正常成长的轨道,最终家庭的快乐和幸福渐行渐远。

中国的能人,有钱有权可以得到暂时的满足和荣耀,但很少有人能够获得长久的幸福,根本的症结在于他们无法控制自己的物欲,也没有真正弄清楚究竟该给孩子留下什么,以至于这些"富二代"被父辈留下的财富压垮毁掉。

世间父母能留给孩子的东西无非有两种,一种是精神财富,

第十章　打破"盛不过三代"的魔咒

比如，娴熟的技能、正直善良的品格、奋发向上的精神和高尚的人生价值观，这是一种无形的财富、无价之宝；一种是有形的物质财富，金钱、地产等。

前者可以帮助孩子们增长智力塑造灵魂，有了健全的人格、高尚的精神境界和出类拔萃的技能，自然就会通过自己的勤劳和智慧创造财富。后者，物质条件太优越，家里整天人来人往，孩子的心很难有静下来的时候，坐不住，压根培养不了很好的学习习惯，反倒容易养成惰性。物质财富太充裕，孩子觉得生活本来就过得很快乐很幸福，还有什么奋斗的必要，也就没有心思"苦行僧"式地去学习。

同时，眼睛只盯着金钱，无法推迟欲望的满足，孩子从父母身上悟到的全是实用主义人生哲学，理想的火焰慢慢地被自己的惰性和功利的家庭文化所泯灭，道德水准滑坡，思想开始颓废，再多的金钱财富都会被他们折腾光。那些"官二代""富二代"往往沉醉于优越的生活环境，必然失去奋斗的动力和创业的激情，从而出现了老子打江山、儿子坐江山、孙子败江山这种"盛不过三代"的怪象。

安逸和奢华的生活有时会麻痹人的神经，助长人的惰性，过多的金钱则会锈蚀人的智力，使我们失去向上的冲劲儿而颓废堕落。尤其是一个贫寒的农家，不要指望一代人发迹，依靠机缘有

贵人相助,或凭借机巧飞黄腾达。如此快速致富,看起来风光无限,但是,发得太快好比沙滩上建大厦,基础不牢,随时都有坍塌的危险。对孩子的成长都没有半点好处。

四、达人之教

一个家庭的兴旺发达离不开长期的文化积淀,更离不开耕(工)读传统和仁德诚信勤勉精神的塑造,当然,还包括家族成员陋习的摒弃,包括人性弱点遗传基因的优化。相信,随着一代又一代人个性人格的改良进化,每个成员修为的提高,一定能够形成良好的家风家魂,自然就有了家庭特有的核心竞争力乃至于长久的发展后劲。如此把福根扎得越深,越能保证家道世代兴旺发达。

中华民族重视教育由来已久,家庭教育一向被看作是青少年全部教育之核心,我们的前辈也许家徒四壁,目不识丁,但"万般皆下品,唯有读书高""再穷不能穷教育,再苦也不苦孩子"的理念在他们心中根深蒂固。每个父母都期望依靠教育来改变家庭的命运,砸锅卖铁也要让孩子受到良好的教育,默默无闻地用智慧勤奋汗水与孩子一同成长,同时,懂得用父辈的包容挚爱和责任为他们留下一份精神遗产,他们是值得称道的达人。

第十章 打破"盛不过三代"的魔咒

在达人这个群体中,他们人生的最大目标是奋斗和创造,崇尚节俭平淡生活,把贫穷视为无形的财富,当成为奋斗的动力,把学习和勤奋劳动当作成功的看家本领。达人一般都有多样的价值观,关注人生理想目标的实现,也很看重奋斗过程,人生在世抓住什么、放下什么门儿清,纵使已经到了很高的位置,依然淡泊名利,从善如流。

有些在文学、音乐、美术以及科研教育领域内取得卓越成就的大师或泰斗级人物,一门心思追求所热爱的事业,在弘扬传统文化艺术、探求知识奥妙、破解科学技术难题方面感受生活的快乐,用近于完美的德行勤奋耕耘一生,成为令人景仰的科技精英、商界巨头和社会名流,并用勤奋、节俭这些宝贵的精神财富滋润后人,泽及百世。其中,不乏有的人命运不济,历经坎坷,但不屈不挠,坚持走自己的路,以勤学苦读做人立业,齐家富国福报天下。

案例:"破烂王"养育出的"名牌大学生"

自古以来,我国坊间就流传着"穷不离猪,富不离书"的说法,中国人重视教育可见一斑。早些年,在北京曾经流传着一个了不起的"破烂王"故事,他用十二年时间靠捡破烂,培养了一个留学美国的大学生,用爱铸就了一座闪亮的人生丰碑。

让孩子爱上学习
从呼吸开始再造孩子的学习习性

主人公叫叶新,"文革"期间因派系斗争受牵连被下放回到江西农村。由于父母和弟弟先后谢世,往日的朋友也因为他的落败成了路人,举目无亲的他无房无地无户口,一夜间成了地地道道的"黑户"流浪汉。

文革结束后,叶新到北京上访希望落实有关政策,问题一直没有得到解决,这个苦命人只好露宿街头靠捡破烂维持生计。不久,遇上有同样遭遇的女子陈荣,两个同病相怜的流浪者在北京组建了家庭,并有了两个可爱的儿子天生、天圣。

期间,有菩萨般心肠的妻子在捡垃圾中相继把7个弃婴拣回了家,使这个本来贫寒的家庭经济更加窘迫。但是,老叶抱着"家里再穷,也要让孩子们能够上学读书"的朴素想法,和妻子一起捡剩饭菜度日,省吃俭用供3个孩子上学读书。后来,家里生活实在难以维持,妻子便带着几个弃儿离开了他和亲生儿子。由于缺少基本的生活和学习条件,天生成了学校名符其实的"双差生"(学习差、卫生差)。

真是屋漏偏逢连夜雨。就在叶新为生计发愁之时,势单力薄的他所栖身的窝棚和"领地"被行霸占领,不得不从东单流落到了海淀。但是,困难从没有动摇过叶新供儿子上学的决心和信心,他每天早晨五点钟起床做早点,待儿子吃完早点骑自行车把天生从20公里外的海淀送到东单上学,然后,一边捡垃圾一边返

第十章　打破"盛不过三代"的魔咒

回海淀,中午把午饭做好后又从海淀骑自行车给儿子送到东单。孩子上课,他在附近顺便捡些垃圾,下午放学后再驮着儿子一同返回海淀,日复一日,每天光在路上就要折腾六七个小时。

穷人的孩子早当家。从小目睹了爸爸艰辛的天生,格外珍惜读书的机会,每天放学后总是先帮爸爸收拾捡回的破烂,然后,爬在门口捡来的一个铁桶上写作业,在路灯下看书,复习功课,学习成绩稳步提高。小学毕业时各项成绩排在年级的上游,并被专门接收贫困子弟的北京宏志中学破格录取。

从初中开始,天生的成绩突飞猛进,连续三年获市、区"三好生",高中时成绩排名全年级第一,成了公认的"状元郎",后被学校推荐参加了联合国科教文组织开设的"爱优生计划"。全校8名学生参加考试,叶天生以第一名的成绩脱颖而出,成为学校首个享受全额奖学金的"爱优生",并取得了赴美国短期学习交流的资格。

短暂的境外学习,使天生大开眼界,综合素质有了很大提高。2006年8月,经过学校领导举荐,小叶顺理成章地被澳门理工学院录取,享受到28万澳元的奖励资助,校方还为他保留了破格升读国外名牌大学资格。

有一则关于树的神话故事,说一棵树为自己的孩子献出了一切,当孩子老了,树也变成朽木,只剩下树桩,还经常邀请一个

让孩子爱上学习
从呼吸开始再造孩子的学习习性

疲惫的老头子:"来吧,在我的树桩上坐坐。"因为树遵循的是"我吸收过,我献出过,我生活过"的价值观,故以化作泥土更护花而自豪。

一个"破烂王"的非凡经历赢得了社会的尊重,他传奇的爱子教子故事更令人敬佩。回过头想想,当初一无所有的叶新,如果只顾眼前一人吃饱全家不饿,他的儿子稀里糊涂上几年学再去打工,很难有今天这样精彩的结局,他的家庭也不可能发生翻天覆地的变化。今天很少再有叶新这样悲惨的人生遭遇,但我们缺少的却是叶新骨子里所拥有的坚韧、执着和积极的生活态度,更欠缺的是对子女教育无私的爱心和责任。

案例:我的事业是父亲

把子女教育当作事业的浙江省瑞安县一个普通农民蔡笑晚,从1967年开始,把自己的六个子女全部培养成大学生,个个品学兼优、事业卓著翘楚。撰写的《我的事业是"父亲"》成为子女教育的经典之作。

蔡笑晚兄弟姐妹共十人,父病逝时年仅21岁的他因为生活拮据被迫从杭州大学物理系退学,回家当了一名普通乡村医生。蔡的孩子大多生长在六七十年代,正是"读书无用论"最盛行的时候,但他凭借睿智的眼光,没有像普通人那样只顾眼前吃好喝

第十章 打破"盛不过三代"的魔咒

好,盖上漂亮的住房,依靠单薄的身体脱贫致富。而是独辟蹊径,默默地下定决心把教育子女读好书作为终生职业,他曾经来到父亲坟头发誓,要从儿女教育抓起,实现家族的振兴和发展。

经过近二十年的精心教养,他家六个孩子中五个留学美国,四个获得美国著名大学博士学位。其中,长子蔡天文,1995年获美国康乃尔大学博士学位,成为美国宾夕法尼亚大学最年轻的终身教授;次子蔡天武毕业于美国罗彻斯特大学李政道主办的CASPEA,获激光物理学博士学位,现任美国高盛公司副总裁;三子蔡天师毕业于圣约翰大学;四子蔡天润毕业于美国阿肯色州立大学获博士学位;五子获得中国科技大学硕士,现在中国建设银行工作,唯一的女儿蔡天西18岁考入美国麻省理工大学,22岁获得美国哈佛大学生物统计博士学位,现为哈佛大学最年轻的副教授,这不能不说是一个奇迹,值得每一个为人父母者学习和尊重。

培养具有贵族气息家庭需要三代人不懈的艰苦努力

俗话说,打江山容易,守江山难,此话一点不假。达人和能人最大的区别除了财富的积累过程不一样,还表现在他们发达以后对于子女如何享受和占用财富问题存在着截然不同的态度。或者说,他们成功后有了社会地位,积攒了一定财富,到了一个波

让孩子爱上学习
从呼吸开始再造孩子的学习习性

峰,在时代追求什么、如何与子女对待财富问题,这对每个成功者都是一个很难逾越的坎,迈过这个坎堪称达人,会继续向前推进一个轮回;迈不过这个坎也有可能出现拐点,回到父辈原先的起点上,充其量算个能人。

能人一般都认为自己是靠血拼走向顶峰的,一路走来,受尽了煎熬和屈辱,不希望孩子们再吃二遍苦、受二茬罪。有些人取得成功后大脑迅速膨胀,得意难免忘形,欲望每每处于失控状态,凡事首先想到的是如何同家人一起分享自己奋斗的成果,不知不觉便放松了自己,淡忘了低调谦抑的良好品格,失去了积极进取的自强精神,也放纵了自己的孩子。但是谁也觉察不到,当他们放松自我的那一刻正好是其家庭开始悄悄走向衰败的肇端。

在这个问题上,西方社会似乎更理智一些,他们一向认为阶层是带有遗传性的,培养一个贵族家庭至少需要三代人为之不懈的艰苦努力。所以,很多成功者发达后,明确地向孩子灌输"钱是父母劳动挣来的,儿女不具有天然享用的权利"的理念,迫使孩子节制眼前的享乐,延迟消费欲望。相当多的中产阶级为了避免孩子坐享其成,晚年都会利用自己的财富去做慈善事业,把自己的财产馈赠社会,让晚生们用自己的双手去劳动创造,在艰苦的环境下像前辈那样历练意志,增长才干。

富甲天下的股神沃伦·巴菲特有一句名言:有时你给孩子一

第十章　打破"盛不过三代"的魔咒

把金钥匙，没准是把金匕首。所以，他经常告诫儿女要做对社会有用的人，并把大量的资金用于公益事业，绝不让他们继承自己的遗产，从小注意培养孩子自强自立精神。

在他的三个子女中，大儿子豪伊成了农场主兼摄影师，女儿苏西是个家庭主妇，二儿子彼德则投身于音乐创作，他的一双孪生女儿是超市营业员，一家人过着平凡而和睦的生活。当彼德为制作音乐剧《Spirit》出现经济问题时，有人惊讶地说："你不是'股神'巴菲特的儿子吗，你需要的资金父亲一张支票不就解决问题了吗，干嘛还要融资？"彼德回答说，"父亲告诉过我，他只给我10%的帮助，不够的需要自己去筹措。"这就不难想象，西方社会能够造就那么多的中产阶级和贵族家庭，根本原因也许正在于这些达人在儿女继承权的问题上比较"无情"，从而，能够使子女个个都真正成为自食其力的劳动者。

中国人一向重亲情重感情，虽然说没有西方人那么理性，但也有无数达人们看重奋斗过程，能够在潜移默化的生活中培养孩子的健康人格。

我在中国科学院心理研究所学习期间有幸结识了张梅玲、吴瑞华两位老师，多次家登门拜访，请教一些学术问题。他们虽然没有名车豪宅，也看不到高档家具和名人字画，但在那个看似有些简单的家里，感受至深的是更多的藏书，富有内涵并充满时代

让孩子爱上学习
从呼吸开始再造孩子的学习习性

气息的交流以及儿女学有所成、孝敬父母，家人在一起时其乐融融的亲情。在与两位恩师的接触中，任何人都能从他们轻松愉悦的表情上感受到常人少有的是文化自信，话里话外流露出对生活的满意。

他们虽然收入不高，但是，每每面对社会不良现象，他们没有抱怨，更多的是理性辩证的思考。也许正是这种博学淡泊和虔诚，在学界享有很高的声誉，年届古稀笔耕不辍，经常应邀到各地讲学释惑，从社会广泛的认可中享受着人生的美好。

纵使在商业气息极浓的金融、地产界，很多行业巨头，身处高端却生活低调、不示张扬，总是在勤奋耕耘中享受着人生的乐趣，以俭为美，知道满足和退让，更知道感恩，福报社会。当这些达人们淘得第一桶金后，也慷慨解囊积极投身于慈善和公益事业，为希望工程捐款、捐物，关心社会弱势群体。

更有不少达人将"授其鱼，不如授其渔"作为教子传家之道，他们注重用勤劳和善良让孩子学会做人做事、创造财富的本领，从小培养社会责任感，用良好的修为向孩子们传递了坚毅、隐忍、自立自强的价值观，一举一动都向晚生们诠释着温良恭俭让所蕴藏的博大精深的哲学思想，把诚信品格和生生不息的进取精神浓缩到自己的血脉。他们用自己内在的人性资本和智慧的文化行为给子孙后代留下了一个不朽的丰碑，无愧于世代伟人。中

第十章　打破"盛不过三代"的魔咒

国历史上的孔子、曾国藩、李嘉诚等就是这方面的杰出代表，他们以充分的文化自信，把儒家思想文化代代相传，从而保证了家族兴旺发达、后继有人。

案例：诗书传家，乐善好施——曾氏家族之完美家风

晚清时期被誉为"中兴第一臣"曾国藩，秉承"立德立功立言"的理念，十年七迁，连跃十级，从一个农家子弟步步升迁到二品官位，一时被称颂为一代完人、千古楷模。曾国藩自祖父曾星岗年轻时不学无术，终日与湘潭一些富家子弟赌博或畅饮，长者预言曾家大业必败在曾星岗手里不可。也许是受此重话之刺激，星岗公从此洗心革面，痛改前非，四季天未亮即下地钻研水稻和蔬菜栽培技术，喂猪养鱼，苦心治理家业，使家道得以振兴。闲暇时读书学习，总结出了"读书、种菜、饲鱼、祭祀……"九条家规。

沐浴着良好的家风，曾氏家族不管风云如何变幻，几番改朝换代，代代英才辈出。曾国藩的父亲曾麟书四十岁考取秀才，次年曾国藩也顺利地通过了秀才考试，曾国藩两个儿子曾纪泽、曾纪鸿也都学有所成，分别成为著名的外交家、数学家。孙辈中曾广钧23岁即中进士，是翰林院中年纪最轻的后生，其他如曾约农、曾宝荪、曾宪植、曾昭抡等也都成为著名的诗人、教育家、

科学家和政坛精英,打破了大多数官宦之家"盛不过三代"的魔咒。

撇开政治信仰不谈,单就个人修为和奋斗来看,曾国藩在立家、发家、传家方面的确有着不同寻常的过人之处,堪称完美。这也许是曾氏家族祖辈兴旺发达、长盛不衰的根本原因。细数起来,有三条值得人们玩味。

靠读书立业

从曾国藩的祖父曾星岗始,曾家就把读书列为首条家规,曾国藩的父亲曾麟书自幼发奋苦读,十六次参加秀才考试每次都名落孙山,但他不气馁、不放弃,终于在第十七次参考时获得通过,这一年他已四十挂零,到了不惑之年。

曾国藩尊奉祖父的遗训,向来视学习为立身之本,他苦读积学,成为晚清时期著名的理论家和实干家,很多埋头苦学的故事被传为佳话。曾国藩少年时代经常一觉睡到天大亮,破坏了祖父所定"黎明即起"的家规。后来,他想出一个注意,在床边放一铜盆,铜盆上用一根绳拴着一个秤砣,然后把一根长香十字交叉拴在系有秤砣的绳子上,临睡前把香点燃,当香燃到与绳子交叉的地方时,烧断绳子秤砣就掉下来砸在铜盆里发出"咣当"的一声,把他从梦中唤醒,便开始起来读书。

第十章　打破"盛不过三代"的魔咒

有一年，他赴京赶考落榜后，返乡途中花光了身上的所有盘缠，好不容易得到一个好心人经济上的资助。可当他走到南京时，意外发现一套印刷十分精美的《廿三史》，再一看标价要一百多两银子。但是求知若渴的他毫不犹豫地把借来的一百两银子加上随身携带的几件衣服全部当掉，买下了这套《廿三史》。为了一本书甘愿断掉生活的后路，曾国藩的雄心大志非常人所能。

父亲听说儿子借钱买回来一套书，居然这样说："借钱不要紧，我替你还，只希望你能够潜心读书。"由此不难看出，卓越的儿女后面一定有一个深明大义的父亲或母亲。从这一天开始，曾国藩天天鸡鸣即起，直到半夜才肯休息，即使抱病在身也是如此，天天研读这套《廿三史》。

经过一年的孜孜勤学，他的视野比以前更加开阔了，也用惊人的毅力和勤奋弥补了先天的笨拙，终于在父亲考中秀才的第二年顺利地通过了秀才考试，父子两人连续两年如愿以偿地金榜题名，实属罕见，耐人寻味。从此曾国藩平步青云，一发不可收拾，直到后来官封一等侯爵，做了两江、直隶总督。

曾国藩父子两人的成功也让后人对于读书有了更高的追求，他们不再是学而优则仕，而在于明理。儿子曾纪泽连着三次科举考试不成，曾国藩也同意儿子不再走科举之路的想法，鼓励纪泽

让孩子爱上学习
从呼吸开始再造孩子的学习习性

接触西方文化,于是这个热血青年居然在三十二岁的时候开始学习英文,潜心研究西学。1881年2月24日,曾纪泽以外交官的身份代表清政府在彼得堡同沙俄谈判并且签订了《中俄伊犁条约》,收回了伊犁城。

次子曾纪鸿自幼喜爱天文、地理和自然科学,精通代数,著有《对数详解》《圆率考真图解》等书,还计算出一百位的圆周率,在旧中国的数学研究方面成就斐然。

以克己立功

谋小业靠才,成大器靠德。大凡成就点小事业的人有点才干就可以了,但要有大作为、大气象单有才不行,还需要有好的德行。曾国藩从少年起就"困知勉行,立志自拔于流俗",天天写《日记》检讨反省自己,一生中没有一天不在监视自己、教训自己。

他曾经也是个火爆性格的人,经常因为随便发怒而自责,后来,他写了《治心经》,恪守自己"十二慎独课",鸡鸣即起,静坐养性,修炼心性,用理学知识填满"主静",还写信让弟弟们时常提醒他身上存在的缺点。终于咬牙拔掉了心中恼怒的火根,练就了读书专一、说话谨慎,克己知"止"的好习性。在曾国藩的血液中熔铸了中国传统文化的良好基因。早年他把"打脱牙齿和血吞"作为座右铭,善于逆向思维,屡败屡战,困窘潦倒

第十章　打破"盛不过三代"的魔咒

时坚而不坠，盛时常作衰时想，不因盛极而求妄，不因功名起贪欲，功成名就时谦而不傲，较好地归避了人际关系的暗礁。

自古以来，凡位高名重者都因为贪婪而不能善终，曾国藩却收放、藏露把握得当，于名利处适时退让，每每将权位推让几成给他人，从不一个人把所有好事占尽。早在他担任两江总督、钦差大臣之后，深感名位太重，多次恳请朝廷削减他的官职，使自己肩负的责任小些，以图保全晚节，所以，他功高名亮，又不惹人眼红而顺利一生，永远让自己身处安全区，求得了人生的最大保险，无愧于一个时代的道德楷模。蒋介石认为曾国藩最成功的地方在于他自己成功也让别人成功，自己发达也让别人发达。

曾国藩刚刚受封侯爵时，政风腐败，科举考试递条子、开后门成风。恰好，次子曾纪鸿正好去长沙参加乡试，他生怕儿子误入歧途，在开考前夕写信给纪鸿说："场前不可与州县来往，不可送条子，进身之始，务知自重。"此次乡试儿子纪鸿榜上无名，以后多次应试，纪鸿都因未得到他的关照仅得一个"胜录附贡生"，这在特权盛行的封建官场实在难能可贵，也许"两秀清风"才正是他事业成功家族兴旺发达的根本秘诀。

用勤俭持家

曾国藩认为"富贵功名，皆人世浮荣，唯胸怀浩大是真正受用"，他时常告诫晚辈，家俭则兴，人勤则健，能勤能俭，永不

让孩子爱上学习
从呼吸开始再造孩子的学习习性

贫贱。一个人要立足社会,并让家庭一代一代地延续下去说来也不难,只要做到勤与俭就可以了。

曾国藩是清朝历史上最有权势的汉人之一,他位列三公,拜相封侯,可谓显赫一时。然而他一件衣服可以穿十几年乃至三十年,这对一个享受高官厚禄的人来说,确实不容易。他穿戴朴素,饮食上非常简单。担任两江总督时,有一天,扬州一名富冠天下的盐商请他做客,曾国藩看到满桌子的山珍海味,只是低头吃自己身边的一盘菜,饭后,属下问他,大人是不是觉得桌上的饭不可口?曾国藩说:"一食千金,吾不忍食,吾不忍睹。"身旁的随从听得目瞪口呆。曾国藩吃饭的时候碰到饭里面有带壳的谷物,从不把它扔掉,而是将谷壳磕开,把里面的米吃掉,这样的修养功夫实在太高、太妙。

他善于律己,对子女的品德教育更是非常严格,不许自己孩子住在北京、长沙这些繁华的地方,而要他们住在县城老家;经常提醒孩子:饭菜够吃即可,不能太过丰盛,穿衣讲究朴素,不能华丽,门外不准挂"相府""侯府"的匾;他向来轻车简从,严禁家人用他的座轿,指出"纪泽断不可用"。规定大轿不可入湘乡县城,衡阳府城……他一生清廉节俭,为官所得薪俸全都用于公事,退位时,从金陵官署中搬回老家的财物,除了必须的生活用品外,仅仅就是几十箱书。

第十章 打破"盛不过三代"的魔咒

曾国藩长期在外为官,很少回家,于是频繁用家信不厌其烦地对几位弟弟和儿女进行劝勉教导,用自己的亲身感悟教谕弟弟及晚辈读书立志。现在能看到的曾国藩家书一百多万字,加在一起有一千多封,每一封信都饱含着一个父亲对子女的关心和爱护。

毛泽东评价说:"曾国藩具有高深的学问素养,是中国封建社会的最后一尊精神偶像,也是一个'办事(干事业)兼传教(思想教育启发)之人'。他的《家书》讲求人生理想、精神境界和道德修养,在骨肉亲情日渐淡漠、邻里亲戚形同陌路的现代社会里,确实有劝世化俗的价值,值得每个人一读。"如此勤勉节俭、谦逊和善、孜孜不倦,这样的人不成功老天都不会答应,家庭世代兴旺发达也就顺理成章。